わが家の宗教を知るシリーズ

うちのお寺は日蓮宗

NICHIRENSHU

日蓮聖人

双葉社

わが家の宗教を知るシリーズ

うちのお寺は日蓮宗

NICHIRENSHU

もくじ

第1章 ここを見ればすべてわかる「日蓮宗早わかり」

第2章
開祖はこんな人
「日蓮聖人」

◎本書は『うちのお寺は日蓮宗』(1997年初版)を加筆・修正した新装版です。お寺の写真等は災害、改修などにより現状と異なる場合があります。

南無妙法蓮華経

第4章 宗門史に名を残す

「日蓮宗の名僧たち」

第5章 ぜひ訪ねたい「日蓮宗ゆかりの名刹」

第6章
知っておきたい「日蓮宗の仏事作法・行事」

第1章

民衆仏教の開花
日蓮宗の特徴
末法思想と日蓮
日蓮と『法華経』
日蓮の受難と折伏
日蓮宗の発展

ここを見ればすべてわかる「日蓮宗早わかり」

日蓮聖人御幼像　善日麿
千葉・誕生寺

民衆仏教の開花

平安中期以降、戦乱・天災・疫病が続き世は乱れ、民衆は末法《まっぽう》の世におびえていた。そんななか天台宗《てんだいしゅう》・真言宗《しんごんしゅう》は国家権力からの自立をはかり、栄西《えいさい》や道元《どうげん》が宋《そう》から禅《ぜん》を伝え、浄土教の隆盛、法華《ほっけ》信仰もひろまって、新仏教が相次いで出現した。

平安時代
794〜
1185年

最澄《さいちょう》 766-822
805年(40歳)唐《とう》より帰国、
翌年、天台宗を開く

天台宗《てんだいしゅう》

空海《くうかい》 774-835
806年(33歳)唐《とう》より帰国、
真言宗を開く

真言宗《しんごんしゅう》

末法とは

お釈迦《しゃか》さまの死後を正法《しょうぼう》・像法《ぞうほう》・末法《まっぽう》の３つの時代に分ける仏教思想。
お釈迦さまの教えが正しく行われている時代が正法で、やがて形だけの像法の時代となり、末法になると仏道修行をしても効果がないとされる。最澄《さいちょう》が書いた『末法灯明記《まっぽうとうみょうき》』には、1052(永承《えいしょう》７)年に末法に入るとあり、戦乱や災害が続く毎日に、貴族も僧も民衆もいよいよ危機感を抱いた。

最澄・空海の平安仏教

七九四(延暦《えんりゃく》一三)年、桓武《かんむ》天皇は腐敗した仏教界に毒された奈良時代の律令体制《りつりょうたいせい》の立て直しをはかり、都を平安京《へいあんきょう》(京都)に移す。

平城京《へいじょうきょう》(奈良)遷都《せんと》では有力寺院も新都に移されたが、平安京に移るときは寺院は奈良に残された。だが、宮廷貴族のあいだにはすでに呪術としての仏教が浸透していたため、南都(奈良)仏教に代わる新しい仏教が切望されていた。

そこへ登場したのが、唐《とう》から帰った最澄《さいちょう》と空海《くうかい》の二人の留学僧だ。

最澄が開いた天台宗《てんだいしゅう》と空海が開いた真言宗《しんごんしゅう》はともに鎮護《ちんご》国家の仏教としての役割を果たしたが、それだけではなく、得度《とくど》・授戒《じゅかい》の権限を国家から取り戻し、民衆救済の実践仏教の基盤となった。それは現代につながる日本仏教の源である。

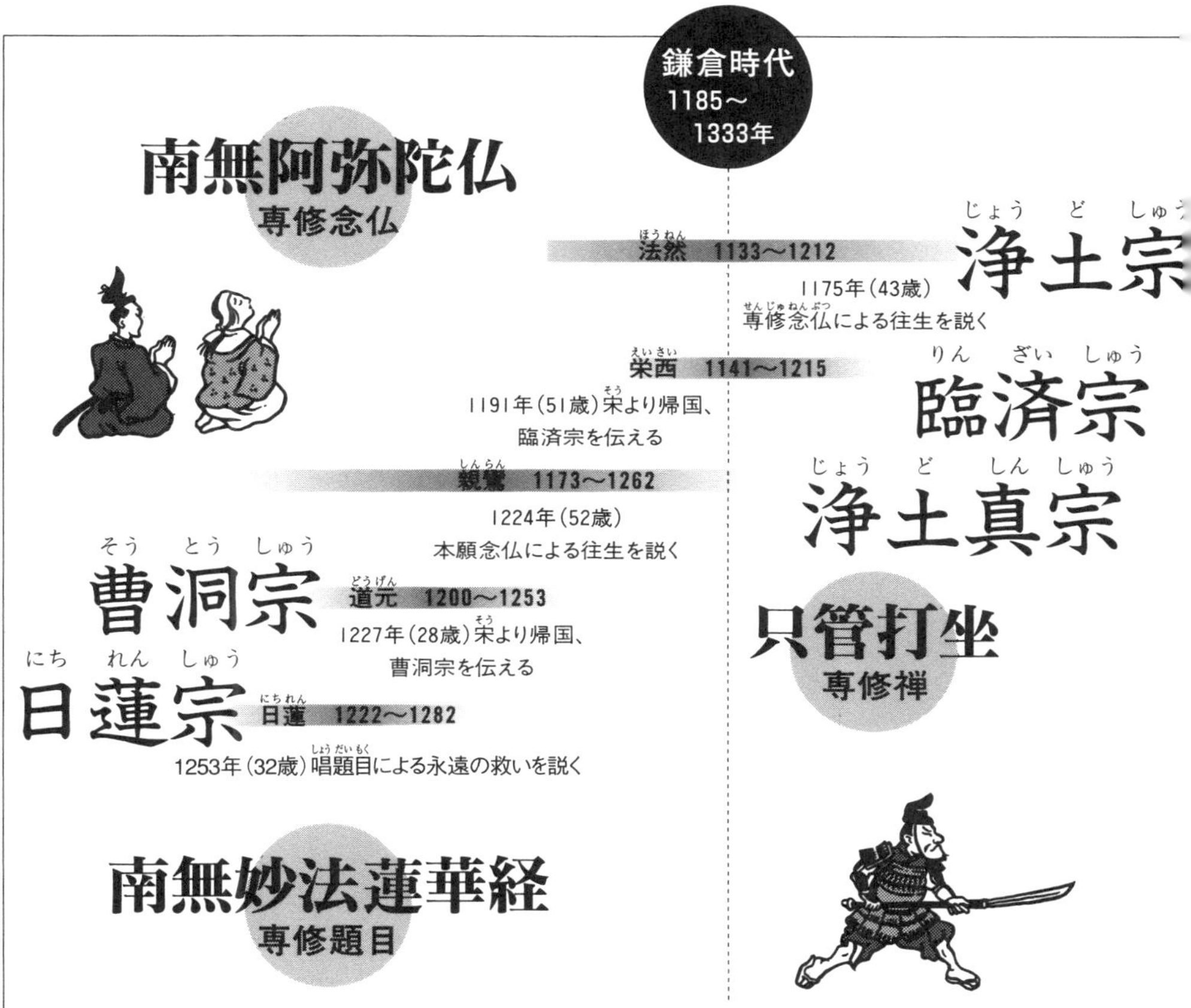

鎌倉新仏教の登場

鎌倉時代になると、浄土宗《じょうどしゅう》、臨済《りんざい》宗《しゅう》、曹洞宗《そうとうしゅう》、浄土真宗《じょうどしんしゅう》、日蓮宗《にちれんしゅう》など、わが国独自の仏教宗派が成立する。

念仏か禅か題目かどれか一つの行《ぎょう》を選んで行うこれらの仏教の教えはわかりやすく、だれにでもできることから民衆の心をつかんでいった。

万民を救済の対象としており、平安時代までの国家や貴族中心の「旧仏教」に対して「鎌倉新仏教」と呼ばれる。

また、開祖がいずれも天台宗比叡《ひえい》山《ざん》で修学し、そこから離脱して新しい教えを創立したのは興味深い。

鎌倉新仏教の特徴は、次の三つにまとめられる。

①みだりに時の政権に近づかなかったこと。②南都や比叡山など既成教学の権威によらなかったこと。③他行との兼修を否定したこと。

日蓮宗の特徴

あらゆる経典を勉強した日蓮《にちれん》は、そのなかでも『法華経《ほけきょう》』こそが最高の経典であると信じ、この困難な世の中を救う唯一の道と考えた。そして「南無妙法蓮華経《なむみょうほうれんげきょう》」の題目さえとなえればよいと説いた。

一塔両尊四士《いっとうりょうそんしし》の本尊　下田・了仙寺《りょうせんじ》　日蓮宗寺院では、立体曼荼羅とでもいうべき独特の仏像の配置をする

Q　日蓮宗の本尊は?

A　『法華経《ほけきょう》』二十八品《ほん》のひとつ如来寿量品《にょらいじゅりょうほん》に書かれている「久遠実成《くおんじつじょう》の釈迦牟尼仏《しゃかむにぶつ》(永遠の救いを示すお釈迦《しゃか》さま)」を本尊とする。また祖師信仰から日蓮聖人像がまつられる。

本尊のおもな形式には、仏像によるものと、筆書きによる大曼荼羅本尊《だいまんだらほんぞん》があるが、それらはすべて『法華経』に登場する諸仏の姿をあらわしている。

日蓮宗寺院の本堂に安置される本尊は、「一塔両尊四士」と呼ばれる配置が多い。一塔とは「南《な》無《む》妙《みょう》法《ほう》蓮《れん》華《げ》経《きょう》」の七字を書いた題目《だいもく》塔《とう》のことで、両尊は釈迦如来《しゃかにょらい》と多宝《たほう》如来《にょらい》、四士は『法華経』従地湧出品《じゅうじゆじゅっぽん》に登場する四大菩薩《ぼさつ》(上行《じょうぎょう》菩薩・無《む》辺行《へんぎょう》菩薩・浄行《じょうぎょう》菩薩・安立行《あんりゅうぎょう》菩薩)をいう。題目塔を中心に、向かって左に釈迦如来坐像、右に多宝如来坐像、その左右外側に四大菩薩を脇侍《わきじ》として配置する。なお、一尊四士の場合は釈迦如来像を中心に配置する。

大曼荼羅本尊は、諸仏の姿を文字であらわしたもの。紙面の中央に〝ヒゲ題目〟と呼ばれる独特の筆法で大きく書かれた題目のまわりに、諸仏の名前が記してある。

Q　たくさんの守護神をまつるのは、なぜ?

A　日蓮宗でいう守護神とは、『法華経』の修行者を守ってくれる善神のこと。妙見《みょうけん》菩薩《ぼさつ》、七面《しちめん》大明神《だいみょうじん》(天女《てんにょ》)、鬼子母神《きしもじん》、大黒天《だいこくてん》などが古くから信仰されている。末法《まっぽう》の世に『法華経』を世にひろめようとするといろいろな障害があるが、諸菩薩善神が必ず守ってくれると『法華経』に書かれていることによる。

また日蓮は数々の法難にあったが、そのつどさまざまなかたちで『法華経』の守護神に救われたという。

鬼子母神

鬼子母神は、もとは子供をとって食う鬼女だったが改心して善神となったという由来から、「鬼」の字のツノがとれて「鬼」と書くお寺もある。(本書ではすべて「鬼」と表記)

Q よりどころとする経典は?

A 『法華経』を根本経典とする。正しくは『妙法蓮華経《みょうほうれんげきょう》』といい、鳩摩羅什《くまらじゅう》の漢訳では全八巻二十八品《ほん》(章)からなる。

このなかでお釈迦さまは、肉身の仏としてこの世に現われたのは仮の姿で、いまも昔もそしてこれからも仏としてありつづけると説いている。

その内容は、大きく次の三つに分かれる。

①**一乗妙法《いちじょうみょうほう》**　万民を平等に成仏させる教え。

②**久遠本仏《くおんほんぶつ》**　お釈迦さまの永遠の生命について。

③**菩薩行道《ぼさつぎょうどう》**　現実社会での実践行。

Q 日蓮宗の本山は?

A 総本山は、身《み》延《のぶ》山《さん》久遠《くおん》寺《じ》(山梨県身延町)。日蓮の遺骨が奉納されている。

大本山は、次の七つ。

●本門寺《ほんもんじ》(東京都大田区)　通称、池《いけ》上《がみ》本門寺。日蓮入滅《にゅうめつ》の霊跡。

●誕生寺《たんじょうじ》(千葉県鴨川市小湊《こみなと》)　日蓮誕生の地を記念して、弟子の日家《にけ》が建立。

●清澄寺《せいちょうじ》(千葉県鴨川市清澄《きよすみ》)　日蓮が得度出家《しゅっけ》し、題目をはじめてとなえた立教開宗のお寺。

●法華経寺《ほけきょうじ》（千葉県市川市）　宗門が認める唯一の祈祷道場。日蓮が鎌倉で受けた松葉谷《まつばがやつ》法難後、難を避けた法華堂が起こり。

●妙顕寺《みょうけんじ》（京都市上京区）　京都にできた最初の日蓮宗寺院。日蓮の遺命を受けて日像《にちぞう》が開山。

●本圀寺《ほんこくじ》（京都市山科区）　鎌倉の松葉谷にあった日蓮ゆかりの法華堂を移転。妙顕寺と並び称される京都日蓮宗の二大法城。

●本門寺《ほんもんじ》（静岡県富士宮市）　六老僧の一人、日興《にっこう》が開山。重須《おもす》談所《だんしょ》を設け、門下教育の道場とした。

Q なぜ、日蓮系には新宗教教団が多いの？

A 新宗教とは、幕末から明治以降に現れた宗教団体のこと。

令和五年宗教統計調査による宗教教団の数（宗教法人数）は、約一八万

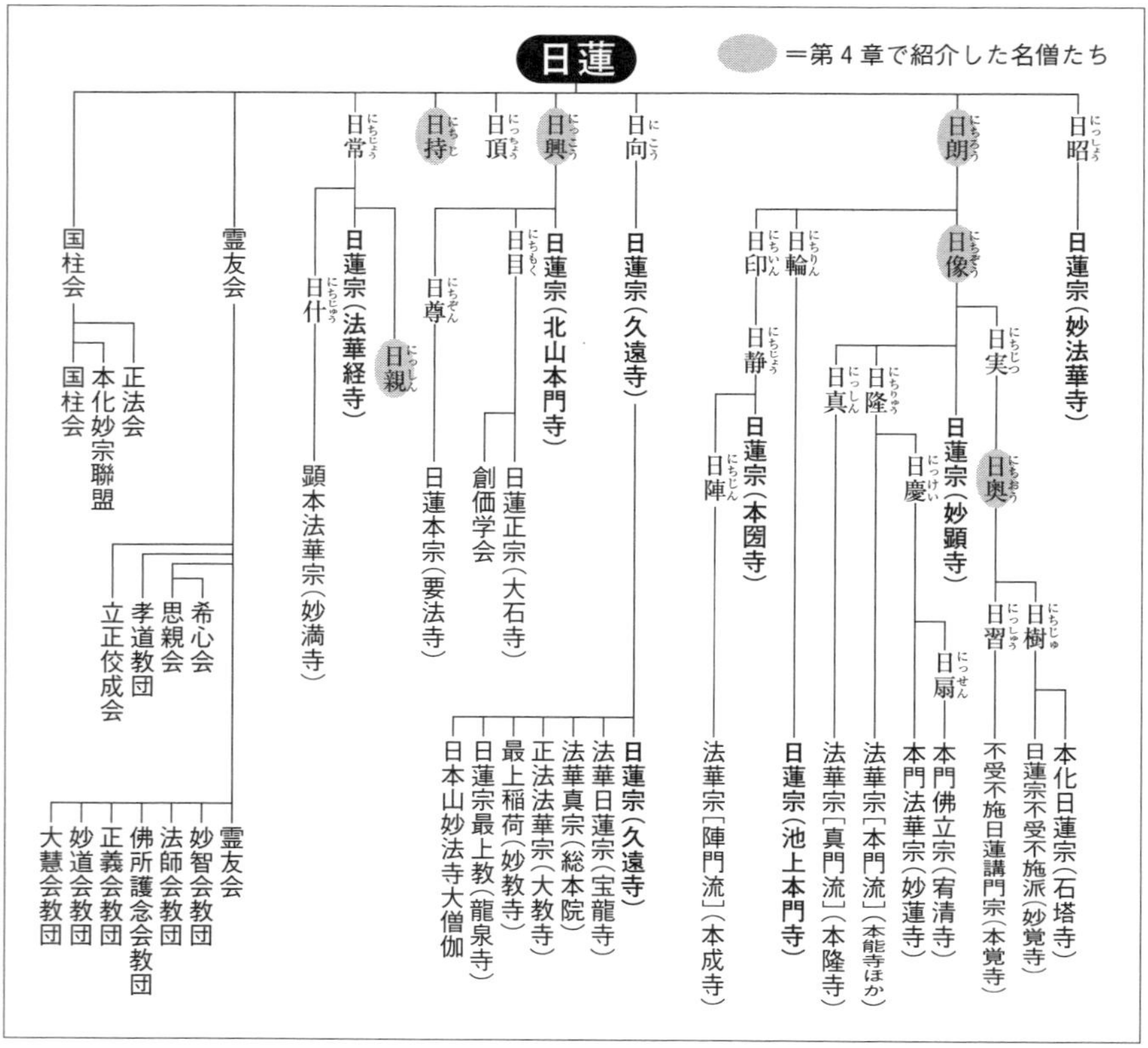

団体(二〇二一年末時点)。神道《しんとう》系と仏教系がそれぞれ八万前後で二等分し、仏教系新宗教のなかで教団数が圧倒的に多いのが日蓮系だ。

創価学会《そうかがっかい》、霊友会《れいゆうかい》、立正佼成会《りっしょうこうせいかい》などがその代表。いずれも僧侶《そうりょ》がいない在家教団であることが特徴。

日蓮系が発展した理由は、次の三つがあげられる。

①現世利益《げんぜりやく》の重視　論より証拠で、信仰によって救われることを強くアピールする。

②わかりやすい教義　難解な教学書ではなく、だれもがわかるよう、やさしく現実的な解説をした。

③信者全員が布教師　全員が在家の信者であり、同時に布教師として信者を獲得していく。

以上のほか、霊友会からさらに多くの独立教団が出たことも、日蓮系新宗教教団が多い理由のひとつとされる。

Q　おもな日蓮系新宗教教団は?

A　在家出身者による日蓮系新宗教教団のおもなものをあげてみよう。

●本門佛立宗《ほんもんぶつりゅうしゅう》

開祖は長松日扇《ながまつにっせん》。『法華経』の功徳による現世利益を中心に置く。教義は簡単明瞭で、題目を数多くとなえることによって利益があると説く。在家集団による日蓮系新宗教の先駆。

●霊友会《れいゆうかい》

開祖は、久保角太郎《くぼかくたろう》と小谷喜美《こたにきみ》。『法華経』の功徳と先祖崇拝を結合させた。現世の災難・病気・貧乏など不幸の原因は悪因縁によるものとして、先祖供養の実践を説く。日蓮系新宗教の母体といえる。

●立正佼成会《りっしょうこうせいかい》

開祖は庭野日敬《にわのにっきょう》。霊友会から独立。独自の妙《みょう》(神仏)・体《たい》(万物、人間の姓名)・振《ふり》(神仏が万物の影響を受けて現われる動き)の因果論を展開し、「体」はすべての因縁のもとであり、悪因縁は「妙」への信仰によって絶ち切ることができると説く。世界宗教者平和会議や国際自由宗教連盟などの中心勢力。

●創価学会《そうかがっかい》

初代会長は牧口常三郎《まきぐちつねさぶろう》。日蓮正宗の信徒団体として発足(一九九一年破門)。日蓮の教義を世界にひろめ、自宗を根底にした平和仏国土《ぶっこくど》の建設をめざす。

そのほか、団扇太鼓《うちわだいこ》を打ち叩きながら題目を宣布する日本山妙法寺《にっぽんざんみょうほうじ》大僧伽《さんが》、「八紘一宇《はっこういちう》」のスローガンをつくり、日蓮主義運動を展開した田中《たなか》智学《ちがく》の国柱会《こくちゅうかい》、宗派や派祖を超え、日蓮のもとへ異体同心で結集することを目的とする本化妙宗聯盟《ほんげみょうしゅうれんめい》などがユニークな教団として知られる。

日蓮宗の僧侶の服装

お坊さんをなんと呼ぶ？

お坊さんはすべて「和尚《おしょう》」かと思ったら大間違い。「おしょう」と呼ぶのは一般的に禅宗だ。天台宗と真言宗でも和尚と書くが、それぞれ「かしょう」「わじょう」と読む。また、高僧は「阿闍梨《あじゃり》」と呼ばれる。

日蓮宗や浄土宗は「上人《しょうにん》」といい、浄土真宗は、僧侶同士では「和上《わじょう》」、檀家は「御院《ごいん》さん」という。

Q 僧侶の服装の特徴は？

A 僧侶の服装は、どの宗派も礼装と略装がある。礼装は伝統をそのまま受け継いでいるが、略装はすべて明治以降の新様式だ。

日蓮宗の礼装は、天台・真言系と禅系のものが入り交じり、また律宗《りっしゅう》の要素もある。法服規定が定められており、法衣《ほうえ》の色は上位から緋《ひ》・深紫・白・水色・黒の順。袈裟《けさ》はおもに七条《しちじょう》、五条《ごじょう》が用いられる。

ちなみに右上は、法服規定における「礼装の二」で、本衣《ほんごろも》(直綴《じきとつ》)、七条《しちじょう》袈裟《けさ》、燕尾帽子《えんびもうす》、袴《はかま》は切袴《きりばかま》または指《さし》貫《ぬき》（くくり袴）をつける。

日蓮宗の略装は「道服《どうふく》」と呼ばれ、腰継ぎがなく、脇ひだのあるもので、他宗派でいう改良服とほとんど同じ。折五条《おりごじょう》の肩袈裟を左肩からかけるが、そのかけ方は日蓮宗と法華宗《ほっけしゅう》の系列だけで他宗では用いない。

日蓮宗独特の仏具

●太鼓《たいこ》

法鼓《ほうこ》ともいう。日蓮宗では『法華経《ほけきょう》』の威力を四方に轟《とどろ》く太鼓の音にたとえ、人々に菩提心《ぼだいしん》を起こさせるため、太鼓がよく使われる。

●団扇太鼓《うちわだいこ》

持ち運びに便利なように考案されたもので、おもに題目をとなえる際に打ち鳴らす。行脚《あんぎゃ》のときにも用いられる。

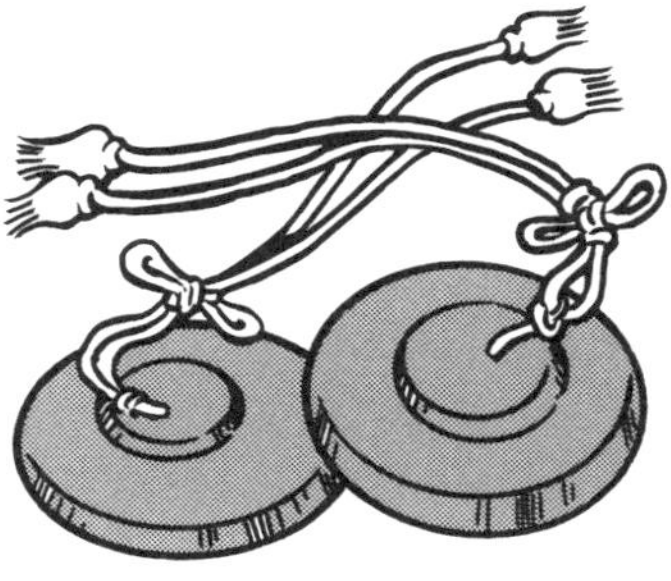

●鈸《はち》

鈸を回してから打ち合わせる。2枚を打ち合わせるため、双鈸《そうばち》ともいう。鐃《にょう》(銅《ど》鑼《ら》)とともに使われることが多く、鐃鈸《にょうはち》ともいわれる。

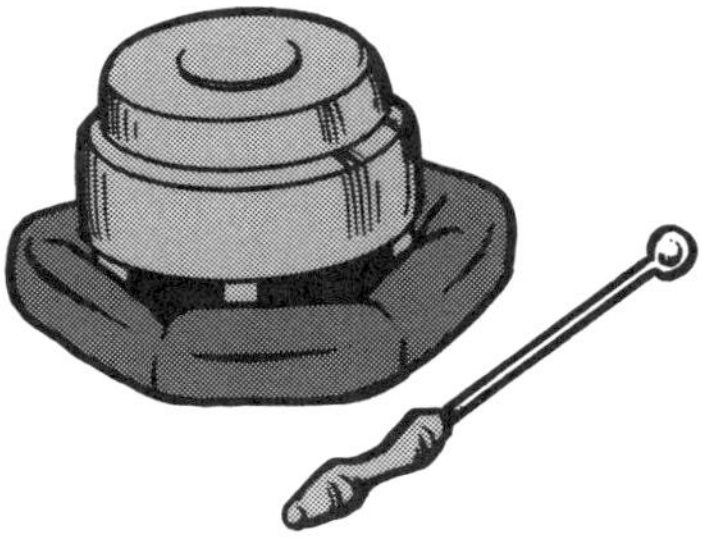

●木柾《もくしょう》

金属性の鉦鼓《しょうこ》を木製にしたもので、欅《けやき》や楓《かえで》でつくられている。おもに読経のとき、拍子をとるために用いられる。

Q 日蓮宗の戒名の特徴は？

A ①信士《しんじ》(信女《しんにょ》)にも院号がつく場合が多い。

②清信士《しょうしんじ》(清信女《しょうしんにょ》)が使われる。

③日蓮の名前にちなみ「日」の字(日号《にちごう》)をつけることが多い。

④男性には「法」、女性には「妙」の字が使われることが多い。

戒名のグレードは、最上級から順に次のようになる。

□□院殿△△××大居士(清大姉)
□□院△△××居士(大姉)
□□院△△××清信士(清信女)
□□院△△××信士(信女)
□□院××信士(信女)
××信士(信女)

院(殿)号 ―― □□院殿／□□院
道号 ―― △△
戒名(日号をつけることが多い) ―― ××
位号 ―― 大居士・居士・清信士・信士(清大姉・大姉・清信女・信女)

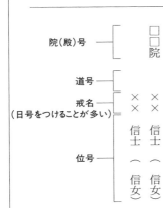

末法思想と日蓮

人々が末法《まっぽう》の世の到来と信じて不安におののく鎌倉時代。彗星《すいせい》のごとく現れた日蓮《にちれん》は、日本中に蔓延《まんえん》する念仏信仰こそ社会不安の元凶であると激しく非難し、「一刻も早く『法華経《ほけきょう》』に帰依《きえ》すべし」と説いた。

虚空蔵菩薩は日蓮に知恵の大宝珠を授けた

Q　末法の世の民衆に教えを説いたのは？

A　お釈迦《しゃか》さまの死後二〇〇〇年を過ぎた一〇五二（永承《えいしょう》七）年から末法《まっぽう》に入ったとされるが、平安時代末期から鎌倉にかけて、源平《げんぺい》合戦、飢餓、大地震、疫病など世情不安が相次ぎ、人々は末法を現実のものとして不安におののいた。

こうした世相に法然《ほうねん》が浄土宗を開き、「南無阿弥陀仏《なむあみだぶつ》」という念仏をとなえさえすれば、苦しみのない極楽浄土に生まれ変われると説いた。これが念仏信仰である。この法然の教えは簡単で、だれにでもできることから日本中にひろがった。

これに対して、「念仏は、この世で救済されるべき民衆の目から真実を隠し無間《むけん》地獄へ陥れるものだ」と痛烈に批判し、民衆は『法華経』によってのみ救われると説いたのが日蓮である。

日蓮の求道の旅

清澄寺《せいちょうじ》へのぼる
（虚空蔵菩薩《こくうぞうぼさつ》に祈願）

↓

鎌倉に遊学

←

比叡山《ひえいざん》

西国《さいごく》諸大寺に遊学

園城寺《おんじょうじ》

高野山《こうやさん》

四天王寺《してんのうじ》

ほか

定光院

↓ 解答 ↓

『法華経《ほけきょう》』こそ、
究極の教えである!!

凡血の笹 清澄寺《せいちょうじ》で修学していた若き日蓮《にちれん》が、知恵の仏さまとしてまつられている虚空蔵菩薩《こくうぞうぼさつ》に「日本第一の智者《ちしゃ》となしたまえ」と毎日祈願していたところ、満願の日に虚空蔵菩薩が日蓮の眼前に現れ、知恵の大宝珠《だいほうじゅ》を授けられた。虚空蔵堂を出た日蓮は、階段を下りようとして、血を吐いて気絶するが、血を吐いた場所に黒い斑点《はんてん》のある笹《ささ》が生えてきたことからこの笹を「凡血《ぼんけつ》の笹」と呼んだ。日蓮は凡夫の血を吐き捨て、仏弟子として歩みはじめたというエピソードである。

Q 日蓮と法然の教えの違いは?

A 『法華経』は、聖徳太子《しょうとくたいし》の著書『法華義疏《ほっけぎしょ》』のなかで仏教の根幹に置かれていた。

浄土宗の法然もそれを認めたうえで、「末法《まっぽう》に入ると、人々はとてもそんな深い修行の教えにはついていけない」として『法華経』を捨て去り、念仏信仰を説いた。

これに対して日蓮はまったく逆の解釈をする。得度してから一五年間の勉学ののち、「『法華経』こそ末法から人々を救う唯一の経典である」と確信。災害と社会不安は念仏信仰という邪法がはびこっているためと断じ、「このままでは内乱や外国の侵略によって国が滅びてしまう。一刻も早く『法華経』に帰依《きえ》すべし」という『立正安国論《りっしょうあんこくろん》』を著した。

この念仏信仰の完全否定が、日蓮の数々の法難のもととなる。

日蓮と『法華経』

『法華経《ほけきょう》』は困難な時代に直面するあらゆる人々を救済する未来記(予言)を語り示す経典であり、日蓮はこの『法華経』をもって末法《まっぽう》の人々を救おうとした。『法華経』には、いったい何が書かれているのか。

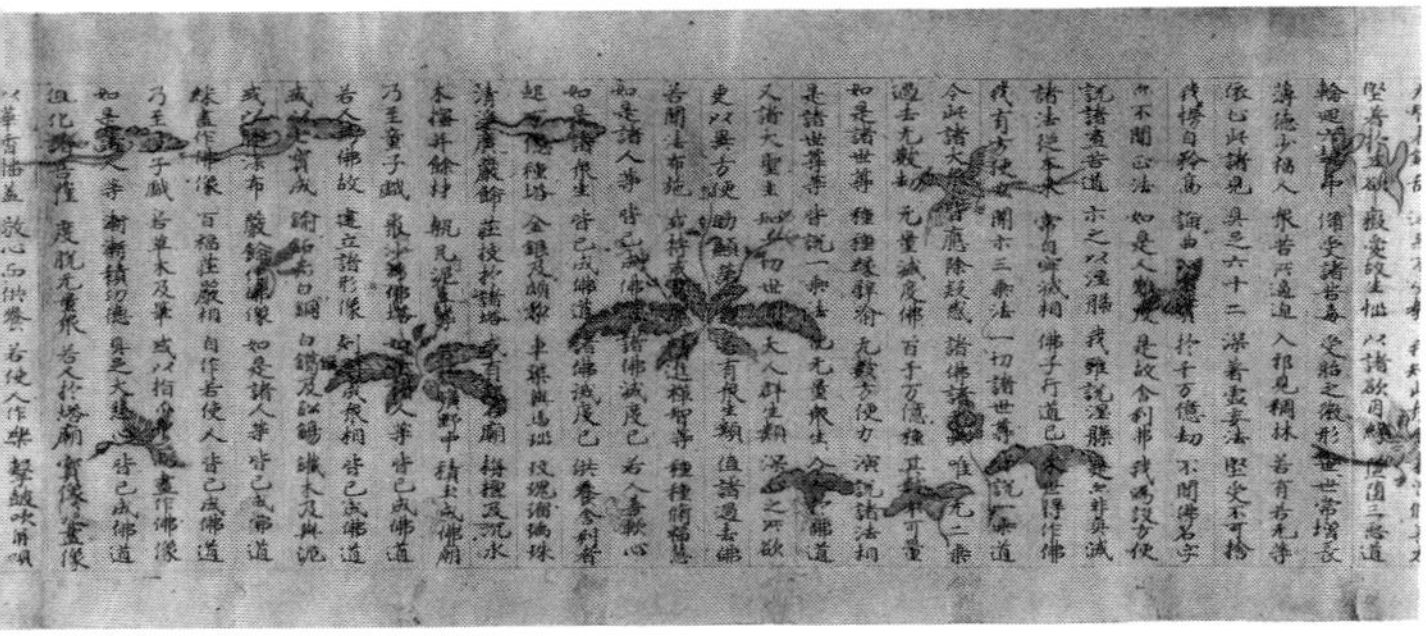

『法華経《ほけきょう》』方便品《ほうべんぼん》(竹生島経《ちくぶしまきょう》) 国宝／東京国立博物館蔵 平安時代の筆と推定される。金銀泥《でい》で描かれた宝相華唐草《ほうそうげからくさ》や霊芝雲《れいしうん》の下絵とよくとけあっている

久遠本仏《くおんほんぶつ》 仏さまの永遠の救い

「お釈迦《しゃか》さまは永遠に生きつづける久遠(無限)仏である」とする思想で、『法華経』のなかにはお釈迦さま自身の言葉で次のように記されている。
「私は悟りを開いてから今日《こんにち》にいたるまで、はかり知れないほどの歳月を生きている。分別をはるかに超えた無量無辺《むりょうむへん》の久遠の過去に仏となり、過去・現在・未来にわたって永遠に人々を教化《きょうけ》しつづけている」
したがって、菩提樹《ぼだいじゅ》の下で悟りを開いたとされるお釈迦さまは、あくまで仮の姿で、久遠の過去からさまざまな姿に身を変えてこの世に現れ、人々に教えを説き、導き、さらにそれは永遠の未来へと繰り返しつづいていくとする。

Q 『法華経』は、どんな経典？

A 『法華経《ほけきょう》』が書かれたのは、紀元前後と推定される。鳩摩《くま》羅什《らじゅう》の漢訳がもっとも多く用いられ、正しくは『妙法蓮華経《みょうほうれんげきょう》』という。

全八巻二十八品《ほん》(章)からなる。

全体の構成は、第一部の迹門《しゃくもん》(一品〜十四品)と第二部の本門《ほんもん》(十五品〜二十八品)とに大きく分かれ、それぞれがさらに三つに分類され、あわせて二門六段という。(92頁参照)

内容は次のとおり。

〔迹門〕本門への導入部分で、『法華経』こそ究極の経典であることが書かれている。

〔本門〕ここからが本論で、お釈迦《しゃか》さまは不滅であることが書かれ、永遠の幸せにいたる道が示される。

この『法華経』に『無量義経《むりょうぎきょう》』と『観普賢菩薩行法経《かんふげんぼさつぎょうほうきょう》(観普賢経《かんふげんきょう》)』を加えて〈法華三部経《ほっけさんぶきょう》〉という。

『法華経』の三大思想

一乗妙法《いちじょうみょうほう》　真実の教えは一つ

仏教は、教義の解釈をめぐって小乗《しょうじょう》仏教（上座部《じょうざぶ》仏教）と大乗《だいじょう》仏教とに分かれる。

小乗仏教は、世俗を離れ、出家《しゅっけ》者としてストイックな宗教生活を送ることで悟りを開こうとするもので、大乗仏教は一般の生活のなかで宗教的な意義を見いだし、悟りを求めようとするもの。

小乗仏教という呼称は、大乗仏教側が、悟りにいたる乗り物にたとえて「出家求道者《ぐどうしゃ》しか救えない小さな乗り物」と批判したもので、大乗とは「だれでも救える大きな乗り物」を意味している。『法華経《ほけきょう》』は、大乗を上位に置きながらも、小乗の救済をも説く。一乗とはすなわち万人の乗り物は１つという意味である。

菩薩行道《ぼさつぎょうどう》　『法華経《ほけきょう》』の布教

菩薩《ぼさつ》とは、すでに悟りの境地に達し、浄土《じょうど》に安住できる資格をもちながら、苦しみ悩む人々を救うためにこの世にとどまり、仏教をひろめようとする仏さまのこと。

菩薩に与えられた行《ぎょう》は次の６つで、「六波羅蜜《ろくはらみつ》」という。　①布施《ふせ》（分け与える）②持戒《じかい》（戒律を守る）③忍辱《にんにく》（迫害に耐える）④精進《しょうじん》（実践する）⑤禅定《ぜんじょう》（心を安定させる）⑥知恵（真理を知る）。

以上に加えて、日蓮《にちれん》は『法華経』そのものをひろめることこそ、唯一無上の菩薩行だとして、生涯を通じて『法華経』の流布に全身全霊を打ちこんだ。

『法華経』を最重要としたのがこの教えである。

Q　『法華経』は、何を教えているの？

A　『法華経』は、お釈迦さまの大慈悲《じひ》によって人々が永遠に救われることを説いた経典である。

このなかでもっとも重要とされているのは、方便品《ほうべんぼん》第二と如来寿量品《にょらいじゅりょうほん》第十六だ。

方便品は、お釈迦さまの教えのいろいろなたとえ話であり、それらは一貫していないように思えるかもしれないが、根本はただひとつ。究極の真理へ導くための手段（方便）が記されている。

如来寿量品は、お釈迦さまはいつでも何度でもこの世に現れて教えを説き、無限に人々を救いつづけるというお釈迦さまの永遠の生命を説いている。

これらの教えは、一乗妙法《いちじょうみょうほう》・久遠《くおん》本仏《ほんぶつ》・菩薩行道《ぼさつぎょうどう》という〈『法華経』の三大思想〉に基づいている。

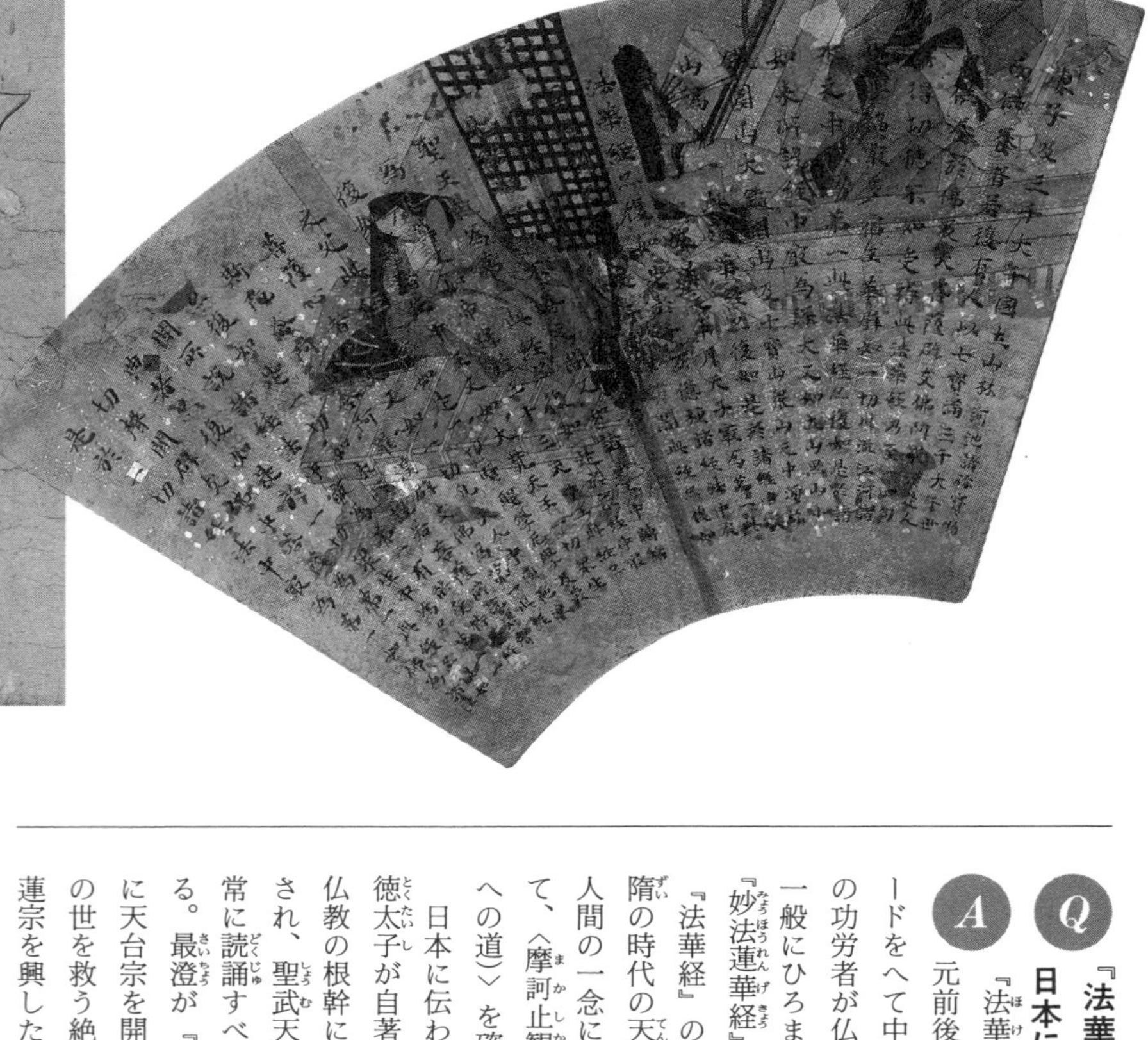

扇面《せんめん》法華経《ほけきょう》冊子《さっし》　泉殿《いずみどの》群女図《ぐんじょず》　国宝／大阪・四天王寺《してんのうじ》蔵

平安貴族のあいだで、装飾経づくりが盛んであった様子がしのばれる

Q 『法華経』は、どうやって日本に伝えられたの？

A 『法華経《ほけきょう》』が成立したのは紀元前後と推定され、シルクロードをへて中国へ伝わる。その最大の功労者が仏典翻訳家の鳩摩羅什《くまらじゅう》で、一般にひろまったのは彼が漢訳した『妙法蓮華経《みょうほうれんげきょう》』である。

『法華経』の解釈としては、中国・隋《ずい》の時代の天台智顗《てんだいちぎ》が最大の功労者。人間の一念にも仏の世界があるとして、〈摩訶止観《まかしかん》(精神統一による悟りへの道)〉を確立した。

日本に伝わった『法華経』は、聖徳太子《しょうとくたいし》が自著『法華義疏《ほっけぎしょ》』のなかで仏教の根幹に置くなど最重要経典とされ、聖武《しょうむ》天皇の時代にいたっては、常に読誦《どくじゅ》すべき経典と位置づけられる。最澄《さいちょう》が『法華経』の教えを中心に天台宗を開き、のちに日蓮《にちれん》が末法の世を救う絶対唯一の経典として日蓮宗を興した。

道成寺縁起《どうじょうじえんぎ》　重文／和歌山・道成寺蔵　安珍《あんちん》・清姫《きよひめ》の話は『法華経《ほけきょう》』礼賛《らいさん》の説話の代表格。『今昔《こんじゃく》物語』のなかにも登場している

Q 『法華経』は『今昔物語』にも出てくるって本当？

A 『今昔物語《こんじゃくものがたり》』は平安時代に書かれた三一巻千余の物語からなる日本最大の説話集。このうち八九話に『法華経』の霊験譚《れいげんたん》がおさめられ、『法華経』の影響とみられる説話は一〇〇話を超す。

これらの説話は僧たちによって編《へん》纂《さん》されたもので、当然、仏さまの功徳がテーマとなっているが、これらの説話が庶民に親しまれてきたことから、法華信仰がいかに人々と密接な関係にあったかがうかがえる。

説話の内容は、悪霊・疫病・強盗などから『法華経』の功徳によって救われるというもの。荒唐無稽《こうとうむけい》に思えるストーリーも、末法《まっぽう》の世という現実世界におびえる庶民の心を巧みにくみとり、救済願望を満たしている。説話において『法華経』は〝正義の味方〟なのである。

日蓮の受難と折伏《しゃくぶく》

「少々の難は数知れず、大難四箇度《しかど》なり」と、日蓮《にちれん》が自ら語るように、その生涯は法難の連続であった。時代の主流であった念仏信仰を激烈に非難する折伏《しゃくぶく》の行動が、日蓮に数々の法難をもたらす。

Q 四大法難とは？

A **一、松葉谷《まつばがやつ》法難**

一二六〇（文応《ぶんおう》元）年八月、日蓮が『立正安国論《りっしょうあんこくろん》』（念仏信仰を否定し、『法華経《ほけきょう》』に帰依《きえ》せよと説いた著書）を前執権北条時頼《しっけんほうじょうときより》に献上したことから、念仏信徒が日蓮《にちれん》を殺そうと鎌倉松葉谷の草庵《そうあん》を焼き討ちにした。日蓮は奇跡的に脱出して下総《しもうさの》国《くに》（千葉県）に難を避ける。

二、伊豆《いず》法難

松葉谷法難の翌一二六一（弘長《こうちょう》元）年五月、日蓮の勢いに危機感をもった念仏信徒らは、日蓮を危険人物として幕府に訴え、日蓮は伊豆に流罪となる。赦免されるまでの一年九カ月のあいだに日蓮は『四恩鈔《しおんしょう》』や『教機時国鈔《きょうきじこくしょう》』などを著す。

三、小松原《こまつばら》法難

一二六四（文永《ぶんえい》元）年一〇月、重病の母を見舞いに郷里小湊《こみなと》に帰ってきた日蓮を地頭東条景信《とうじょうかげのぶ》ら数百人の念仏信徒が襲撃。弟子を殺され、眉間に傷を負うが奇跡的に助かる。

四、龍口《たつのくち》法難（りゅうこう）

一二七一（文永八）年九月、日蓮は再び逮捕される。幕府は佐渡《さど》流罪をいいわたすが、護送の途中、鎌倉龍口で処刑する計画だった。ところが、まさに首を斬られる寸前、突如、雷鳴が響き、稲妻が走った。兵士たちは恐れをなし、日蓮は処刑されることなく佐渡へ流罪となる。

Q 『法華経』に法難のことが書かれているって本当？

A 立教開宗にあたって、日蓮は命にかかわる法難を覚悟した。

なぜ日蓮にそれがわかったかというと、『法華経』勧持品《かんじほん》第十三のなかで、お釈迦さまが〝三類の強敵《ごうてき》〟による法難を予言しているからだ。

三類の強敵とは、俗衆増上慢《ぞくしゅうぞうじょうまん》・道《どう》門《もん》増上慢・僭聖《せんしょう》増上慢の三つで、大衆、僧たち、そして上人《しょうにん》と呼ばれる人物までが、『法華経』をひろめようとする者に迫害を加えるとしているというのだ。

しかし『法華経』は、「仏陀《ぶっだ》を敬信して忍辱《にんにく》の鎧《よろい》を着よう。我々は命を惜しまない。ただ無上の道が失われることのみ惜しむ」と、邪悪な信仰に染まった人々を救済するためには当然覚悟すべき受難であるとし、命がけで耐え忍べと説く。

だから日蓮は、法難を覚悟していたわけである。

Q 日蓮はどうして他宗を厳しく批判しつづけたの？

A 日蓮の立場は、『法華経』のみを肯定し、ほかの一切を否定し非難する是一非諸。末法《まっぽう》の世を救い得るのは『法華経』だけだとする日蓮にしてみれば、『法華経』を放棄した他宗は敵になるというわけだ。

したがって日蓮の他宗派への批判は容赦なく、次の四箇格言《しかかくげん》が有名。

〔念仏無間《ねんぶつむけん》〕念仏は無間地獄に堕《お》ちる業因《ごういん》。

〔禅天魔《ぜんてんま》〕禅は所衣の経典をもたず権力者に取り入ろうとする天魔。

〔真言亡国《しんごんぼうこく》〕真言の祈祷《きとう》は天変地異の災害に無力な亡国の祈祷。

〔律国賊《りっこくぞく》〕貧者を救済するといいながら、慈善事業資金を集める律宗は貧者に犠牲を強いる国賊。

日蓮は辻説法で民衆に布教していった

Q 「折伏《しゃくぶく》」って何？

A 末法の世の人々を救うために『法華経』をひろめることを「広宣流布《こうせんるふ》」というが、日蓮は〝折伏（破折調伏《はしゃくちょうぶく》）〟という強烈な布教方法をとった。

折伏とは、それぞれの宗派の長所を育成して教化《きょうけ》するのではなく、相手の欠点を徹底的に論破して正しい信仰に導くことをいう。なお、他宗のような穏やかで寛容的な布教法を摂受《しょうじゅ》（摂引容受）という。

日蓮は、末法の世においては、お釈迦《しゃか》さまの時代のような仏教のひろめ方は不可能という考えから、折伏による『法華経』の布教しかないとした。念仏信徒との対立は、この折伏に原因があった。

日蓮宗の発展

日蓮の死後、弟子たちは門流を次々に生みだし、さらに細胞分裂にも似たダイナミックな分派展開をしていく。他宗を邪教と断じ、折伏《しゃくぶく》と弾圧の歴史のなかで、いかにして今日の発展を築いてきたのか。

日昭《にっしょう》
弁阿闍梨《べんあじゃり》

六老僧のトップ。もと天台宗の僧で、早くから日蓮の弟子となる。池上で日蓮を看病、遺骨を身延山に埋葬した。その後、鎌倉で布教に専念。

日向《にこう》
佐渡阿闍梨《さどあじゃり》

佐渡配流の際も日蓮のそばを離れず、日興が山をおりたあと身延山を引き継ぐ。後年、身延山を日進《にっしん》に譲って上総茂原《かずさもばら》の妙光寺《みょうこうじ》に隠棲。

日朗《にちろう》
大国阿闍梨《だいこくあじゃり》

下総《しもうさ》の生まれで、叔父の日昭にしたがって日蓮に出会い、常にそばに仕え、師と苦しみをともにした。日像《にちぞう》など教団の明日を担う弟子を輩出。

日興《にっこう》
白蓮阿闍梨《びゃくれんあじゃり》

日蓮の死後も墓所のある身延山に常駐するが、開基《かいき》である地頭波木井実長《はきいさねなが》と険悪となり、弟子を引き連れて身延山をおりた。

Q 六老僧とは？

A 日蓮は死去する五日前の一二八二（弘安《こうあん》五）年一〇月八日、日興《にっこう》に「一、本弟子六人の事……」で始まる遺言を書きとらせた。日昭《にっしょう》・日朗《にちろう》・日興《にっこう》・日向《にこう》・日頂《にっちょう》・日持《にちじ》の六人を本弟子と定めて後事を託したのだ。この六人を「六老僧」と呼ぶ。

六老僧は日蓮の死後、相模《さがみ》（神奈川県）の鎌倉、武蔵《むさし》（埼玉県周辺）、上《か》総《ずさ》（千葉県中部）、下総《しもうさ》（千葉県北部）、安房《あわ》（千葉県南部）、甲斐《かい》（山梨県）、駿河《するが》（静岡県中部）、佐渡など各地で布教に邁進《まいしん》する一方、日蓮教団の結束を固めるため、交替で一カ月間、身延山《みのぶさん》の日蓮の墓所に仕えるという輪番制度（月割当番）を取り決めた。

だが、言うは易く行うは難し。布教活動に邁進しながら身延山に登詣して一カ月を過ごすというのは大変なことで、とうとう日蓮の三回忌に

日像《にちぞう》 肥後阿闍梨《ひごあじゃり》

下総の豪族の出身。日朗の弟子で、京都における日蓮教団の礎を築く。
14歳のときに日蓮の臨終に際して病床に呼ばれ、帝都（京都）開教を遺言されるが、上洛が実現するのはそれから12年後のこと。
その後も、比叡山延暦寺《ひえいざんえんりゃくじ》の迫害で３度京都を追放され、苦難の末、京都四条に妙顕寺《みょうけんじ》を建て、皇室の勅願寺および武家の祈願所とすることに成功。
日蓮の死後、52年をへて師の遺言を果たすことができた。

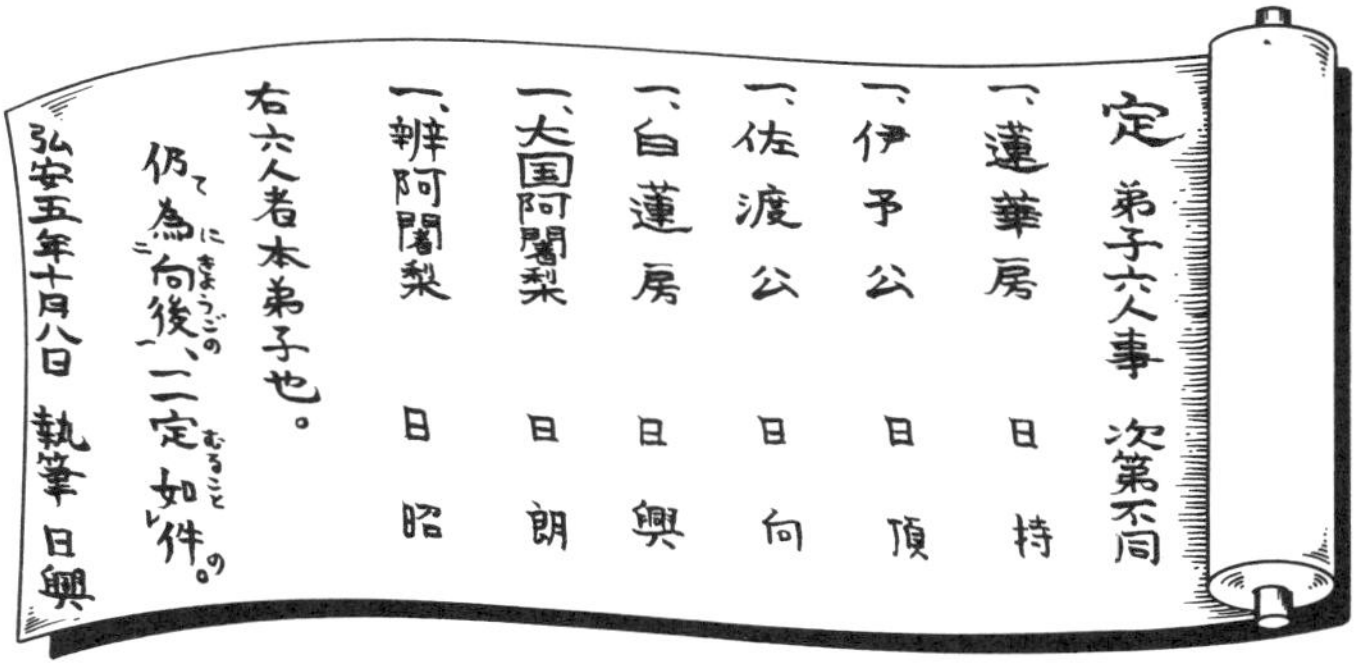

定　弟子六人事　次第不同
一、蓮華房　日持
一、伊予公　日頂
一、佐渡公　日向
一、白蓮房　日興
一、大国阿闍梨　日朗
一、辨阿闍梨　日昭
右六人者本弟子也。
仍《て》為《に》向後《きょうごの》、一定《むること》如件《の》。
弘安五年十月八日　執筆　日興

日持《にちじ》
蓮華阿闍梨《れんげあじゃり》

わが国海外伝道の始祖として名高い。国内普及はほかの本弟子にまかせ、日蓮の宿願であった中国、インドへの広宣流布をめざした。

日頂《にっちょう》
伊予阿闍梨《いよあじゃり》

常に日蓮のそばを離れず、下総《しもうさ》で布教にあたっていたが、後年、日興門流の学頭として迎えられ、日興門流教学の振興をはかる。

はなし崩しとなり、地元の日興と上総茂原《もばら》にいた日向が常住することになる。

そしてさらに、日蓮の死後六年目にあたる一二八八（正応《しょうおう》元）年、集団指導体制という一枚岩を真っ二つにする事件が起こる。

墓所に常駐する日興が、身延山久遠寺《くおんじ》の開基《かいき》である地頭波木井実長《はきいさねなが》の神社参拝などの行為は、日蓮の教えに背くものであり、絶対に容認できないと諫《いさ》めたのである。

これがもとで実長と不仲になり、日興は弟子を引き連れて身延山を下山。富士山麓に大石寺《たいせきじ》（現在の日蓮正宗《しょうしゅう》総本山）を創設。一方、身延山久遠寺は日向が引き継いだ。

日興は大石寺と北山本門寺を中核に日興門流（富士門流）を名乗り、ここに六老僧による日蓮門下の結束は崩壊し、日蓮教団ではじめて分派が誕生するのである。

Q 日蓮教団はどのように分派していったの?

A 分派の遠因は、日蓮教団の結束を固めようと六老僧らが取り決めた輪番制度がうまく機能しなかったためだ。

高弟たちは各地で布教にあたっており、幕府や諸宗の弾圧もあって、その地を離れて定期的に一カ月間ものあいだ身延山に常駐するのは困難だった。

輪番制は早くも日蓮の三回忌で頓《とん》挫《ざ》し、地元の日興と上総の日向が身延山に常駐することになる。

その日興が、日蓮の死後わずか六年で日興門流(富士門流)を興すのを皮切りに、以後、多くの門流が生まれ、それぞれが正統性を主張し、ときには他の門流と対立しながら発展していく。日蓮教団の歴史が門流の抗争史といわれるゆえんだ。

初期のおもな門流は、次のとおりである。

●**日興門流**(富士門流)　大石寺と北山本門寺を中核として日興が興す。厳格に日蓮の教えを守ろうとする日興の思想は、今日まで続いている。

●**日向門流**(身延門流)　身延山久遠寺を中核に日向が興す。後年、身延山を日進《にっしん》に譲って上総《かずさ》茂原《もばら》妙光寺《みょうこうじ》(藻原寺《そうげんじ》)に隠棲《いんせい》したことから、藻原門流とも呼ばれる。

●**日昭門流**(浜門流)　鎌倉浜土《はまど》法華寺(妙法華寺)を中核に日昭が興す。各門流のなかで、天台宗への傾斜がとくに著しいことで知られる。

●**日朗門流**(比企谷《ひきがやつ》門流)　池上本門寺と鎌倉妙本寺を中核に日朗が興す。

●**日常門流**(中山門流)　日蓮の檀越《だんのつ》(施主)の富木常忍《ときじょうにん》が出家して日常《にちじょう》と名乗り、下総若宮《しもうさわかみや》(千葉県市川市)法華寺(法華経寺)を中核に興す。

この五つの門流からさらに分裂し、多くの門流が誕生していく。

Q 布教活動は、どのように進んでいったの?

A 鎌倉末期まで各門流の布教活動は東日本が中心であったが、南北朝・室町時代と、政権が鎌倉の武家から京都の公家《くげ》へ移行するにつれ、西日本での布教が活発になっていく。

京都布教の第一人者は日像であった。その後、教団の諸門流は次々に上洛して布教を始めるが、日像の妙顕寺はそれらを統括する地位を与えられ、京都日蓮教団の中心的役割を担う。なお日朗門流から、妙顕寺を拠点とする日像の四条門流と、本国寺(本圀寺《ほんこくじ》)を拠点とする日静《にちじょう》の六条門流が独立。

明治初期に『日蓮宗』としてまとまるが再び分流する。『法華経』の解釈(22頁参照)をめぐって一致派(迹《しゃく》門《もん》も本門《ほんもん》も価値は同じ)と勝劣派(本門のほうが価値が高い)に分かれ

宗門史よりみた日蓮系各門流と宗派

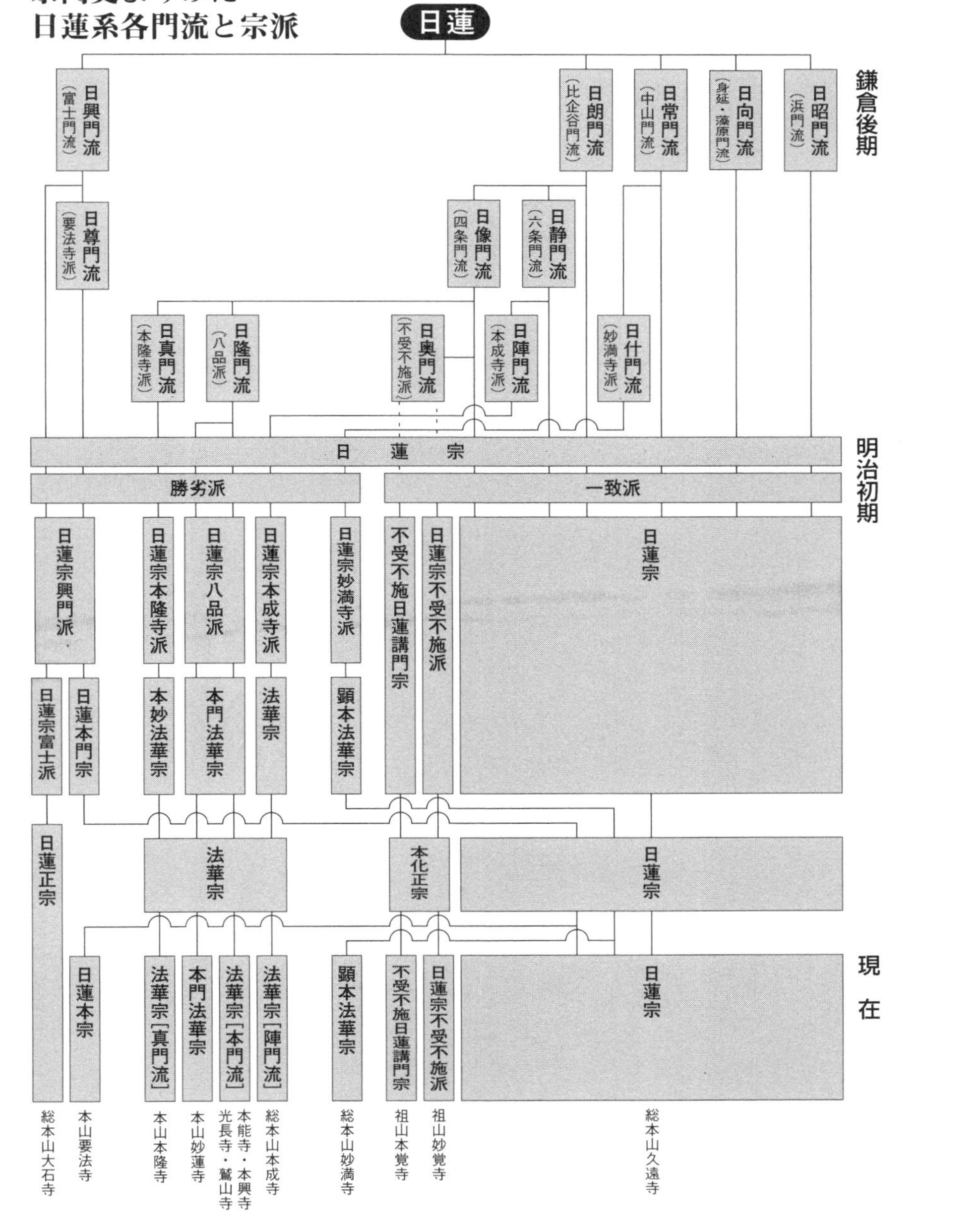

ての論争が激化。教義論争はさらに教団の分派に発展していった。それはいずれも、一致派から勝劣派が独立するものであった。

Q 過激な折伏《しゃくぶく》で知られる「鍋かむり日親《にっしん》」って？

A 室町時代、京都の半分が法華信徒であるといわれた。そのころ京都や九州で布教したのが日親である。日親は、国家諫暁《かんぎょう》を行った代表的人物で、中山門流に属していた。

諫暁とは諫《いさ》め諭《さと》すことで、国家諫暁は開祖日蓮以来、日蓮教団の宿願だった。

日親は、日蓮の教えに対するあまりの潔癖さゆえに中山門流を破門されてしまう。しかし、日親は大法宣《たいほうせん》伝《でん》の願をかけて壮絶な行を行い、一四三九（永享《えいきょう》一一）年、時の将軍足利《あしかが》義教《よしのり》に諫暁を断行。法華信仰を迫り、幕府の正道を説いた。

諫暁は、幕府の現体制を否定するものであったため、日親は捕えられ、念仏をとなえるよう言語に絶するリンチを受け、熱した大鍋を頭からかぶせられる。だが、焼けた皮膚から異臭を放ちつつも、後ろ手に縛られた日親は念仏をとなえることはなかったという。このエピソードから「鍋かむり日親」と呼ばれる。

日親が許されるのは、義教の落命の予言が的中したため。「『法華経』の行者を苦悩させた罪報により、一〇〇日のうちに災いが生じる」という日親の予言どおり、義教は一四四一（嘉吉《かきつ》元）年六月二四日、赤松満祐《あかまつみつすけ》の館で殺される。将軍一門や諸臣はこれに恐れをなし、日親を赦免《しゃめん》したのだった。

このあと日親は、たび重なる迫害にもめげず、諸国を布教行脚し、三十余の寺院を建てる。

Q 法華一揆《いっき》は、どうして起きたの？

A 戦国時代、一向宗《いっこうしゅう》（浄土真宗）の蓮如《れんにょ》は、阿弥陀仏《あみだぶつ》の救いを信じて念仏をとなえればだれでも往生できるとやさしい文章で説き、講《こう》を組織して精力的な布教活動をしていた。

一向宗は北陸・東海・近畿地方にひろまり、門徒は各地域で結束。これを京都山科本願寺《やましなほんがんじ》が組織化したため、強大な勢力となり、農民支配を強めつつあった大名権力と衝突する。これが一向《いっこう》一揆である。

一方、京都には、二一カ本山といわれる多数の法華寺院が集中。法華信徒には商工業者など財力をたくわえた信者が多く、一向一揆を恐れた彼らは京都を戦火から守るため、法華一揆を起こす。一五三二（天文《てんぶん》元）年、足利義晴《あしかがよしはる》の依頼で山科本願寺を総攻撃、法華信徒ら町衆が京都の支配権を握った。

だがその四年後、日蓮教団の強大化を恐れた比叡山は数万の大軍を募って京都の法華寺院を総攻撃（天文法華の乱）。敗北した日蓮教団は一時、堺《さかい》などへ落ちのびた。

Q 厳しい弾圧を受けた不受不施派《ふじゅふせ》とは？

A 日蓮教団は開宗以来、不受不施を信仰規範としていた。

不受不施とは、「僧は法華信徒でない者からの布施を受けず（不受）、信徒も法華寺院以外の僧に施さない（不施）」ということ。

これが問題化したのが一五九五（文禄《ぶんろく》四）年の豊臣秀吉《とよとみひでよし》が各宗の僧を集めて行った千僧供養会《せんぞうくようえ》である。これに参加することは、信徒ではない秀吉から布施を受けることになる。しかし、参加を断れば秀吉を怒らせ、宗派の存続にも影響を及ぼすだろう。

結果は、教団内での多数決により参加することになった。しかし、これをきっかけに、不受不施を堅持しようとする京都妙覚寺の日奥《にちおう》ら不受不施派と、国主（秀吉）の命ならば布施を受けるもやむなしとする受不施派（受派）との対立が長く続くことになる。

不受不施を貫いた日奥は、のちに徳川家康《とくがわいえやす》の行った千僧供養会を断ったため、対馬《つしま》へ一三年におよぶ流刑となった。

その後、受不施派と不受不施派は一時和解するものの、対立が再燃す

法華三十番神像《ほっけさんじゅうばんしんぞう》　千葉・大相寺　法華信仰と神道《しんとう》が結びついたもの。日本国内の神々が『法華経』の修行者を守護するという

る。江戸幕府の仲介による「身池対《しんち》論」(140頁参照)の席で不受不施派はこれまで同様の主張を繰り返したため、幕府は日樹《にちじゅ》ら七名と、張本人として日奥を流罪とした。

さらに幕府は、不受不施派をキリシタンとともに二大禁制宗門とした。これにより不受不施派は地下に潜り、弾圧は明治初期まで続いた。

Q 江戸時代の日蓮教団は?

A 不受不施派の弾圧の一方で幕府は、ほかの法華寺院に対しても本末寺《ほんまつじ》制度の制定を求めた。

仏教各宗の支配強化が目的で、このとき身延山久遠寺が総本山と定められる。他宗同様、日蓮教団もまた寺檀《じだん》制度の枠内で存続していったのである。

また、江戸時代の特徴としては、現世利益《げんぜりやく》を求める庶民的な法華信仰がひろまったことがあげられる。各寺院に安置された祖師日蓮像は霊験あらたかであるとして多くの参拝者でにぎわった。

Q 明治以降の日蓮教団は?

A 明治維新は新生日本の誕生であると同時に、仏教各宗にとって受難の幕開けとなる。新政府は国家神道《しんとう》を推進するため神仏分離令を出し、その結果、各地ですさまじい廃仏毀釈《はいぶつきしゃく》運動が起こった。

廃仏毀釈《はいぶつきしゃく》とは?

仏像や経典、仏具を破壊したり、焼却すること。明治新政府は天皇制による国家神道《しんとう》の推進のため、神仏分離令を布告して、旧幕府と密接に結びついていた仏教勢力の一掃をはかった。神道勢力はこれを廃仏令として受けとめ、廃仏毀釈運動が全国的に広がることになる。

政府の還俗《げんぞく》(僧侶を俗人に戻すこと)命令によって法華僧も多くが還俗させられたほか、神道の神々を『法華経』の守護神とした法華《ほっけ》三十《さんじゅう》番神《ばんしん》が禁止されるなど、時代の激しいうねりに宗門内部からの抜本的な改革が急務となった。

一八七六(明治九)年、新居日薩《あらいにっさつ》らは、日蓮教団の大同団結をはかる。

身延山久遠寺を総本山とし、池上本門寺、本圀寺、妙顕寺、中山法華経寺を大本山とする一致派を統合、「日蓮宗」として正式に発足する。初代管長には日薩が就任。

また教育機関として日蓮宗大学林(立正《りっしょう》大学の前身)や祖山《そざん》学院(身延山大学の前身)を創設し、充実をはかった。

大正から昭和にかけては、霊友会《れいゆうかい》、立正佼成会《りっしょうこうせいかい》、さらに昭和に入って創価学会《がっかい》など日蓮系の在家集団である巨大新宗教団体が続々誕生していく。

『法華経』の布教活動に
命をかける

第2章

開祖はこんな人

「日蓮聖人」

作／多田一夫

鎌倉新仏教の
宗祖たちのなかで
この人ほど激しい
受難と迫害の
生涯を送った人は
いない。
一二五三（建長《けんちょう》五）年、
安房《あわ》（現在の千葉県）・
清澄山《きよすみさん》。
日蓮は
この日…
ザッ
一五年ぶりに
故郷の山に
戻ってきた。

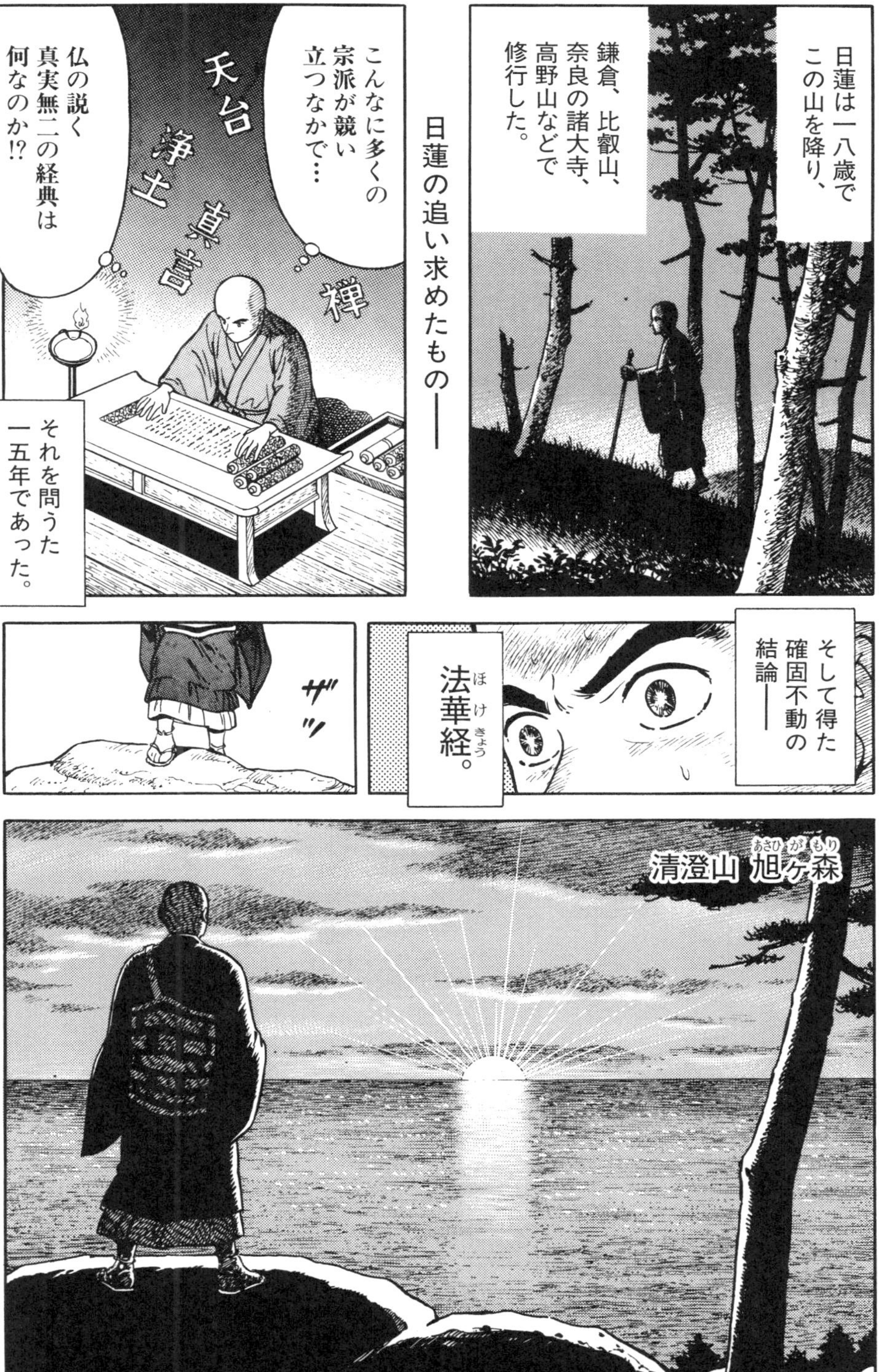

日蓮は一八歳で
この山を降り、
鎌倉、比叡山、
奈良の諸大寺、
高野山などで
修行した。
日蓮の追い求めたもの——
こんなに多くの
宗派が競い
立つなかで…
天台
浄土
真言
禅
仏の説く
真実無二の経典は
何なのか!?
それを問うた
一五年であった。
そして得た
確固不動の
結論——
法華経《ほけきょう》。
ザッ
清澄山 旭《あさひ》ケ《が》森《もり》

南無《なむ》妙法蓮華経《みょうほうれんげきょう》！
今日から私はこの法華経を日本中にひろめるために、生涯をささげる!!
日蓮、この時三二歳——
そして、この日清澄寺《せいちょうじ》で、日蓮の初説法が行われるというので、
ありがたいことじゃ
恩師、学僧、土地の人々が集まってきた。
そのなかに熱心な念仏信者の地頭《じとう》・東条景信《とうじょうかげのぶ》がいた!!

いま、世のなかは血みどろの争い、動乱、殺りくばかりが続き…

いっこうによくなりません。

そんななかで人々は、命のはかなさを嘆き、はやく浄土に生まれ変わりたいなどと念じています。

そんなまちがった仏法がはびこっているからこの世は、よくならないのです。

ざわ…

まちがった仏法とは――

念仏や禅です!!

な……なんと!?

この末法の世で人々を、国を救うには、
すべての人が正法である法華経を信じる以外ないのです!!
や……やめい!!
きさま、叡山での修行を鼻にかけ他宗を邪法とののしるか!!
やめません!!
私をおいてだれがこの真理を語りましょうか?
これを信じなければ——
東条様をはじめどなたも地獄に堕ちましょうぞ!!
な!なんと!!
きさまのような男を、
生かしておくは国のためにならん!

おやめ下され!!
おやめ下され!!
寺内でござる!!
この恩師・道善房《どうぜんぼう》らによって日蓮はこの場を救われる。
しかし日蓮は地頭らの手前、勘当というかたちで故郷を追放され……
幕府のある鎌倉に出る。
……私は……

法華経の学僧でなく…
法華経の求道者として生きるのだ!!
そして松葉谷《まつばがやつ》に草庵《そうあん》を建て、
布教をはじめる。
この世をこそ浄土にしなければ…
ヒュ・・
ガツ

やめろ
やめろ!!
おかしなこと
言ってんじゃ
ねえ!
帰れ
クソ坊主!
待たれい!
私の話を〜〜〜
当時、ほとんどの人が
念仏、禅、真言などの
先行諸宗派を
信じており、
幕府もそれらを
奨励していた。
が……
そんななかで、
日蓮の弟子と
なる者や信徒
も、しだいに
増えてきた。

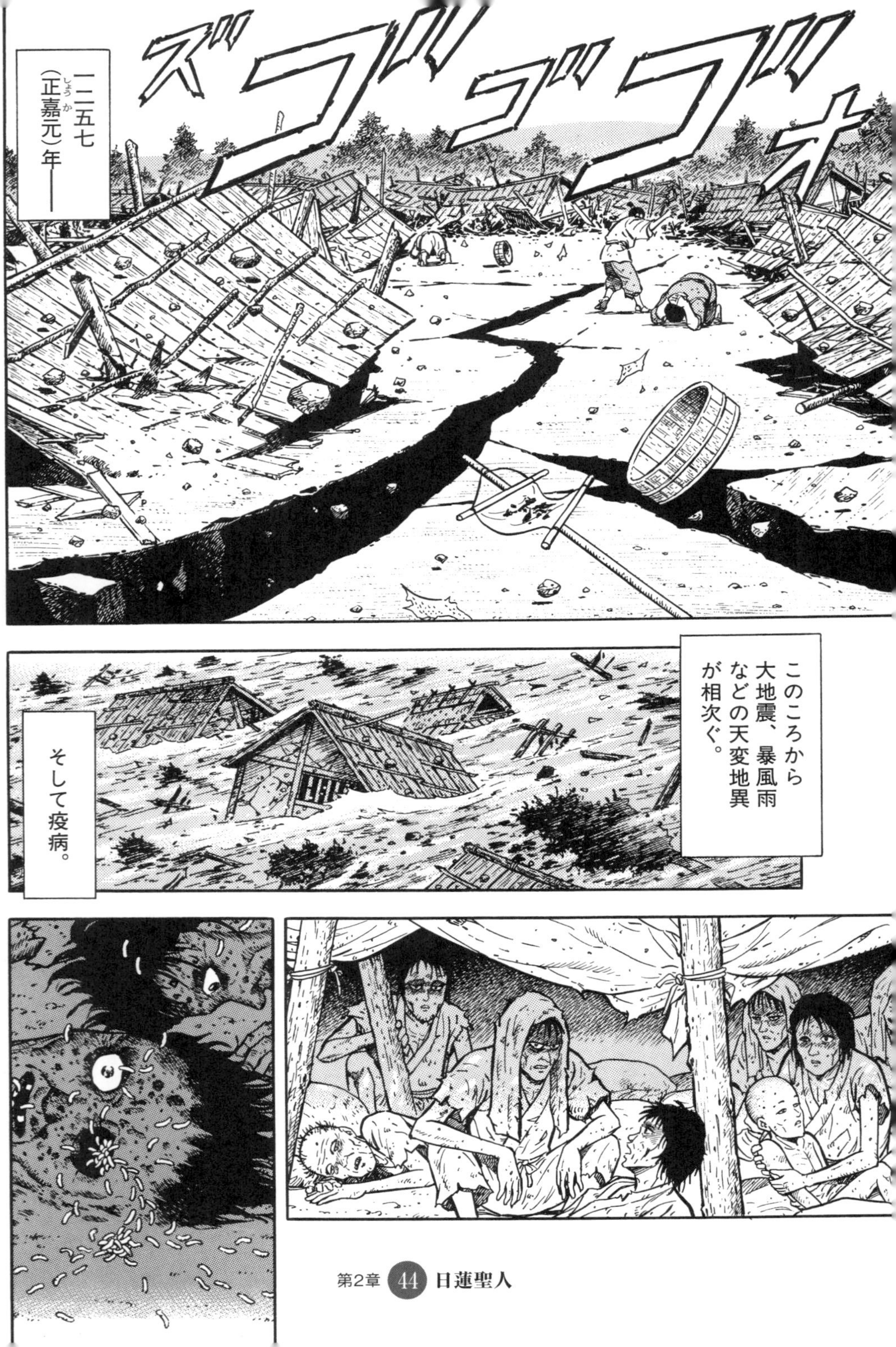
ズゴゴゴオ
一二五七（正嘉《しょうか》元）年──
このころから大地震、暴風雨などの天変地異が相次ぐ。
そして疫病。

『立正安国論』大意

こうした災害は、邪宗を信じるために起こるのであり、これを改めねば、これからはさらに、他国の侵略・内乱が起こるであろう、というもの。

ここか!
この日蓮の
行為に怒った
念仏信者らは…
バン
焼け死ねえ
日蓮!!
ボッ
ボッ
な…
何者!?
お師匠様、
ひ…火が!!
グオオ
お逃げ
下さい!!

ゴオオ
お師匠様、早く!!
バンッ
ドオッ
ゴオオ

※念仏は無間地獄に堕ちる原因であり、禅は修行を妨害する悪魔である。

法華経のために命をおとすならそれこそ本望!!
命を狙われるくらいでひるみはせん!!
日蓮は人々をまどわす悪僧であります!!
何かお沙汰《さた》を!!
うむ!
パチ‥
一二六一(弘長《こうちょう》元)年
日蓮伊豆流罪になる!!

伊東の地で日蓮は…
漁師船守《ふなもり》弥三郎《やさぶろう》の世話によって命をつなぐ。
また、地頭伊東《いとう》八郎《はちろう》左《ざ》衛門《えもん》のえたいの知れない病気を…
全快させる!!
おおっ!! なんということだ!?
信じられん!!
これにより伊東一門は法華経に帰依する。
二年後流罪を許された日蓮は、鎌倉に戻り…
翌年故郷に帰る。

一二六四(文永《ぶんえい》元)年
一一月一一日、日蓮と
弟子たちは檀越《だんのつ》の一人
工藤吉隆《くどうよしたか》の邸《やしき》に
向かう途中であった。
小松原
ザザッ
おおっ
な…何やつだ!!
カカッ
よもや、この顔忘れてはおらんだろう!!

東条景信《とうじょうかげのぶ》！
宿敵ともいえる景信との対立はあれ以来いっそう険悪になっていた。
日蓮、冥土へゆくがよいぞ!!
かかれ!!
おおお
師匠を守れ!!

ドッ
ズッ
カカッ
日蓮覚悟!!
ガッ
南無《なむ》妙法蓮《みょうほうれん》華経《げきょう》!!

やかましい!!
おおお
ヒヒヒーン
あ!!
ああっ!!

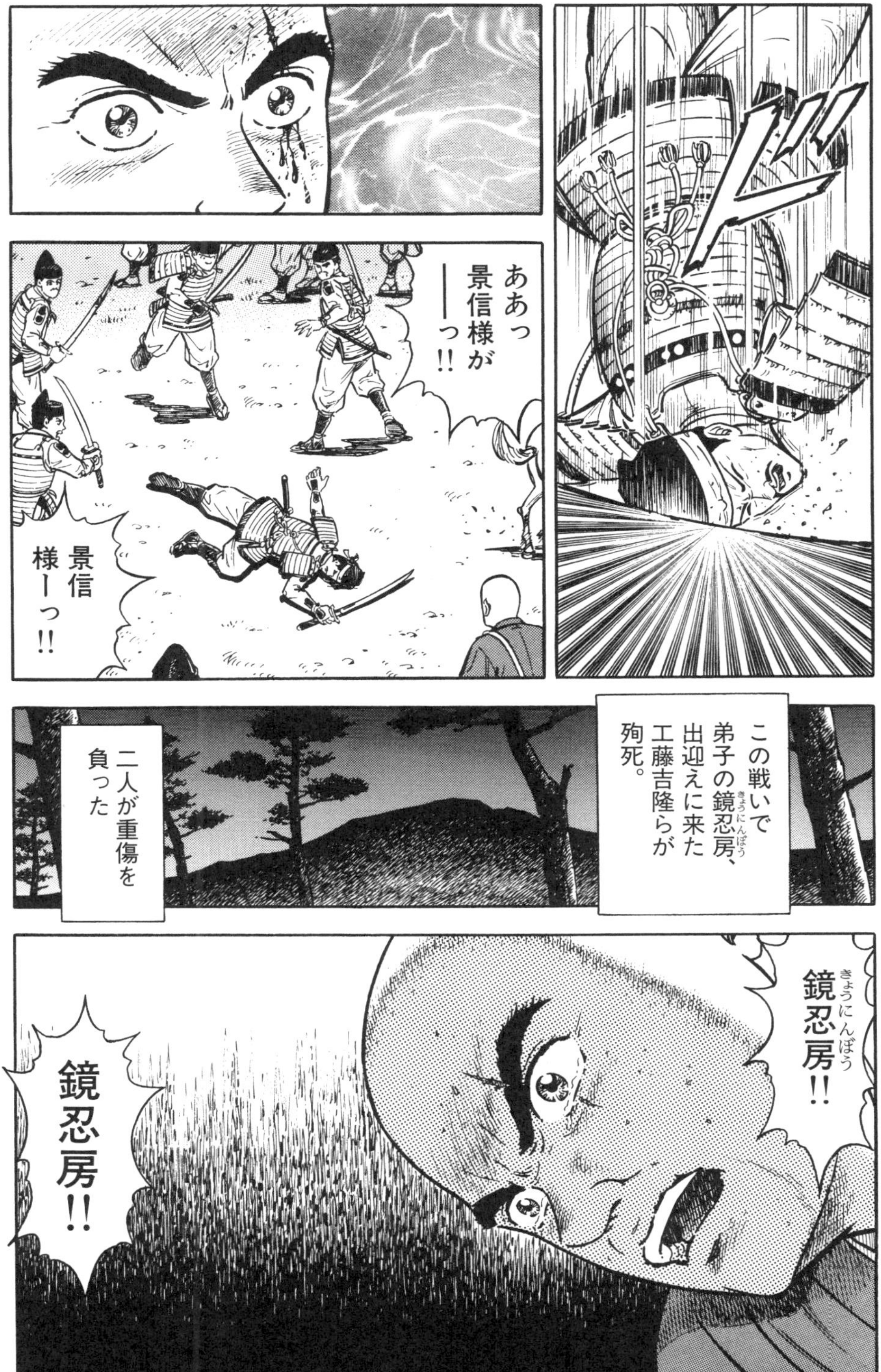
ああっ景信様が——っ!!
景信様ーっ!!
この戦いで弟子の鏡忍房《きょうにんぼう》、出迎えに来た工藤吉隆らが殉死。
二人が重傷を負った
鏡忍房《きょうにんぼう》!!
鏡忍房!!

鏡忍房…
法華経は、
今
やっと…
ほんの少し
根づきかけた
ばかり。
鏡忍房よ、
お前たちの
ためにも
後に続く
者たちの
ためにも…
ここで退く
わけにはいかん!!
カン
一二六八
(文永五)年、
正月は騒然
たるうちに
明けた。

蒙古《もうこ》の使者が
※大宰府《だざいふ》へ国書を
届けたのである。
お師匠様!!
タンッッ
お師匠様の
予言が的中
しました!!
!……
来たか!?
この侵略を
日蓮は
八年前の
『立正安国論』で
予言している。
これを
機に——
今度こそ
法華経を
認めさせねば!!
日蓮は
『十一通御書《ごしょ》』を
したため、
時の権力の中枢
一一か所へ送る。

※現在の福岡県太宰府市。西の守りとして国の役所が置かれていた。

これは、幕府へは直諫《ちょっかん》し、諸寺院の高僧へは公開討論を求めたもの。

だが、このような示威《じい》行動も高僧たちからは黙殺され、
幕府では──
日蓮の言動は目にあまる!!
我らをいさめ日本国を傾けんとするもの！
執権殿！容赦なき裁きを!!
……
佐渡流罪を申しつけろ!!
ガッ

な…何の罪じゃ!?
やかましい!!問答無用!!
ククッ
佐渡流罪のはずが日蓮嫌いの侍所《さむらいどころ》平頼綱《たいらのよりつな》は……
独断で日蓮を抹殺しようとする!!
こよいこそもはや……
もはや最後!!
鎌倉・龍口《たつのくち》処刑場——
ドン

法華経のために死ぬ！
やれ!!
お…お師匠様ぁ〜っ!!
バシャ

カッ
カアアア
わあっ
な…何だこれは!?

この奇跡のような現象によって、頼綱らは恐れ
こわがり、死刑は中止になったと伝えられている。

佐渡――
ドオーー
日蓮五〇歳の佐渡流罪――
びゅうううう
厳冬の佐渡で日蓮にあてがわれたのは…
死人を捨てる塚原《つかはら》の、この三昧堂《さんまいどう》である。
氷雪
びゅう
こごえ
飢え
それらと戦いながら…

自身を
ぎりぎりまで
内省する。
たび重なる
受難、迫害を
思想形成の
糧《かて》とする。
生命、終わる前に
書きあげねば!!
こうして日蓮の教えの
根本聖典《こんぽんせいてん》と仰がれる、
『開目抄《かいもくしょう》』
『観心本尊抄《かんじんほんぞんしょう》』を
書きあげる。
三年後
赦免された
日蓮は…
鎌倉に
戻る。
お師匠様ァ
……
聖人様
よくぞ
ご無事で!!

そして幕府に招かれ、
そこで三度めの諫言《かんげん》をするが…
またも受け入れられず。
一二七四(文永一一)年五月、甲州の身延山に入り、
自身滅後の弟子の教育のため、教学の充実に努める。
安住の地なく所、追われること二十余度！
たび重なる受難、迫害にひるむことなく、
それを飛躍の糧《かて》とした。

日蓮は戦いつづけた不屈の人であった。
我、日本の柱とならん。
我、日本の眼目《がんもく》とならん。
我、日本の大船《たいせん》とならん。
『開目抄《かいもくしょう》』
法華経が世に大きくひろまるのは、
弟子たちの時代に入ってからである。

［意訳］私は日本の柱となろう。日本の眼となり未来を予見しよう。日本の大船となり人々を救済しよう。

——完——

NICHIREN

日蓮の人生

日蓮が生まれる前年、討幕計画の罪により後鳥羽《ごとば》上皇らが壱岐《いき》に流される（承久の乱《じょうきゅう》）。鎌倉幕府の権力は北条《ほうじょう》氏に移り、執権政治が確立される。一方、大陸ではチンギス・ハンが西アジアを統一。その孫にあたるフビライ・ハンが二度にわたって九州に来襲（元寇《げんこう》）。日蓮はまさに波乱の時代を生き、末法の世を救わんがため『法華経《ほけきょう》』のもと、日蓮宗の開祖となったのである。

1歳　1222（承久《じょうきゅう》4）年

安房国で誕生

二月一六日、安房国東条郷《あわのくにとうじょうごう》（千葉県鴨川市小湊《こみなと》）に漁民の子として誕生、「善日麿《ぜんにちまろ》」と命名される。この日、ときならぬ蓮の花が咲き、泉が湧きでたと伝えられる。

12歳　1233（天福《てんぷく》元）年

清澄寺にのぼる

母梅菊《うめぎく》に送られ、清澄寺《せいちょうじ》（当時は天《てん》台宗《だいしゅう》）にのぼる。道善房《どうぜんぼう》に師事、「薬《やく》王丸《おうまる》」と改名。学問に励み、本尊の虚《こ》空蔵《くうぞう》菩薩《ぼさつ》に「日本第一の智者《ちしゃ》となしたまえ」と祈願した。

16歳　1237（嘉禎《かてい》3）年

天台僧として出家得度

正式に出家《しゅっけ》し、「是聖房蓮長《ぜしょうぼうれんちょう》」と号される。翌年には天台密教の秘書『授《じゅ》決円多羅義集《けつえんたらぎしゅう》』を書写する。その流麗な筆跡は現在、鎌倉の金沢文庫に残されている。

18歳　1239（延応《えんおう》元）年

鎌倉に遊学

あらゆる教理研究のため鎌倉行きを決意。だが、鎌倉には書物が少なく、学者も多くなかったため、やがては最高学府比叡山延暦寺《ひえいざんえんりゃくじ》に学びたいと願うようになる。

松葉谷法難（植中直齋筆）『身延山秘宝展図録』より（以下同）

21歳　比叡山に遊学

1242（仁治《にんじ》3）年

比叡山延暦寺《ひえいざんえんりゃくじ》は天台宗の開祖最《さい》澄《ちょう》が開いたお寺で、ここには日蓮の向学心を満足させる書物があふれていた。貪欲に師を求め、すすんで経典の学習を重ねる。

24歳　『法華経』こそ衆生の救い

1245（寛元《かんげん》3）年

比叡山のもっとも奥深い横川《よかわ》の定《じょう》光院《こういん》に暮らす。ここを拠点に園城寺《おんじょうじ》（滋賀）、高野山《こうやさん》（和歌山）、四天王寺《してんのうじ》（大阪）などを遊学。ついに『法華経《ほけきょう》』を真実の仏語と見きわめた。

32歳　清澄寺で立教開宗宣言

1253（建長《けんちょう》5）年

四月二八日、清澄寺《せいちょうじ》に帰り、「救いの道は『法華経《ほけきょう》』にある」と立教開宗を宣言。同時に名を「日蓮《にちれん》」と改めた。人々は驚き、清澄寺の大檀越《だいだんのつ》（施主）で、熱心な念仏信徒であった地頭東条景信《とうじょうかげのぶ》は激しく怒り、日蓮を捕えるよう命令した。そのため、師の道善房から勘当され、清澄寺にはいられなくなった日蓮は、鎌倉に逃れ、松葉谷《まつばがやつ》に草庵を結ぶ。辻説法《つじぜっぽう》をはじめる。

1253年▶日昭《にっしょう》入門

1254年▶日朗《にちろう》入門

35歳　日蓮一門の形成

1256（建長8）年

このころから日蓮の辻説法に人々が耳を傾けるようになる。富木常忍《ときじょうにん》・池上宗仲《いけがみむねなか》ら有力武士が信徒となり、日蓮一門が形成される。翌年、鎌倉に大地震が起こる。

1258（正嘉《しょうか》2）年

37歳

『立正安国論』の構想を練る

飢饉《ききん》・疫病が相次ぎ、社会不安が広がった。たび重なる天災の原因を調べるため、駿河国《するがのくに》（静岡県）岩本実相《じっそう》寺《じ》の経蔵《きょうぞう》にこもる。その結果、災いは仏法の誤りにあると確信。

1258年▶日興《にっこう》入門

1260（文応《ぶんおう》元）年

39歳

松葉谷法難

七月、前執権北条時頼《ほうじょうときより》に『立正安国論《りっしょうあんこくろん》』を献上し、「『法華経《ほけきょう》』こそ末法の世を救う」と説いて改宗を迫る。念仏信徒らの怒りをかい、八月二七日、草庵を焼き討ちにされる。

1261（弘長《こうちょう》元）年

40歳

伊豆法難

下総国《しもうさのくに》（千葉県）の富木常忍《ときじょうにん》のところへ難を避けるが、再び鎌倉で布教を再開するや幕府に捕えられ、五月一二日、鎌倉由比ケ浜《ゆいがはま》から伊豆国《いずのくに》（静岡県）伊東へ流される。

1264（文永《ぶんえい》元）年

43歳

小松原法難

流罪を許され、鎌倉に戻った翌年、母の見舞いのため故郷へ。一一月一一日、景信《かげのぶ》ら念仏信徒の襲撃に遭う。弟子を殺され、眉間《みけん》に傷を受けたが、一命をとりとめる。

1265年▶日向《にこう》入門

1267年▶日頂《にっちょう》入門

1268（文永5）年

47歳

再び『立正安国論』献上

蒙古《もうこ》の使者が来日したこの年、自分の予言が的中したとして、執権北条時宗《ときむね》に再び『立正安国論《りっしょうあんこくろん》』献上。幕府や他宗の代表一一カ所に書状を送り、公開討論を促した。

1270年▶日持《にちじ》入門

伊豆法難（植中直齋筆）

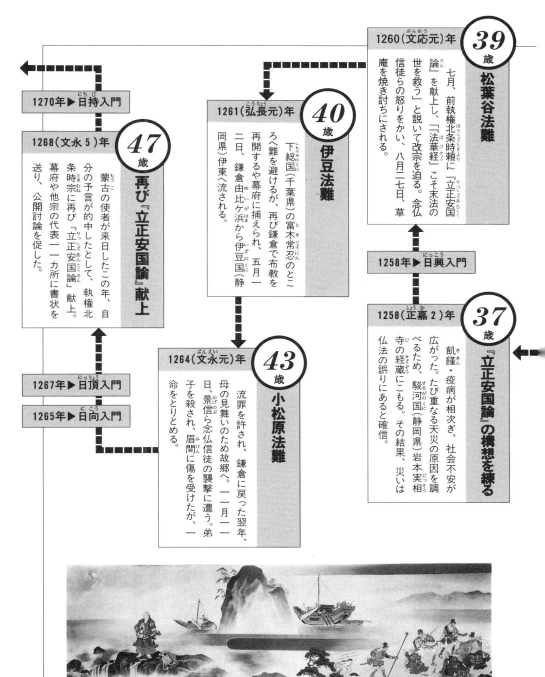

小松原法難（植中直齋筆）

1271（文永８）年　50歳
龍口法難、佐渡流罪

九月一二日、逮捕され、佐渡流罪と決まるが、密かに鎌倉龍口《たつのくち》で処刑されることになっていた。首を斬《き》られる寸前、対岸の江ノ島から光るものが現れ、処刑は中止となる。

1272（文永９）年　51歳
塚原問答と佐渡での日々

佐渡では最初、墓地のそばに建つ塚《つか》原三昧堂《はらさんまいどう》で周辺諸国の僧と法論を戦わす日々を過ごし、『開目抄《かいもくしょう》』を著す。翌年、一谷《いちのさわ》に移り、『観心本尊抄《かんじんほんぞんしょう》』を著述、大曼荼羅《だいまんだら》本尊を書く。

1274（文永11）年　53歳
身延山へ入山

佐渡流罪を許され、時宗《ときむね》から蒙古《もうこ》調伏《ちょうぶく》の祈祷を要請されるが断り、甲斐国《かいのくに》（山梨県）波木井《はきい》郷《ごう》に向かう。身延《みのぶ》山中の庵《いおり》に隠棲《いんせい》する。蒙古が来襲し、文永の役《えき》が起こる。

1275（建治《けんじ》元）年　54歳
著述と弟子の教育に務める

波乱の半生を振り返り、『撰時抄《せんじしょう》』を著す。翌年、幼いころに師事した道善房《どうぜんぼう》の死去の報に接し『報恩抄《ほうおんしょう》』を著述。弟子たちは供物や書状を運び、『法華経《ほけきょう》』の修行に励んだ。

1277（建治３）年　56歳
病に倒れる

頑強な体も酷使を続けたため病に倒れる。とくに身延《みのぶ》での寒冷に耐える日々は心身を衰弱させた。しかし、このころ身延に住む門弟は総勢六〇人を数えるようになっていた。

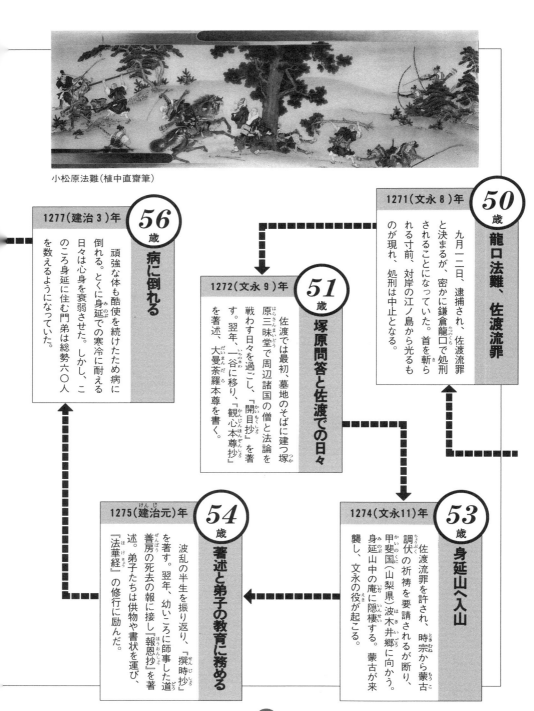

60歳 病気再発と大坊の完成

1281(弘安《こうあん》4)年

蒙古《もうこ》が再び来襲し、弘安《こうあん》の役《えき》が起こる。病気が再発し、重態になるが、ひとまず落ち着く。一一月に大坊が完成し、開堂の供養が行われる。日蓮はこの坊を「久遠寺《くおんじ》」と名づけた。

61歳 池上で入滅

1282(弘安5)年

湯治のため常陸国《ひたちのくに》(茨城県)に向かうが、武蔵国《むさしのくに》(東京都)の池上邸に到着後、本弟子六人を定め、一〇月一三日入滅《にゅうめつ》。このとき地震が起こり、季節はずれの桜が咲いたという。

元寇(蒙古襲来)

蒙古《もうこ》(モンゴル民族)を統一し、西アジアを制圧したチンギス・ハンの孫フビライは国号を元《げん》と改め、日本にたびたび朝貢を要求してきた。

執権北条時宗《ほうじょうときむね》がそれを退けたため、一二七四(文永《ぶんえい》一一)年、元軍は博多《はかた》湾に上陸。日本の兵士は火薬を用いた新武器に驚かされたが、おりよく大風雨が吹き荒れ、元軍は退散していった(文永の役《えき》)。

一二八一(弘安《こうあん》四)年、元軍は再び九州をめざしたが、日本は海岸に石《いし》築地《ついじ》を築いて防戦。またもや暴風雨にみまわれ、元軍はほぼ全滅した(弘安の役)。

この二度にわたる元軍の襲来を元《げん》寇《こう》と呼ぶ。

日蓮が『立正安国論《りっしょうあんこくろん》』のなかで予言した他国侵逼難《たこくしんぴつのなん》(外国の侵略)が現実となったのである。

龍口法難(植中直齋筆)

日蓮の遺文

遺文とは、日蓮が書いた本や手紙などの総称で、日蓮門下ではこれを御遺文《ごいぶん》・御書《ごしょ》・御妙判《ごみょうはん》・御聖教《ごしょうぎょう》と称して大切に保管し、今日に伝えている。日蓮の思想信仰はじめ、人柄や生活の様子だけでなく、当時の社会状況を知る貴重な資料でもある。

著作の数々

現在、日蓮の遺文は、著作、手紙類を含めて四三九点が知られているほか、断簡《だんかん》（完全な状態で残っていない書類）三五七点、図録六五点、文字書写本二二三点、要文一四〇点、曼荼羅《まんだら》一二三点が伝えられている。

なかでも代表的な著述とされるのが、国家救済を説いた諫暁《かんぎょう》の書である『立正安国論《りっしょうあんこくろん》』、『法華経』の伝道者としての内省《ないせい》と自覚を吐露《とろ》した『開目抄《かいもくしょう》』、『法華経』の修行方法について説いた『観心本尊抄《かんじんほんぞんしょう》』の三点で、これらを〈三大部〉という。

さらに三大部に『撰時抄《せんじしょう》』と『報恩抄《ほうおんしょう》』を加えて〈五大部〉と呼ぶ。

ちなみに『撰時抄』は、末法《まっぽう》救済の教法である『法華経』の流布と末法の導師出現の必然性を説いたもの、『報恩抄』は、清澄寺《せいちょうじ》での旧師道善《どうぜん》房《ぼう》への追善報恩の書で、真実の報恩は『法華経』の肝要である「妙法五字」をひろめることであると説いたものである。

なお手紙類は、門人の悩みや仏事の相談に応えたものが多く、日蓮の執筆活動の中心であったことがうかがえる。

遺文は『昭和定本日蓮聖人遺文』四巻、『定本注法華経』二巻、『日蓮聖人真蹟集成《しんせきしゅうせい》』一〇巻などに収録されている。

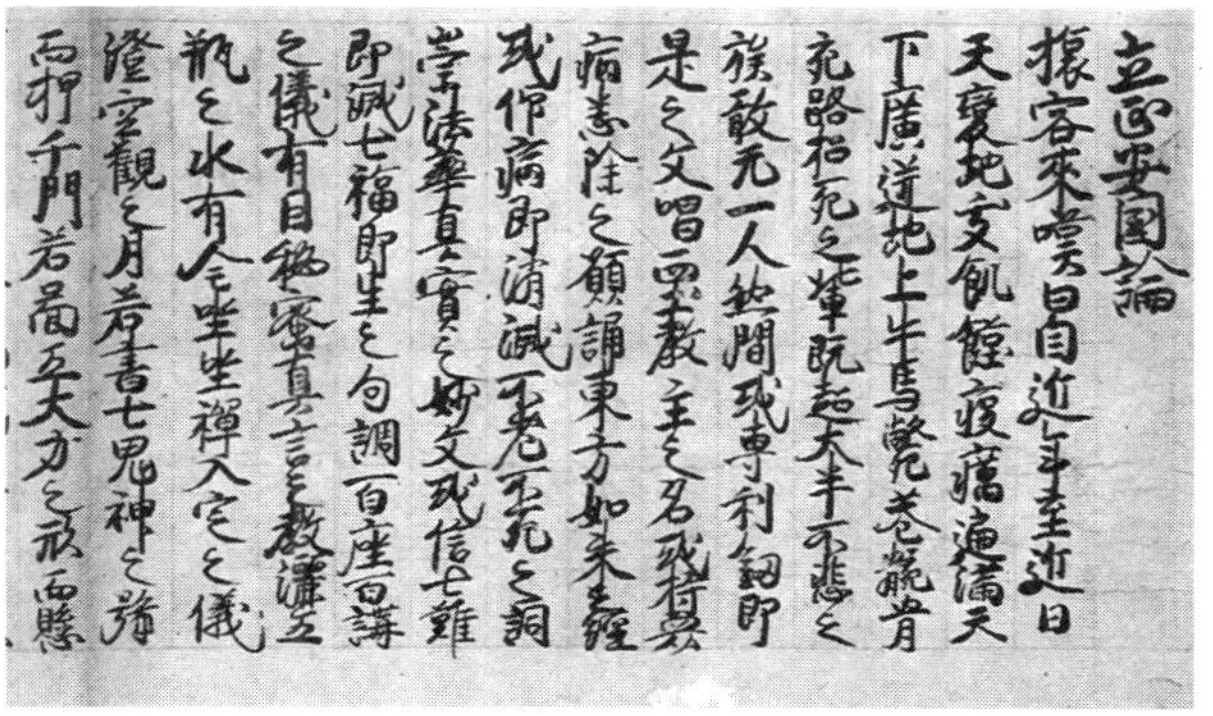

日蓮真筆『立正安国論』
国宝／千葉・法華経寺蔵

『立正安国論』

●著作の背景

本書が書かれた鎌倉時代は、天災地変が続出して人々は不安と苦しみのどん底にあえいでいた。

とりわけ一二五六(建長《けんちょう》八)年から五年間は、大地震、大火災、暴風雨、洪水、飢餓《きが》、疫病《えきびょう》などが相次いで起こっているが、なかでも一二五七(正《しょう》嘉《か》元)年八月二三日に鎌倉を襲った大地震は、死者数万人という大惨事で、路上に死体が散乱するなど、まさに阿鼻叫喚《あびきょうかん》の地獄絵であった。人々は前途に希望もなく、まさに末法の世を予感していた。

これに疑問を抱いたのが日蓮であった。すなわち、続発する天変地異と災害はなぜ起こるのか――という疑問である。

日蓮は、これらの原因は誤った仏《ぶっ》法《ぽう》がひろまったことに対する天の諫《いさ》めであると直感し、鎌倉大地震の翌年二月、それを経文によって実証すべく駿河国《するがのくに》富士郡(静岡県富士市)岩本の実相寺《じっそうじ》の経蔵にこもる。ここで確信を得た日本救済法はただ一つ。誤った仏法を正し、正しい仏法に導くこと――すなわち『法華経』への帰依《きえ》であった。この確信にもとづき、二年半の歳月を費やして書きあげたのが、この『立正安国論《りっしょうあんこくろん》』である。

●著作の内容

『立正安国論』は一二六〇(文応《ぶんおう》元)年の著作で、全一〇段からなり、

「旅人来たりて嘆《なげ》いて曰《いわ》く、近年より近日に至るまで、天変地妖《てんぺんちよう》・飢饉《ききん》疫病、あまねく天下に満ち、広く地上にはびこる。牛馬巷《ちまた》に倒れ、骸骨《がいこつ》路にみてり。死を招くの輩《やから》すでに大半を超え、これを悲しまざるの族あえて一人もなし」(原漢文)

と冒頭にあるように、旅人が訪ね

てきて、天変地異や飢饉、疫病を嘆き、それに主人が応えるという問答形式で書かれている。

内容は大きく次の三つに分かれる。

一、すべて災難の原因は、日本の人々が正しい仏法に背き、誤った仏法に帰依したことにある。このため善神は国を捨て、聖人は去り、魔や鬼が来て災難を起こした。

二、外見は仏教が隆盛のように見えるが、仏教者でありながら仏法を破る者がいるとして、法然《ほうねん》の『選択集《せんちゃくしゅう》』を非難。邪法をこのまま放置しておけば、経典に書かれているように、自界叛逆難《ほんぎゃくのなん》(国内の戦乱)と他国侵逼難《しんぴつのなん》(外国の侵略)の二難に見舞われる。

三、日本国中が改心して『法華経』に帰依すれば、災難から救われ幸せになれる。

そして本書は、主人の話で正しい仏法に目覚めた旅人が、謗法《ほうぼう》――すなわち浄土宗など念仏教をやめることを誓って終わる。

この『立正安国論』は日蓮の思想の根幹をなすもので、生涯を通じて主張されるが、他宗派を邪法と決めつけ、一切の妥協を排した主張は、日蓮とその門人に多くの迫害を招くことになる。

なお本書は諫暁の書として、時の権力者である北条時頼《ほうじょうときより》に献上された。

『立正安国論』の代表的な一説

汝《なんじ》早く信仰の寸心《すんしん》を改めて速やかに実乗《じつじょう》の一善《いちぜん》に帰依せよ。

【解説】

旅人と主人との問答で、主人の最後の言葉の一説。「邪法である他宗派の信仰を一刻も早くやめて、正しい仏法である『法華経』に帰依せよ」という意味で、『立正安国論』の結論である。

〝実乗《じつじょう》〟とは一仏乗のことで、仏になる道のことをいう。『法華経』では「ただ一乗の法のみあって、二もなく、また三もなし」と説き、二乗・三乗は方便《ほうべん》のために説いたに過ぎないとする。ここに『法華経』の諸経にすぐれた特色がある(23頁「一乗妙法」参照)。

また〝一善〟とは、「一つの善」という意味ではなく〈唯一根本の善〉のことで、『法華経』こそ現世安穏後生善処《げんせあんのんごしょうぜんしょ》――ようするに現世も来世も幸せになるための唯一根本の大善(すなわち一善)であることをさす。

佐渡流罪中、日蓮の草庵があったとされる佐渡・根本寺

『開目抄』

●著作の背景

一二七一(文永《ぶんえい》八)年九月、日蓮は龍口《たつのくち》の刑場であやうく斬首《ざんしゅ》されるところを逃れたが(龍口法難《たつのくちのほうなん》)、幕府の弾圧は激しく、門下の多くが退転《たいてん》した。同年一〇月、日蓮は佐渡へ流罪となり、生涯最大の危機を迎える。

本来であれば、龍口で死んでいたはずの日蓮が奇跡を授かり、「一期《いちご》の大事を記す」との決意で書かれたのが本書である。

佐渡到着と同時に執筆をはじめ、翌年二月に完成する。

執筆の動機は、次の三つの理由による。

一、『法華経』の行者《ぎょうじゃ》には諸天善神の守護があるべきなのに、なぜ迫害されるのか、という門下の疑問を払う。

二、末法の導師が日蓮であることを明らかにする。

三、佐渡で死を覚悟し、弟子たちへの形見として残す。

なお『開目抄《かいもくしょう》』という題名は、信仰に対する人々の盲目を開くという意味で、「我こそ『法華経』の行者、

日蓮が上陸したという佐渡の松ヶ崎海岸(佐渡市)。越後から海を隔てて最短距離にあり、北陸道の終点として古代から開けていた。

末法の師である」との強烈な自信を示していることから〈人開顕《にんかいけん》の書〉といわれる。

●著作の内容

全二巻からなり、遺文のなかでもっとも長いもので、内容をひと言でいえば、末法の世の日本を『法華経』という明鏡《めいきょう》に写しだした世界――すなわち日蓮の一大仏教観を述べたものである。

相次ぐ法難に対して、

「究極のところ諸天も日蓮を捨てるなら捨てるがいい。諸天加護の有無はもはや日蓮にとって問題ではない。この『法華経』弘通《ぐづう》に全生命をかけるばかりである」

と不退転の決意を表明し、

「我、日本の柱とならん、我、日本の眼目とならん、我、日本の大船とならん」

という三大誓願《せいがん》を記している。

本書の主な内容は、次のとおり。

一、末法の世に人々が信じるべき正しい教えは『法華経』であり、そのなかでも重要な教えが〈一念三千《いちねんさんぜん》の法門《ほうもん》〉と〈久遠実成《くおんじつじょう》〉である。

二、『法華経』は難信難解の法である。

三、諸天諸菩薩は『法華経』によって成仏したものであるがゆえに、『法華経』の行者を守護すべきである。

四、日蓮こそ末法の導師である。

五、末法の世において、誤った仏教の教えがひろまっている現状では、おだやかに説得する〈摂受《しょうじゅ》〉ではなく、強く責めたてて迷いをはらす〈折伏《しゃくぶく》〉による布教を優先すべきである。

なお本書は、一二七二(文永九)年二月、日蓮門下の在家の中心で、武士の四条金吾《しじょうきんご》を仲介として弟子や檀《だん》越《のつ》(施主)へ送られた。

『開目抄』の代表的な一説

我、日本の柱とならん、
我、日本の眼目《がんもく》とならん、
我、日本の大船《たいせん》とならん。

【解説】

〈三大誓願〉と呼ばれるもので、末法の世の日本を救うため一命を捧げる決意を述べたもの。日蓮の三大誓願は、『法華経』において釈尊が「久遠の仏となって人々を救う」と誓ったことの日本での実践である。

日蓮は『開目抄』のなかで、なぜ『法華経』の行者たる自分に諸天の加護がないのかと、繰り返し問いつめているが、後半は一転して「詮《せん》ずるところは天も捨てたまえ、諸難にも遭え、身命《しんめい》を期《ご》せん」と一八〇度の変身をする。すなわち、たとえ天の加護がなくても、自分は三大誓願を実践してみせるという決意の表明である。

『観心本尊抄』

●著作の背景

『開目抄』を書いた翌一二七三(文永一〇)年四月、幕府は日蓮に対する態度を一変させ、手厚くいたわることになった。日蓮が自界叛逆難《ほんぎゃくのなん》(国内の戦乱)として予言したとおり、執権の座をめぐって北条家が内紛から血みどろの争いを起こし、幕府が日蓮のこの霊力に恐れをなしたためだ。日蓮は佐渡塚原の粗末な小屋から、一谷《いちのさわ》の豪族である入道清久《にゅうどうきよひさ》の屋敷に移り住む。

ここで書かれたのが本書である。

●著作の内容

正しくは『如来滅後五五百歳始観心本尊抄《にょらいめつごごごひゃくさいしかんじんほんぞんしょう》』という。書名のとおり本尊について書かれたものだが、その本尊を観ずる心のあり方についてもふれている。

記述は問答形式をとり、天台智顗《てんだいちぎ》の〈摩訶止観《まかしかん》〉を引用しながらこれを注釈し、『妙法蓮華経』の救済性を論理化している。本書は、釈尊滅後、はじめて著した法門の書で、日蓮が本書に添えた手紙には、

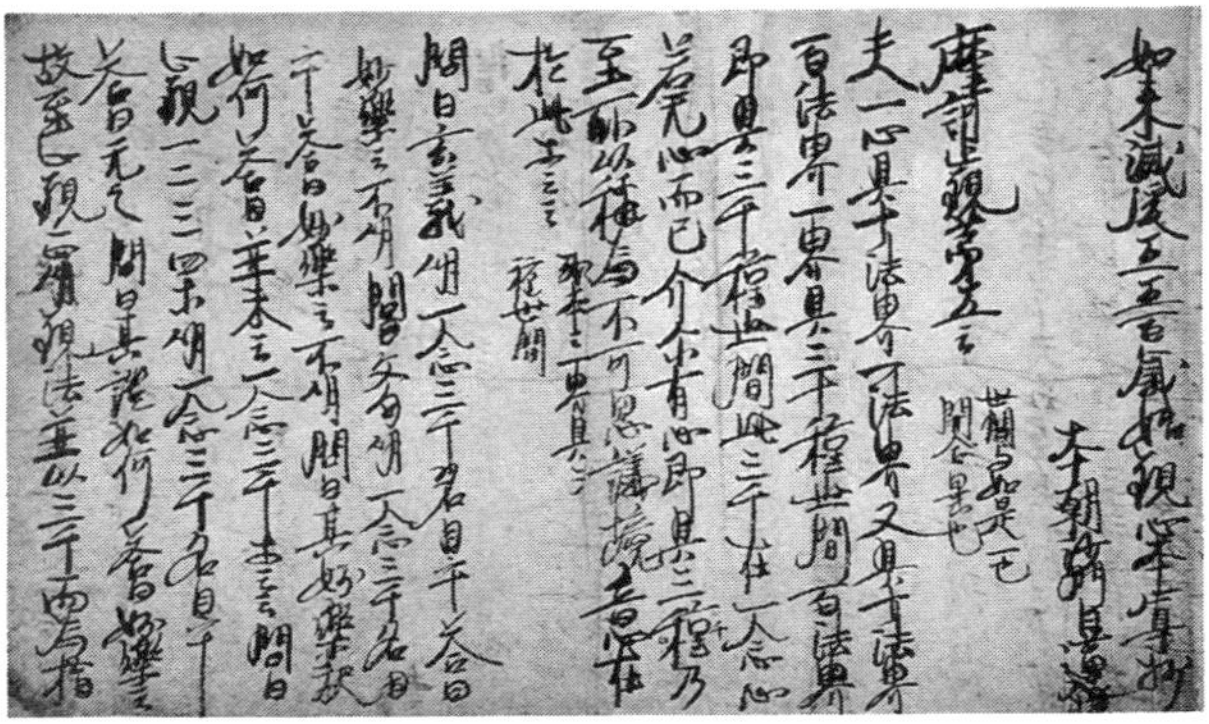

『観心本尊抄』
国宝／千葉・法華経寺蔵

「この書は難多く答え少なし。未聞のことなれば人の耳目を驚動《きょうどう》すべきか」

と書かれている。

これは、本書は難しい内容ではあるが、日蓮宗の教学信仰の中核をなす〝三大秘法〟〈本門の題目〉〈本門の本尊〉〈本門の戒壇〉をはじめて明かしたものであるから、みんながびっくりするに違いない――という意味だ。

このことから『開目抄』が〈人開《にんかい》顕《けん》の書〉と呼ばれるのに対して、本書は〈法開顕《ほっかいけん》の書〉と呼ばれる。

『観心本尊抄』の代表的な一説

無顧《むこ》の悪人も猶《な》お妻子を慈愛す。菩薩《ぼさつ》界の一分《いちぶ》なり。

【解説】

声聞《しょうもん》・縁覚《えんがく》・菩薩・仏の四聖について問いかける章の冒頭の一文。逮捕された極悪非道《ごくあくひどう》の悪人が、残された母や妻子を不憫《ふびん》に思って涙するといったケースなどがこれにあたり、悪人ではあるが、その凶悪な犯罪人の心のなかにも菩薩界の一分があるという意味。人間はすべて仏性がそなわっているとする。

さらに、この一文に続いて「なるほど人間界には、地獄・餓鬼・畜生・修羅《しゅら》・天・声聞・縁覚・菩薩の八界がそなわっていることはうなずけたが、我らのこの下劣な心に仏界がそなわっているとは、いかようにしても信じ難い」と問いかけ、これに対して、「これは火中の火、水中の水のようなもので、まことに信じがたいことであるが、しかし現実の証拠がある」と論を進めていく。

『撰時抄』

●著作の背景と内容

本書は一二七五(建治元《けんじ》)年に著されたもので、佐渡流罪から赦免《しゃめん》された日蓮が身延《みのぶ》に入山して一年目の著作である。

内容は、仏法を修行して成仏をめざすには、まず自分がいかなる時代に生きているかという「時」を知ることが大切であると説いている。末法という時代を認識し、この「時」にこそ『法華経』を信じることで真実の救いがもたらされるとする。

晩年の著述だけに自伝的色彩が強く、相次ぐ法難に見舞われた波乱の半生を振り返りながら、自分が釈迦直系の弟子であると認識するにいたった経緯が記されている。

『撰時抄』の代表的な一文

仏眼《ぶつがん》をかつて時機をかんがえよ、
仏日《ぶつにち》を用《もっ》て国土をてらせ。

【解説】

「仏の知恵の眼をもって時機を考え、また仏の知恵にたとえられる日輪をもって国土の相を照らしてみなければならない」という意味。

『法華経』譬喩品《ひゆほん》第三に「無知の人のなかにこの経を説くことなかれ」とあるが、日蓮はたとえ非難されたとしても『法華経』を説かなければならないときもあると「時」の重要性を強調している。

『報恩抄』

●著作の背景と内容

本書は一二七六(建治二)年、この年死去した清澄寺の旧師道善坊《どうぜんぼう》の報恩感謝追善回向《えこう》(『法華経』の行者としての功徳を亡き師に振り向ける)のために書かれたもの。『開目抄』に次ぐ長編で、日蓮が身延に入山して二年目、五五歳のときである。

本書のなかで日蓮は、人間の行うべき根本の道として知恩報恩をあげ、なかでも『法華経』の信仰こそ真実の報恩であることを述べるとともに、『法華経』の行者として報恩の大道を歩んできた自己の功徳を旧師に報告している。

なお本書は道善坊の墓前に手向けられたものだが、宛名は清澄寺のかつての兄弟弟子である浄顕坊《じょうけんぼう》と義浄《ぎじょう》坊《ぼう》になっており、両名への法門教示の意図も含んでいる。

日蓮所持の筆箱と硯箱
千葉・清澄寺蔵

『報恩抄』の代表的な一説

仏教をならわん者の、父母、師匠、国恩をわするべしや。

【解説】

『報恩抄』の冒頭に書かれた一節で、人間の根本道徳として知恩報恩を述べたものだが、冒頭に配することで、師匠すなわち道善坊に対する報恩を示している。

「報恩」とは恩に報いることの意だが、世俗の恩愛にとらわれることなく仏道に励み、一切衆生《しゅじょう》を成仏せしめることこそ真実の報恩であると日蓮は説く。

その他の遺文

『戒体即身成仏義《かいたいそくしんじょうぶつぎ》』（一二四二年）

日蓮の処女論文。最初の鎌倉遊学後に著す。『法華経』は密教の根本経典『大日経《だいにちきょう》』への入口であると位置づける。

『一代聖教大意《いちだいしょうぎょうたいい》』（一二五八年）

立教開宗後、最初の著述。天台智顗《てんだいちぎ》の五時八教説にもとづき、釈尊が世に出現した究極の目的は『法華経』の説示《せつじ》にあることを明かす。『一代大意』ともいう。

『四恩鈔《しおんしょう》』（一二六二年）

四つの恩（一切衆生・父母・国主・三宝）について報恩の思想を説く。日蓮の初期の報恩思想を示す。

『教機時国鈔《きょうきじこくしょう》』（一二六二年）

天台の末流ではない独自の立場を宣持し、「本朝沙門《しゃもん》日蓮」の名前を用いた最初の著述。『法華経』こそ、いまの日本にひろめるべき教えであると位置づける。

『寺泊御書《てらどまりごしょ》』（一二七一年）

「立正安国論」執筆前に
日蓮がこもった一切経堂
静岡・実相寺

富木常忍《ときじょうにん》への書簡で、佐渡へ送られる途中、寺泊で風待ちするあいだに書いたもの。法難の意味を明らかにして『法華経』の正統性を主張している。

『諸法実相鈔《しょほうじっそうしょう》』（一二七三年）

最蓮房《さいれんぼう》への書簡。諸法実相（一切の事物のありよう）をみれば、地獄も人間界も天国も「妙法蓮華経」五字の姿であり、人は唱題によって救われると説く。

『如説修行鈔《にょせつしゅぎょうしょう》』（一二七三年）

激烈な教化《きょうけ》を主張した書。身命《しんめい》をなげうって『法華経』をひろめてこそ経文どおりの修行（如説修行）であるとして、受難の意味を説く。

袖書に「この書を身から離さずに常に見よ」とあることから『随身不離鈔《ずいしんふりしょう》』とも呼ばれる。

『顕仏未来記《けんぶつみらいき》』（一二七三年）

釈尊の未来記が真実であることを明らかにした書。「未来記」とは、万人が将来救われて仏になるであろうという釈尊の予言。

『顕立正意抄《けんりつしょういしょう》』（一二七四年）

『立正安国論』の予言が的中（北条時輔《ときすけ》の謀反《むほん》、蒙古《もうこ》襲来など）したことを記し、『法華経』に帰依しなければ地獄に堕《お》ちるとした予言を確認。

『種種御振舞御書《しゅじゅおんふるまいごしょ》』（一二七六もしくは七七年）

日蓮の半生記。龍口法難、佐渡流罪から身延隠棲《いんせい》にいたるまでの経緯を細かく記している。

日蓮の生涯を知るうえで貴重な資料とされる。

コラム

日蓮の奇跡──その①

修験者《しゅげんじゃ》との法力《ほうりき》争い

題目によって大石を動かす

一二七四年（文永《ぶんえい》一一年）、幕府への三度目の諫言《かんげん》を受け入れられなかった日蓮は、波木井実長《はきいさねなが》の好意を受け入れて身延に隠棲《いんせい》することになる。草庵《そうあん》ができるまでのあいだ、甲斐《かい》（山梨県）一円を教化《きょうけ》してまわっているときに法力争いは起こった。

その日、日蓮は身延に近い小室山で『法華経』を読んでいた。それを不審に思った修験者の善智法印《ぜんちほういん》が、日蓮に術くらべを申し入れた。

善智法印は祈祷《きとう》によって大石を地上三メートルの空中に浮かせてしまった。しかし、日蓮はまったく動揺せず、この石を空中に止めて「この石をおろしてみなさい」と、逆に相手の力を確かめた。善智法印がいくら祈祷しても石をおろすことはできない。そこで日蓮が『法華経』をとなえると、スーッと大石は地面におりた。

これに恐れをなした善智法印は、その場で日蓮の弟子になることを誓った。

毒殺計画と逆さ銀杏

日がたつにつれ、善智法印は法力争いで敗れて弟子になるとはいったものの、日蓮への恨みはつのるばかりだ。そこで、日蓮が身延に入山したのち、毒入りのぼた餅を手土産に草庵を訪ねた。

しかし、日蓮はそのぼた餅を庭を歩く犬に食べさせてみた。すると犬は血を吐いて即死。毒殺計画を見抜かれた善智法印は、ただ謝る以外に方法はなかった。心から反省したことを見てとった日蓮は、善智法印を許すと同時に、「日伝《にちでん》」という名を与え弟子にした。

日蓮の身代わりとなった犬は、身延の麓に埋葬され、日蓮は杖に使っていた銀杏《いちょう》の枝を墓標として逆さに立てて冥福を祈った。ところが後年、そこから芽が出て、枝が下を向く〝逆さ銀杏〟となった。いまでは大木に成長し、訪れる人も多い。

身延町上沢寺に伝わる国指定天然記念物の逆さ銀杏

第3章

「日蓮宗の教え」

経典にみる教義

五義（五綱の教判）
三大秘法
詳報『法華経』
『法華経』を読む①［自我偈］
『法華経』を読む②［観音経］

紺紙金銀交書法華経　重文／比叡山延暦寺

五義《ごぎ》
(五綱《ごこう》の教判《きょうはん》)

なぜ末法《まっぽう》の人々は『法華経《ほけきょう》』に帰依《きえ》しなければならないのか——。日蓮は、『法華経』こそが末法の世を救うために説き起こされた経典であることを、教《きょう》・機《き》・時《じ》・国《こく》・序《じょ》の五つの面から論証してみせた。これが日蓮の教えの根幹をなす〈五義《ごぎ》〉(五綱《ごこう》の教判《きょうはん》)である。

中国・隋《ずい》の時代の高僧天台智顗《てんだいちぎ》は、諸経典を時間的順序・内容・布教方法の観点から分析して優劣を判定した。これを「五時《ごじ》の教判」といい、『華厳経《けごんきょう》』が最初で、『阿含経《あごんきょう》』、『維摩経《ゆいまきょう》』、『般若経《はんにゃきょう》』と続き、最後が『法華経』と『涅槃経《ねはんぎょう》』であるとする。

以上のことから智顗は、釈尊がこの世に現れたのは、醍醐味《だいごみ》(本当のうま味)である第五時の『法華経』を説くためであったと結論づけ、『法華経』を中心とした天台宗が成立した。

日蓮は、みずから学んだ天台宗のこの「五時の教判」を発展させて〈五綱の教判〉(五義)を完成させた。それは、末法の世に生きる人々は、教・機・時・国・序の五つを知るべきであるというものであった(85～87頁参照)。

五時の教判

五時	五味
華厳時《けごんじ》『華厳経』	乳《にゅう》味《み》
阿含時《あごんじ》『阿含経』	酪《らく》味《み》
方等時《ほうとうじ》『維摩経《ゆいまきょう》』	生蘇《しょうそ》味《み》
般若時《はんにゃじ》『般若経』	熟蘇《じゅくそ》味《み》
法華涅槃時《ほっけねはんじ》『法華経』『涅槃経』	醍醐味《だいごみ》

教

機

●教を知る　釈尊が説いた五〇四八巻という膨大な経典のなかで、『法華経』の教えがもっともすぐれていることを確かめることをいう。

日蓮は「五時の教判」を再考察して、釈尊が説いた経典のなかで『法華経』こそが、過去世・現在世・未来世という三世において人々を救う教えであることを確信した。すなわち『法華経』以外の諸経は、人それぞれに応じて説かれた方便《ほうべん》（仮の手段）であり、『法華経』こそが末法の世における唯一無上の教えであることを明らかにした。

如来寿量品《にょらいじゅりょうほん》第十六を中心として、釈尊が繰り返し「末世の人々のために」という言葉を用いているのは、『法華経』の真意が、仏教の精神から遠ざかってしまう末法の人々を救うためであると説く。

●機を知る　「機」とは、教えを受けるそのときの人々の機根《きこん》（能力）のこと。布教に際して大切なことは、相手のそのときの能力に応じて適切な手段を講じることであるとして、次のエピソードが紹介されている。

釈尊の高弟《こうてい》舎利弗《しゃりほつ》が鍛冶《かじ》屋に不浄《ふじょう》観《かん》（汚れ）を説き、洗濯屋に数息観《すそくかん》（呼吸法の修行）を教えたところ、九〇日たっても少しも悟らない。そこで釈尊は逆に、鍛冶屋にふいご（火を起こすために風を送る器具）を例に数息観を説き、洗濯屋には不浄観を説いたところ、たちまちのうちに悟ることができた。

知恵第一といわれる舎利弗でさえ、「機」をよく知らないのである。ましてや現在の凡師《ぼんし》は「機」を知りがたい。そのようなときにすばらしい働きをするのが『法華経』なのである。

時

●時を知る　仏教をひろめるには必ず「時」を知るべきであるとする主張。

　ここでいう「時」とは、釈迦入滅《にゅうめつ》後の世の中を正法《しょうぼう》・像法《ぞうほう》・末法《まっぽう》の三つの時代に分けた仏教思想のことで、それぞれ次のようになる。

①正法　釈尊の時代と同様、仏教の正しい悟りと教えと修行がなされている世の中。

②像法　正しい悟りはなくなるが、教えと修行は継承されている世の中。

③末法　仏教の信仰が衰弱して、人心と国が荒廃する世の中。

　それぞれの「時」の区切りについては諸説あるが、日蓮は正法一千年・像法一千年・末法一万年という説をとる。末法における救人・救国の最適な教えこそ『法華経』であると主張する。

国

●国を知る　仏教はそれぞれ国の性質に応じて布教されるべきであるとする考え方で、日蓮は次のように記している。

「国には、寒い国、暑い国、貧しい国、富んでいる国、世界の中心に位置する国、辺境に位置する国、広い国、狭い国、盗人《ぬすびと》ばかりの国、人殺しばかりの国、不幸者ばかりの国などがある。また、小乗《しょうじょう》に向いている国、大乗《だいじょう》に向いている国、小乗と大乗の両方に向いている国の別もある。この日本が、そのどれにあたるのかを見きわめるべきである」

　日本は大乗の国であり、古来より『法華経』は日本に縁が深いとする。

　そして『法華経』は、日本でひろまったのち世界へ、そしてさらに宇宙へとひろまっていくのだと日蓮はいう。

序

●序を知る　「序」とは順序のことで、仏教がひろまるにしたがって、だんだんと深い教えの内容が明らかにされることを確かめることで、「教《きょう》法《ほう》流布の先後《せんご》を知る」ともいう。

日蓮は「すでに仏教が渡来した国では、先にひろまった教えを知ったうえで、新しく正しい教えをひろめるべきである。先に小乗、権《ごん》(仮の)大乗《だいじょう》がひろまっていれば『法華経』による実大乗《じつだいじょう》をひろめるべきである。もう実大乗がひろまっていれば、ほかをひろめるべきでない」として、ほかをひろめる他宗派を激しく非難。

日本における仏教の推移と解釈の変遷を論証して、「教法流布の順序を見れば、いままさに実大乗である『法華経』がひろまるべき時代を迎えていることがわかるはずだ」と主張する。

輪蔵　千葉・誕生寺

五義によって、『法華経』が末法の人々を救う唯一無上の教えであることを明らかにする一方、残された問題は、いったいだれが『法華経』をひろめ、実践していくかということだ。

これに対して日蓮は、「自分こそ『法華経』に選ばれた上行菩薩《じょうぎょうぼさつ》の応現《おうげん》(現れ)である」とした。

この〝師〟としての自覚が、日蓮の宗教的飛躍であり、ダイナミズムなのである。

三大秘法

三大秘法とは、日蓮が最終的に到達した教義のことで、〈本門《ほんもん》の本《ほん》尊《ぞん》〉〈本門の戒壇《かいだん》〉〈本門の題目《だいもく》〉の三つからなる。末法の人々を救う唯一無上の教えである『妙法蓮華経《みょうほうれんげきょう》（法華経《ほけきょう》）』を人々が信じて実践できるよう説き示したもので、死の前年の完成と伝えられる。

三大秘法とは

三大秘法にそれぞれ冠せられている〝本門《ほんもん》〟とは『法華経《ほけきょう》』の後半部分のことを意味しており、如来寿量《にょらいじゅりょう》品《ほん》第十六において〝釈尊の永遠性〟が示され、『法華経』の真髄が明らかにされている（94頁参照）。

信仰には客体《きゃくたい》・主体《しゅたい》・契機《けいき》の三つが不可欠となる。客体とは信仰する対象物（本尊）のことで、主体はそれを信仰する人間、そして契機は両者を交わらせるものをいう。

日蓮は、信仰する対象物として「本門の本尊＝釈迦牟尼仏《しゃかむにぶつ》」を、人間と本尊が交わる契機として「本門の題目＝南無妙法蓮華経《なむみょうほうれんげきょう》」を、そして本尊と人間とが感応する場所を「本門の戒壇」と定めた。末法の人々が〈戒壇〉において〈本尊〉に向かい、「南無妙法蓮華経」という〈題目〉をとなえることによって仏性に目覚め、久遠《くおん》の釈尊とともにある永遠不滅の浄土を実現するとした。

すなわち釈尊の永遠の救いを〈本尊〉〈戒壇〉〈題目〉という〝三大秘法〟に集約して示したのである。

なお、秘法と称する理由は、『法華経』に予言された上行《じょうぎょう》菩薩《ぼさつ》たる日蓮によってはじめて明らかにすることができる教えであるからだ。

【本門の本尊】

本門の本尊とは本来、久遠実成《くおんじつじょう》の教主《きょうしゅ》である釈尊をさすが、一二七三（文永《ぶんえい》一〇）年、日蓮が流罪の地佐渡で一幅の紙面に墨書した大曼荼羅《だいまんだら》も、釈尊像とあわせて本尊とされる。

これは、日蓮が『顕仏未来記《けんぶつみらいき》』のなかで、「諸天や善神、地涌《じゆ》・千界《せんかい》等の菩薩《ぼさつ》が、法華《ほっけ》の行者《ぎょうじゃ》を必ず守護する。その人は、守護の力を得て、本門の本尊、妙法蓮華経の五字をもって人間世界に布教せよ」すなわち、「妙法蓮華経」という五字そのものが本尊だとしているからである。したがって日蓮宗の本尊は、釈尊と大曼荼羅の合体であると考えられている。

大曼荼羅本尊は中心に「南無妙法蓮華経」の主題が大書きしてある。これは釈尊の妙法《みょうほう》五字《ごじ》「妙法蓮華経」の大音声《だいおんじょう》を、日蓮が独特の筆法《ひっぽう》をもって字にあらわしたものだ。

大曼荼羅本尊は、小さいものは和紙一枚に、大きいものでは二八枚を貼り合わせたものがあり、日蓮の直筆によるものは百二十数編が現存している。

また本尊が仏像の場合は、釈尊像と四大菩薩（上行《じょうぎょう》菩薩・無辺行《むへんぎょう》菩薩・浄行《じょうぎょう》菩薩・安立行《あんりゅうぎょう》菩薩）という一尊四士《いっそんしし》（14頁参照）の形でまつることが日蓮によって明らかにされている。

大持国天王　（不動明王の梵字）　大広目天王
大日天大王
第六天魔王
提婆達多
仏滅度後二千二百
二十余年之間一閻
南無無辺行菩薩
大梵天王
阿修羅王
浮提之内
南無舎利弗尊者
転輪聖王
南無天台大師
未曾有
南無上行菩薩
南無薬王菩薩
南無龍樹菩薩
大曼荼
南無多宝如来
南無文殊師利菩薩
鬼子母神
天照大神
羅也
南　無　妙　法　蓮　華　経
日蓮
（花　押）
南無釈迦牟尼仏
南無普賢菩薩
十羅刹女
八幡大菩薩
南無浄行菩薩
南無弥勒菩薩
南無妙楽大師
南無大迦葉尊者
南無伝教大師
南無安立行菩薩
釈提桓因大王
阿闍世大王
大月天王
大龍王
明星天子
大増長天王
大毘沙門天王　（愛染明王の梵字）
弘安三年太歳庚辰〇月〇日

大曼荼羅本尊を活字化したもの

本門の題目

題目というのは、もともと経典の題名のことだが、日本では一般的に「(南無)妙法蓮華経」のことをいう。この〈五字七字の題目〉に仏のすべての功徳が内包されているとする。ちなみに『法華経』というのは、「妙法蓮華経」という教えを明らかにするためのお経である。日蓮の教えでは、この題目をとなえることが〈正《しょう》行《ぎょう》〉で、読《ど》経《きょう》や解説などはそれを補佐する〈助行《じょぎょう》〉であるとする。

では、なぜ「(南無)妙法蓮華経」という〈五字七字の題目〉をとなえることで人間が救われるというのだろうか。これこそ日蓮の教えの根幹である〈五義《ごぎ》〉(五綱《ごこう》の教判《きょうはん》)と密接に関わってくる。前項で紹介したように、日蓮は五綱《ごこう》の教判《きょうはん》を打ち立てたが、この狙いは天台教学の「一念《いちねん》三千《さんぜん》」を超えることであった。一念三千というのは、一瞬の思いのなかにも全宇宙の事象が含まれているという意味で、混在する人間の心理を見つめることが悟りに到達する道だとした。その実践として、天台教学は「摩訶止観《まかしかん》」という修行法を定めた。

だが、この修行法は、禅による深い瞑想《めいそう》が必要とされるため、一般民衆には実践は難しいとされる。そこで日蓮が到達したのが〈題目〉である。すなわち、題目を一心にとなえさえすれば、だれでも一念三千の哲理《てつり》を自分のものにできるとしたのである。

南無妙法蓮華経

「南無」ってなんだ?

日蓮宗の題目は「南無妙法蓮華経《なむみょうほうれんげきょう》」、浄土宗の念仏は「南無阿弥陀仏《なむあみだぶつ》」ととなえる。

この最初の〝南無〟とは、梵語《ぼんご》の「ナマス」の音写で、身命を投げだして仏の教えに従うことを意味する。

つまり「『法華経《ほけきょう》』に帰依《きえ》します」「阿弥陀仏に帰依します」ということだ。

本門の戒壇

「本門の戒壇」とは、「本門の本尊」に向かい、「本門の題目」をとなえる道場（聖域）のことだが、戒壇という言葉は日蓮宗固有のものではなく、一般的な仏教用語である。戒は仏教徒として守るべき規律、壇は儀式の場所を意味する。

だが日蓮は、戒壇について具体的に規定していないため、日蓮没後、戒壇の解釈は大きく三つに分かれた。

一、戒壇は建築物である必要はなく、信仰する心に存在すると解釈。『法華経』の信仰にある〝即是《そくぜ》道場〟をよりどころとする。

二、懺悔滅罪《さんげめつざい》という立場からの解釈。これまで『法華経』の教えに無知であったことを懺悔する場が必要であり、その場をもって戒壇とする。

三、戒壇建立は『法華経』の布教という壮大な使命を達し終えたあとの目標とする。

どの解釈をとるかは、それぞれ指導者が時代や地域性、人々の階層などを考慮して現実的な対応をしてきた。

いずれにせよ、「本門の戒壇」が日蓮宗徒にとって重要なものであることは変わりない。

比叡山・戒壇院／重文

天下の三戒壇

七五五（天平勝宝《てんぴょうしょうほう》七）年、鑑真《がんじん》によって建立された奈良の東大寺戒壇堂《とうだいじかいだんどう》が戒壇の最初で、これに下野《しもつけ》（栃木県）の薬師寺《やくしじ》、筑紫《つくし》（福岡県）の観世音寺《かんぜおんじ》を加えて〝天下の三戒壇〟と称した。当時、国家公認の僧の資格を得るには戒壇での儀式が不可欠であり、政治的な見地からめったに建立は許可されなかった。天下の三戒壇のほかでは、天台宗の比叡山延暦寺《ひえいざんえんりゃくじ》と三井寺《みいでら》（園城寺《おんじょうじ》）に設けられた程度である。

日蓮は、仏敵《ぶってき》たる諸派が有する三戒壇は完全否定。かつて日蓮が遊学した比叡山の戒壇については賛美したものの、最澄《さいちょう》の弟子たちの間違った仏法によって歪《ゆが》められていると批判した。

詳報

『法華経』

『法華経《ほけきょう》』に帰依《きえ》せよ——。日蓮が生涯をかけて説いた教えは、このひと言に尽きる。では、『法華経』に書かれた教えとはいったい何なのか。日蓮の教えを知ることは、すなわち『法華経』を知ることでもある。

『法華経《ほけきょう》』は紀元前後ころインドで成立し、シルクロードをへて中国、そして日本に伝えられた。『法華経』を日本で最初に講じたのは聖徳太子《しょうとくたいし》である。

『法華経』は全二十八品《ほん》からなり、〈迹門《しゃくもん》〉と〈本門《ほんもん》〉の二つに大きく分けられ、さらに序分《じょぶん》・正宗分《しょうじゅうぶん》・流《る》通分《づうぶん》の三部に分けて解釈されることから二門六段という。各品の構成は、散文と「偈《げ》」という韻文からなる。

第一部の〈迹門〉は釈尊が久遠《くおん》(永遠不滅)の仏であるという実体を明らかにする以前の教えで、第二部の〈本門〉は釈尊が久遠の仏であることを教え、この教えを信じ、実践する者に至福への道が明らかにされている。

なお、『法華経』に『無量義経《むりょうぎきょう》』と『観普賢菩薩行法経《かんふげんぼさつぎょうぼうぎょう》(観普賢経)』を加えて〈法華三部経〉という。

『無量義経』は『法華経』のエッセンスを著したもの。無量義とは、一つの真実から無限の意味が生まれるという意味で、あらゆる経典はただ一つの経典『法華経』から発生したものとする。

『観普賢経』は、〈法華三部経〉全体の結びとされる。『法華経』最後の「普賢菩薩勧発品第二十八《ふげんぼさつかんぼっぽん》」を受け、普賢菩薩を心に念じる方法とその功徳を説いている。

『法華経』二十八品のあらすじ

●序品《じょほん》第一

プロローグ。「人々は『妙法蓮華経《みょうほうれんげきょう》』という尊い教えがあると聞き、まもなく世尊《せそん》(釈尊)の口から語られると知って、かたずをのんで世尊を仰ぎ見た」と、舞台と聴衆が示され、読者を壮大かつ神聖な世界へと誘《いざな》う。

●方便品《ほうべんぼん》第二

ものごとには必ず因があり、それが縁にふれて現象化したものであるという「縁起の法」を説く一方、それはまだ究極の真理ではなく、方便(仮の手段)であり、人それぞれに救いをもたらすためであったとする。

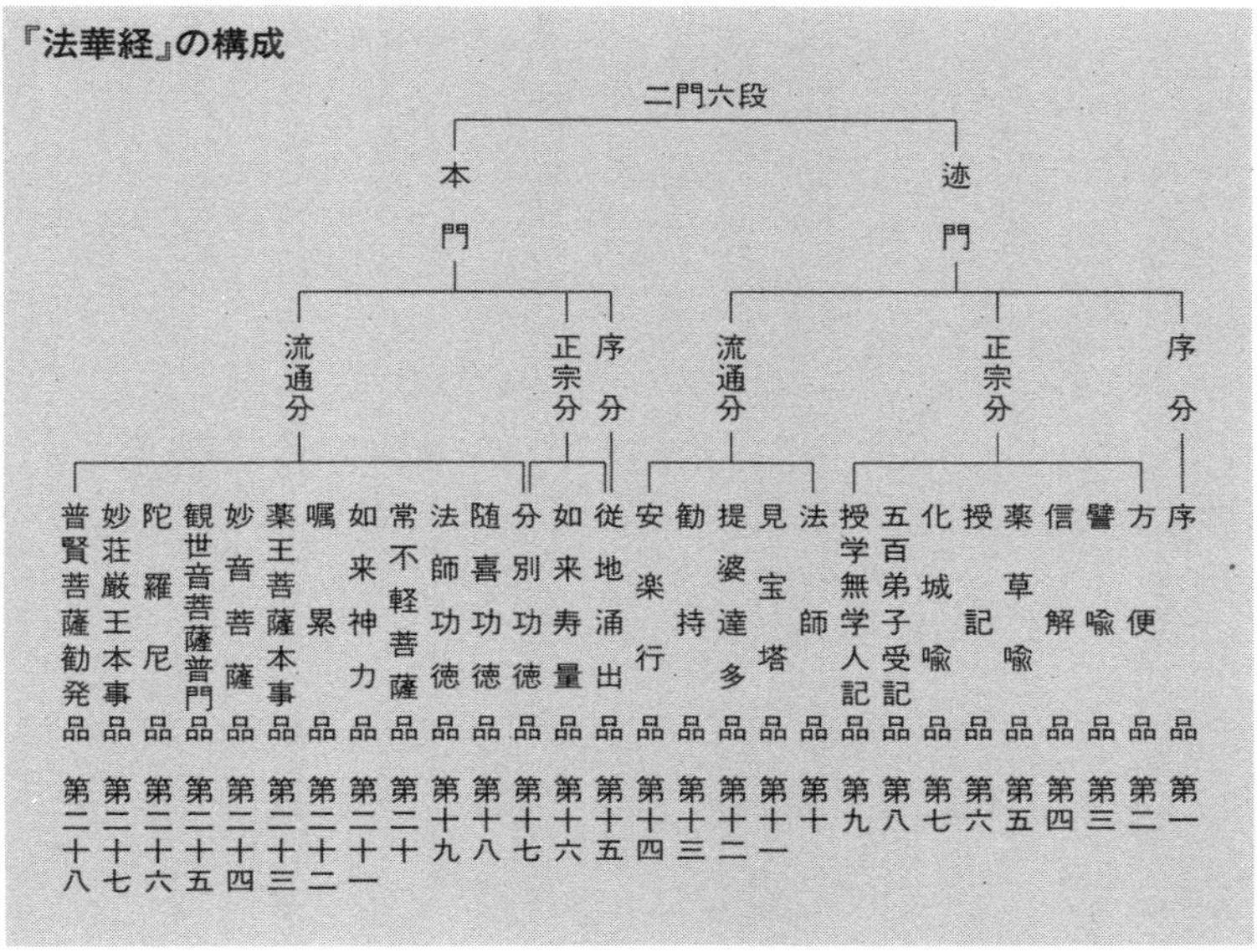

●譬喩品《ひゆほん》第三

この世界ではだれもが生きてゆくことの苦しみを背負っていると現世の苦悩を説き、「しかし、あなたがたは皆、一人ひとりが私の子なのである。私は子を案ずる父のように、あなたがたを救いに導くであろう」と、仏法を信じることによる救済を語る。

●信解品《しんげほん》第四

釈尊は、巧みな方便をもって人々を修行させ、一段ずつ真理へ導き、やがて真理の蔵へ到達させるのだという教え。

●薬草喩品《やくそうゆほん》第五

この地に存在する限りない種類の草木が、それぞれ等しく成長しているように、人間もまた、それぞれの性質に応じて等しく仏の世界へ導かれるのだという教え。

●授記品《じゅきほん》第六

摩訶迦葉《まかかしょう》ら四人の高弟に、それぞれの未来を語る。万億の仏に仕えたのち、仏になれるであろうと予言。

●化城喩品《けじょうゆほん》第七

仏になるには長い修行が必要だが、それに耐えられない者には順次、目前に仮想の到達点をもうけながら導いていくという教え。

●五百弟子受記品《ごひゃくでしじゅきほん》第八

人はだれも自分がもっている大きな可能性を信じることができず、日々の暮らしに身をやつしているとして、可能性に気づき信じることの大切さを教える。

●授学無学人記品《じゅがくむがくにんきほん》第九

修学中の者も、ひととおり学び終えた小乗の者も、すべての者が仏になれると未来を予言する。

●法師品《ほっしほん》第十

『法華経』を聞いて心に喜びを感じる者は、未来に仏になれるとの保証を与えるであろうと語る一方、この経を説く者は排斥され、攻撃されるであろうと予言。しかし常に仏の加護があり、未来には最高の悟りに到達すると説く。

●見宝塔品《けんほうとうほん》第十一

巨大な塔が大地から空中に現れ、釈尊が浮上してその扉を開けると、なかに端坐《たんざ》する多宝如来《たほうにょらい》が釈尊をたたえ、「釈迦牟尼《しゃかむに》よ、ここに座されますように」と誘う。『法華経』の舞台が地上から空中に移る区切りの章。

●提婆達多品《だいばだったほん》第十二

大悪人である提婆達多《だいばだった》の救済と、龍王の八歳の娘ですら仏になったことをあげて、『法華経』を信じる者はすべて成仏できると説く。

●勧持品《かんじほん》第十三

『法華経』をひろめる者は迫害されるという釈尊の予言に対して「私の命は惜しみません。ただ無上の道が失われることのみ惜しみます」と弟子と人々は表明する。忍耐の章。

●安楽行品《あんらくぎょうほん》第十四

伝道者に、平安を得るための四つの指針を示す。①慎みをもって人々と交わる②人々の問いに従って法を説く③怒りやおごりの心を捨て去る④大いなる慈悲の心をもつ——この四つを「安楽行《ぎょう》」という。

●従地涌出品《じゅうじゆじゅっぽん》第十五

「地下から出現する無数の菩薩は、自分が悟りを得たのちに教え導いた者たちである」と語る釈尊に対して、弥勒《みろく》菩薩が、短い期間にどうやってこれだけの菩薩を教化《きょうけ》したのかを問いかける。釈尊の秘密(久遠の成仏)が明らかにされる伏線の章。

●如来寿量品《にょらいじゅりょうほん》第十六

『法華経』の真髄の章。インドに実在した釈尊は仮の姿であり、自分は久遠の仏であるとして、本来の姿を説き示す(96頁参照)。

●分別功徳品《ふんべつくどくほん》第十七

釈尊が久遠の仏であることを聞いて、それを信じて伝道する者の功徳こそ最上であるという教え。

●随喜功徳品《ずいきくどくほん》第十八

『法華経』を聞き、信じる者のはかり知れない功徳について語る。

●法師功徳品《ほっしくどくほん》第十九

『法華経』を信じ、となえ、説きひろめ、書写する者は、目・耳・鼻・舌・意識・体など、それぞれすぐれた能力をもつようになると教示。

●常不軽菩薩品《じょうふきょうぼさつほん》第二十

はるか昔、だれに対しても礼拝し、敬意を表する常不軽《じょうふきょう》という名の修行者がいた。彼は、人々からどんな仕打ちを受けても礼拝をやめなかった。「この常不軽とは、ほかならぬ私である」と釈尊は語る。

●如来神力品《にょらいじんりきほん》第二十一

装飾経「法華経安楽行品」
国宝／奈良・長谷寺

釈尊は地涌《じゆ》の菩薩たちを前に、全世界を照らすなど超能力を示して、「私の滅後、末の世において『法華経』を説くことは、太陽と月の光が暗闇を破るように世の人々の闇を滅ぼすであろう」と宣教の使命を与える。

●嘱累品《ぞくるいほん》第二十二

地涌の菩薩に続いて、釈尊は求道者たちのすべてを集め、「人々にこの『法華経』を説きひろめなさい」と告げ、多宝如来ならびに諸仏に、それぞれの世界に戻るようすすめる。空中を舞台とした章はここで終わる。

●薬王菩薩本事品《やくおうぼさつほんじほん》第二十三

仏に身を捧げ、わが身を燃やすことで全世界を照らした薬王菩薩の物語。舞台は再び地上に移る。

●妙音菩薩品《みょうおんぼさっぽん》第二十四

神、王、富豪、僧侶、官吏《かんり》、男、女、悪魔など三四の姿に変身して『法華経』の信者を助け、庇護《ひご》する妙《みょう》音《おん》菩薩の話。

●観世音菩薩普門品《かんぜおんぼさつふもんぼん》第二十五

いわゆる『観音経《かんのんぎょう》』のことである。観世音菩薩が三三の姿をとって、人々を救済する話(101頁参照)。

●陀羅尼品《だらにほん》第二十六

「陀羅尼」とは呪文のこと。伝道者に対して、薬王菩薩、勇施《ゆぜ》菩薩をはじめ、毘沙門天《びしゃもんてん》、持国天《じこくてん》、十羅刹女《じゅうらせつにょ》、鬼子母神《きしもじん》ら『法華経』の守護神が幸福の呪文を贈る。

●妙荘厳王本事品《みょうしょうごんのうほんじほん》第二十七

異教《いきょう》(バラモン教)の王である父母に、子である二人の王子が不思議な霊力を示して改宗させる話。二人の王子は、今世の薬王菩薩と薬上《やくじょう》菩薩であると説く。

●普賢菩薩勧発品《ふげんぼさつかんぼっぽん》第二十八

エピローグ。この最終章に普賢菩薩が現れる。普賢菩薩は、どんなに悪い世になっても、『法華経』を信じる者に救いの手を差しのべることを釈尊に誓う。

『法華経』を読む①

【自我偈】

『自我偈《じがげ》』は釈尊の本来の姿（久遠《くおん》本仏《ほんぶつ》）を説いたものとして、『法華経《ほけきょう》』の真髄とされる如来寿量品《にょらいじゅりょうほん》第十六のなかでもとくに重要な部分となっている。

釈尊は菩提樹《ぼだいじゅ》の下で悟りを開いたとされるが、実はそうではないとして、神々と精霊と人々を前に次のように語る。

「あなたがたは皆、私がそれほど遠くない昔に釈迦《しゃか》族の王宮を出て、ガヤー近くの修行の座に坐《ざ》し、悟りを得たと思っている。

しかし、そうではない。私が仏となったのは、百千万億をさらに無量に倍した劫《ごう》のかなた、はるか昔のことであった」

こうして釈尊は、久遠（無限）の過去からさまざまな姿に身を変えてこの世に現れ、人々に教えを説き、導いてきたことを明らかにする。

では、なぜ永遠の生命をもつはずの釈尊が死んだのかといえば、

「それは方便（仮の手段）をもって人々を導くためである」

と語っている。

すなわち、なかなか徳がそなわらない者に、仏にめぐりあえることの尊さを教えるために姿を隠した（入滅）のであって、一時的な方便にすぎないという。

したがって、ここに登場する釈尊は、久遠の過去に成仏していた真実の仏（久遠実成本仏《くおんじつじょうほんぶつ》）であり、人々を永遠に救いつづけるのである。

そして釈尊は、この『自我偈』のなかで、現実の世界こそ仏の浄土であるとした。

『妙《みょう》法《ほう》蓮《れん》華《げ》経《きょう》』

如《にょ》来《らい》寿《じゅ》量《りょう》品《ほん》第十六［自《じ》我《が》偈《げ》］

自《じ》我《が》得《とく》仏《ぶつ》来《らい》　所《しょ》経《きょう》諸《しょ》劫《こつ》数《しゅ》

無《む》量《りょう》百《ひゃく》千《せん》万《まん》　億《おく》載《さい》阿《あ》僧《そう》祇《ぎ》

常《じょう》説《せっ》法《ぽう》教《きょう》化《け》　無《む》数《しゅ》億《おく》衆《しゅ》生《じょう》

令《りょう》入《にゅう》於《お》仏《ぶつ》道《どう》　爾《に》来《らい》無《む》量《りょう》劫《こう》

為《い》度《ど》衆《しゅ》生《じょう》故《こ》　方《ほう》便《べん》現《げん》涅《ね》槃《はん》

而《に》実《じつ》不《ふ》滅《めつ》度《ど》　常《じょう》住《じゅう》此《し》説《せっ》法《ぽう》

我《が》常《じょう》住《じゅう》於《お》此《し》　以《い》諸《しょ》神《じん》通《づう》力《りき》

令《りょう》顛《てん》倒《どう》衆《しゅ》生《じょう》　雖《すい》近《ごん》而《に》不《ふ》見《けん》

衆《しゅ》見《けん》我《が》滅《めつ》度《ど》　広《こう》供《く》養《よう》舎《しゃ》利《り》

咸《げん》皆《かい》懐《え》恋《れん》慕《ぼ》　而《に》生《しょう》渇《かつ》仰《ごう》心《しん》

衆《しゅ》生《じょう》既《き》信《しん》伏《ぶく》　質《しち》直《じき》意《い》柔《にゅう》軟《なん》

一《いっ》心《しん》欲《よく》見《けん》仏《ぶつ》　不《ふ》自《じ》惜《しゃく》身《しん》命《みょう》

時《じ》我《が》及《ぎゅう》衆《しゅ》僧《そう》　倶《く》出《しゅつ》霊《りょう》鷲《じゅ》山《せん》

［和訳］

人々は、私（釈尊）がこの世ではじめて仏になったと思っているが、そうではない。

私が仏となったのは、百千万億載《さい》という気が遠くなるようなはかり知れない昔のことだ。

そして、そのはるか昔から今日にいたるまで、私は常に教えを説いて大勢の人々を教化《きょうけ》し、仏の道に導いてきた。

私はただ人々を救い、導くために、方便として入滅の姿を示しただけであって、実際には入滅したことは一度たりともない。常にこの世にいて教えを説きつづけているのだ。ただし、私がこの世にいるとはいっても、人々からは私の姿は見えない。なぜなら、もろもろの神通力《じんづうりき》を用いて、人々のそばにいながらその姿が見えないようにしているからである。

しかし人々は、私が本当に入滅したと思って、各地で舎《しゃ》利《り》（遺骨）を供養し、信の心を起こす。その心はとても素直で柔軟である。私に会いたいという一心で、命さえ惜しまないと思っている。彼らが本当の信仰心を起こし、仏に帰《き》依《え》する心をもったなら、私は弟子たちとともに霊鷲山《りょうじゅせん》に姿を現すのである。

我《が》時《じ》語《ご》衆《しゅ》生《じょう》　常《じょう》在《ざい》此《し》不《ふ》滅《めつ》
以《い》方《ほう》便《べん》力《りき》故《こ》　現《げん》有《う》滅《めつ》不《ふ》滅《めつ》
余《よ》国《こく》有《う》衆《しゅ》生《じょう》　恭《く》敬《ぎょう》信《しん》楽《ぎょう》者《しゃ》
我《が》復《ぶ》於《お》彼《ひ》中《ちゅう》　為《い》説《せつ》無《む》上《じょう》法《ほう》
汝《にょ》等《とう》不《ふ》聞《もん》此《し》　但《たん》謂《に》我《が》滅《めつ》度《ど》
我《が》見《けん》諸《しょ》衆《しゅ》生《じょう》　没《もつ》在《ざい》於《お》苦《く》海《かい》
故《こ》不《ふ》為《い》現《げん》身《しん》　令《りょう》其《ご》生《しょう》渇《かつ》仰《ごう》
因《いん》其《ご》心《しん》恋《れん》慕《ぼ》　乃《ない》出《しゅつ》為《い》説《せっ》法《ぽう》
神《じん》通《づう》力《りき》如《にょ》是《ぜ》　於《お》阿《あ》僧《そう》祇《ぎ》劫《こう》
常《じょう》在《ざい》霊《りょう》鷲《じゅ》山《せん》　及《ぎゅう》余《よ》諸《しょ》住《じゅう》処《しょ》
衆《しゅ》生《じょう》見《けん》劫《こう》尽《じん》　大《だい》火《か》所《しょ》焼《しょう》時《じ》
我《が》此《し》土《ど》安《あん》穏《のん》　天《てん》人《にん》常《じょう》充《じゅう》満《まん》
園《おん》林《りん》諸《しょ》堂《どう》閣《かく》　種《しゅ》種《じゅ》宝《ほう》荘《しょう》厳《ごん》
宝《ほう》樹《じゅ》多《た》花《け》果《か》　衆《しゅ》生《じょう》所《しょ》遊《ゆう》楽《らく》
諸《しょ》天《てん》撃《きゃく》天《てん》鼓《く》　常《じょう》作《さ》衆《しゅ》伎《ぎ》楽《がく》

私はそのとき人々に語るであろう。

「私は常にここにいて、入滅することはない。しかし人々を導くための方便として、ときに入滅の姿を示す」

そして他の国の人々で仏を恭《うやうや》しく敬い、信じ願う者がいるならば、私はその国へ行って、人々のために教えを説くであろう。

それなのに、あなたがたは、ただ私が入滅したものと思い込んでいる。

私から見れば人々は皆、苦海に沈んでいる。だからこそ私はわざと姿を見せないでいて、人々に仏を思う気持ちを起こさせ、渇望させ、仏を恋い慕う気持ちになったときに姿を現し、教えを説くのである。

私は神通力をもって姿を隠し、はかり知れない長い間、霊鷲山や、その他のもろもろの場所にとどまっている。世界が破壊され、地獄から人間・天上界までが炎に焼かれるようなときでも、私のいるこの世界は安らかで、仏と人々で満ちている。

私のいる霊鷲山の庭園や建物は、いろいろな宝物で飾られている。宝樹《ほうじゅ》には美しい花が咲き、果実がたわわに実り、人々が楽しく過ごす場所となっている。諸天は天の鼓《つづみ》を打ち、いつもさまざまな音楽を奏でており、曼陀羅華《まんだらけ》の花が舞い、それが仏をはじめ多くの人々にも振りかかる。

雨《う》曼《まん》陀《だ》羅《ら》華《け》　散《さん》仏《ぶつ》及《ぎゅう》大《だい》衆《しゅ》
我《が》浄《じょう》土《ど》不《ふ》毀《き》　而《に》衆《しゅ》見《けん》焼《しょう》尽《じん》
憂《う》怖《ふ》諸《しょ》苦《く》悩《のう》　如《にょ》是《ぜ》悉《しつ》充《じゅう》満《まん》
是《ぜ》諸《しょ》罪《ざい》衆《しゅ》生《じょう》　以《い》悪《あく》業《ごう》因《いん》縁《ねん》
過《か》阿《あ》僧《そう》祇《ぎ》劫《こう》　不《ふ》聞《もん》三《さん》宝《ぼう》名《みょう》
諸《しょ》有《う》修《しゅ》功《く》徳《どく》　柔《にゅう》和《わ》質《しち》直《じき》者《しゃ》
則《そっ》皆《かい》見《けん》我《が》身《しん》　在《ざい》此《し》而《に》説《せっ》法《ぽう》
或《わく》時《じ》為《い》此《し》衆《しゅ》　説《せつ》仏《ぶつ》寿《じゅ》無《む》量《りょう》
久《く》乃《ない》見《けん》仏《ぶっ》者《しゃ》　為《い》説《せつ》仏《ぶつ》難《なん》値《ち》
我《が》智《ち》力《りき》如《にょ》是《ぜ》　慧《え》光《こう》照《しょう》無《む》量《りょう》
寿《じゅ》命《みょう》無《む》数《しゅ》劫《こう》　久《く》修《しゅ》業《ごう》所《しょ》得《とく》
汝《にょ》等《とう》有《う》智《ち》者《しゃ》　勿《もっ》於《と》此《し》生《しょう》疑《ぎ》
当《とう》断《だん》令《りょう》永《よう》尽《じん》　仏《ぶつ》語《ご》実《じっ》不《ぷ》虚《こ》
如《にょ》医《い》善《ぜん》方《ほう》便《べん》　為《い》治《じ》狂《おう》子《し》故《こ》
実《じつ》在《ざい》而《に》言《ごん》死《し》　無《む》能《のう》説《せっ》虚《こ》妄《もう》

　このように仏の浄土は安泰であるにもかかわらず、迷える人々は、浄土の世界は破壊され、焼き尽くされ、憂いや恐怖・苦悩に満ちていると思っているのである。罪人たちは、その悪業《あくごう》の因縁によって、どんなにはかり知れない長い時間を過ぎても、三宝《さんぼう》の名さえ聞くことができない。

　ところがこれに対して、善行《ぜんこう》を積み、もろもろの功徳を修め、柔和で素直な心をもつ人々は、ここが仏の教えを聞くことができるすばらしい場所であることを知っている。私がここで教えを説いていることがわかるのである。

　だから私は、あるときは、これらの人々のために仏の寿命が永遠であることを説き、長い時間かかってはじめて私に会うことができた人には、仏にはなかなか会い難いものであることを説こう。

　私の知恵は、このように自在で限りないものだ。知恵の光は限りなく、寿命は無限である。これは長い間の修行の積み重ねのおかげである。

　あなたがた知恵のある者は、このことを疑ってはならない。疑いを断ち尽くしてしまうべきである。仏の言葉はすべて真実で、決して嘘いつわりでないからである。それはまるで良医である父が、心を病んだ子を治療し目覚めさせるために、自分が生きているのに死んだと嘘をついたとしても、それを咎《とが》める人がいないのと同じである。

我《が》亦《やく》為《い》世《せ》父《ぶ》　救《く》諸《しょ》苦《く》患《げん》者《しゃ》
為《い》凡《ぼん》夫《ぶ》顛《てん》倒《どう》　実《じつ》在《ざい》而《に》言《ごん》滅《めつ》
以《い》常《じょう》見《けん》我《が》故《こ》　而《に》生《しょう》憍《きょう》恣《し》心《しん》
放《ほう》逸《いつ》著《じゃく》五《ご》欲《よく》　堕《だ》於《お》悪《あく》道《どう》中《ちゅう》
我《が》常《じょう》知《ち》衆《しゅ》生《じょう》　行《ぎょう》道《どう》不《ふ》行《ぎょう》道《どう》
随《ずい》応《おう》所《しょ》可《か》度《ど》　為《い》説《せっ》種《しゅ》種《じゅ》法《ほう》
毎《まい》自《じ》作《さ》是《ぜ》念《ねん》　以《い》何《が》令《りょう》衆《しゅ》生《じょう》
得《とく》入《にゅう》無《む》上《じょう》道《どう》　速《そく》成《じょう》就《じゅ》仏《ぶっ》身《しん》

私もまた、世の人々の父として、人々の苦しみを救う者だ。凡夫はその煩悩《ぼんのう》ゆえ、私が生きているのに入滅したと思い込んでいる。

また、いつでも私がいると思うと、人々はいい気になって、五欲(色《しき》・声《しょう》・香《こう》・味《み》・触《しょく》)にとらわれ、悪道(地獄道・餓鬼道・畜生道)に陥ってしまう。

私は常に、正しい仏道を修行する人と、そうでない人を見きわめている。そして、それぞれ人に応じて導き、救うために最善の教えを説くのである。

私は常に自ら、この念を新たにしている。

「どのようにして人々を無上道《むじょうどう》に導き、速やかに成仏させるにはどうすればよいか」と――。

『法華経』を読む②

【観音経】

『観音経《かんのんぎょう》』は、観世音菩薩普門品《かんぜおんぼさつふもんぼん》第二十五にあって、観世音菩薩の名をたたえ念じるだけで、どんな災厄からも救われるという現世利益《げんぜりやく》を説く。

普門とは、どこの門から入ってもよいという意味で、観世音菩薩はいつでもどこでも現れて人々を救ってくださるということを示している。

内容は全編、観世音菩薩の功徳がテーマで、釈尊と、その説法を聞いている八万四〇〇〇人の衆生と、その代表である無尽意《むじんに》菩薩との会話が記されている。

「どんな因縁で、観世音菩薩と名づけられたのですか」

と、無尽意菩薩が問うところから始まる。

ちなみに、この問いに対して釈尊は、観世音菩薩の名を一心にたたえる悩める人々の音声《おんじょう》を感じて――という下りからその名がついたと答えている。そして、どんなときにも観世音菩薩を念じれば救われるということが釈尊によって順次、説かれる。

釈尊の説法を聞き終わると、衆生を代表して持地《じじ》菩薩が立ち上がって、「世尊《せそん》(釈尊)よ、もし人々がこの観世音菩薩品に説かれる自由自在な行為、あらゆる所で示される神通力《じんづうりき》のことを聞いて信仰すれば、この人々の功徳は大変なものでありましょう」

と締めくくる。

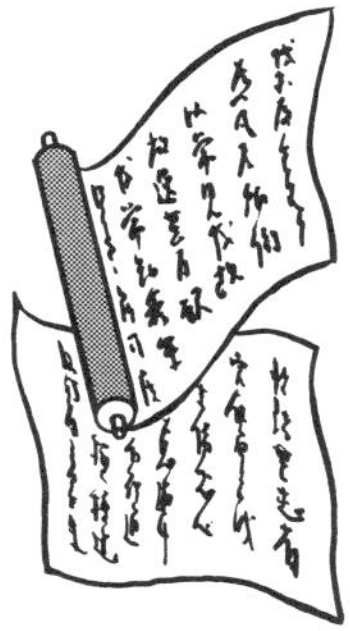

『妙法蓮華経《みょうほうれんげきょう》』
観世音菩薩普門品第二十五《かんぜおんぼさつふもんぼん》［観音経《かんのんぎょう》］

世尊《せそん》妙相《みょうそう》具《ぐ》　我今《がこん》重問《じゅうもん》彼《ぴ》
仏子《ぶっし》何《が》因縁《いんねん》　名為《みょうい》観世音《かんぜおん》
具足《ぐそく》妙相《みょうそう》尊《そん》　偈答《げとう》無尽意《むじんに》
汝聴《にょちょう》観音行《かんのんぎょう》　善応《ぜんのう》諸方所《しょほうじょ》
弘誓《ぐぜい》深如海《じんにょかい》　歴劫《りゃっこう》不思議《ふしぎ》
侍多《じた》千億仏《せんのくぶつ》　発大《ほつだい》清浄願《しょうじょうがん》
我為汝《がいにょ》略説《りゃくせつ》　聞名《もんみょう》及見身《ぎっけんしん》
心念《しんねん》不空過《ふくうか》　能滅《のうめつ》諸有苦《しょうく》
仮使《けし》興害意《こうがいい》　推落《すいらく》大火坑《だいかきょう》
念彼《ねんぴ》観音力《かんのんりき》　火坑《かきょう》変成池《へんじょうち》
或漂流《わくひょうる》巨海《こかい》　龍魚《りゅうご》諸鬼難《しょきなん》
念彼《ねんぴ》観音力《かんのんりき》　波浪《はろう》不能没《ふのうもつ》
或在《わくざい》須弥峯《しゅみぶ》　為人《いにん》所推堕《しょすいだ》

［和訳］

「世尊（釈尊）は三十二相《そう》・八十種好《しゅごう》という仏らしいお姿をしていらっしゃいます。私はいま、観世音菩薩《かんぜおんぼさつ》についておうかがいさせていただきます。この仏子（菩薩《ぼさつ》）をどういう理由（因縁）で観世音《かんぜおん》と名づけられたのですか」と無尽意《むじんに》菩薩がたずねると、仏らしい姿をそなえた釈尊は、偈《げ》（韻文）によって無尽意菩薩にお答えになった。

＊

そなた無尽意菩薩よ、観世音菩薩の修行が、もろもろの方角や場所にきちんと適応していることをよく聴きなさい。その大いなる誓いは海のように深く、無限の時間をかけても考えをおよばせることは不可能である。何千億もの無数の仏に仕えて、偉大なる清浄の願いを起こした。私（釈尊）はそなたのために、わかりやすく簡単に説明をしよう。

観世音菩薩の名前を聞き、その身体を見て心にしっかりと観世音菩薩を念じ、無為に過ごすことがなければ、どんな苦しみをも滅することができるであろう。

たとえば、人を害する心をもつ者によって、燃えさかる大火の坑《あな》に突き落とされるようなことがあったとしても、観世音菩薩を念じれば、火の坑は池に変わるであろう。

念《ねん》彼《ぴ》観《かん》音《のん》力《りき》　如《にょ》日《にち》虚《こ》空《くう》住《じゅう》
或《わく》被《ひ》悪《あく》人《にん》逐《ちく》　堕《だ》落《らく》金《こん》剛《ごう》山《せん》
念《ねん》彼《ぴ》観《かん》音《のん》力《りき》　不《ふ》能《のう》損《そん》一《いち》毛《もう》
或《わく》値《ち》怨《おん》賊《ぞく》繞《にょう》　各《かく》執《しゅう》刀《とう》加《か》害《がい》
念《ねん》彼《ぴ》観《かん》音《のん》力《りき》　咸《げん》即《そく》起《き》慈《じ》心《しん》
或《わく》遭《そう》王《おう》難《なん》苦《く》　臨《りん》刑《ぎょう》欲《よく》寿《じゅ》終《じゅう》
念《ねん》彼《ぴ》観《かん》音《のん》力《りき》　刀《とう》尋《じん》段《だん》段《だん》壊《ね》
或《わく》囚《しゅう》禁《きん》枷《か》鎖《さ》　手《しゅ》足《そく》被《ひ》杻《ちゅう》械《かい》
念《ねん》彼《ぴ》観《かん》音《のん》力《りき》　釈《しゃく》然《ねん》得《とく》解《げ》脱《だつ》
呪《しゅ》詛《そ》諸《しょ》毒《どく》薬《やく》　所《しょ》欲《よく》害《がい》身《しん》者《じゃ》
念《ねん》彼《ぴ》観《かん》音《のん》力《りき》　還《げん》著《じゃく》於《お》本《ほん》人《にん》
或《わく》遇《ぐう》悪《あく》羅《ら》刹《せつ》　毒《どく》龍《りゅう》諸《しょ》鬼《き》等《とう》
念《ねん》彼《ぴ》観《かん》音《のん》力《りき》　時《じ》悉《しっ》不《ぷ》敢《かん》害《がい》
若《にゃく》悪《あく》獣《じゅう》囲《い》繞《にょう》　利《り》牙《げ》爪《そう》可《か》怖《ふ》
念《ねん》彼《ぴ》観《かん》音《のん》力《りき》　疾《しっ》走《そう》無《む》辺《へん》方《ぼう》

あるいは大海に漂流して、龍・魚・鬼などの餌食《えじき》になるような目に遭ったとしても、観世音菩薩を念じれば、波ものみこむことはできないであろう。

あるいは須弥山のような高い峯から人に突き落とされるようなことがあったとしても、観世音菩薩を念じれば、太陽のように空中にとどまるであろう。

あるいは悪人に追われて金剛山《こんごうさん》から突き落とされたとしても、観世音菩薩を念じれば、一本の毛でさえ傷つけることはないであろう。

あるいは賊が取り囲み、それぞれ手にした刀で斬《き》りかかってきたとしても、観世音菩薩を念じれば、ただちに賊は慈悲の心を起こし、難を逃れるであろう。

あるいは国王に苦しめられ、国王の命令で死刑にされそうになったとしても、観世音菩薩を念じれば、処刑人の刀はいくつにも折れてしまうであろう。

あるいは首枷《かせ》・手枷・足枷などで囚えられたとしても、観世音菩薩を念じれば、枷はほどけて自由の身になるであろう。

あるいはだれかに呪《のろ》われたり、もろもろの毒で殺されそうになったとしても、観世音菩薩を念じれば、呪いや毒は逆にそれを仕掛けた本人に向けられるであろう。

あるいは害をおよぼすと恐れられている悪羅刹《あくらせつ》や毒龍、もろもろの鬼類に出会ったとしても、観世音菩薩を念じれば、いずれにおいても危害を加えられることはないであろう。

蚖《がん》蛇《じゃ》及《ぎゅう》蝮《ふっ》蠍《かつ》　気《け》毒《どく》煙《えん》火《か》然《ねん》
念《ねん》彼《ぴ》観《かん》音《のん》力《りき》　尋《じん》声《しょう》自《じ》回《え》去《こ》
雲《うん》雷《らい》鼓《く》掣《せい》電《でん》　降《ごう》雹《ばく》澍《じゅ》大《だい》雨《う》
念《ねん》彼《ぴ》観《かん》音《のん》力《りき》　応《おう》時《じ》得《とく》消《しょう》散《さん》
衆《しゅ》生《じょう》被《ひ》困《こん》厄《やく》　無《む》量《りょう》苦《く》逼《ひっ》身《しん》
観《かん》音《のん》妙《みょう》智《ち》力《りき》　能《のう》救《く》世《せ》間《けん》苦《く》
具《ぐ》足《そく》神《じん》通《づう》力《りき》　広《こう》修《しゅ》智《ち》方《ほう》便《べん》
十《じっ》方《ぽう》諸《しょ》国《こく》土《ど》　無《む》刹《せつ》不《ぷ》現《げん》身《しん》
種《しゅ》種《じゅ》諸《しょ》悪《あく》趣《しゅ》　地《じ》獄《ごっ》鬼《き》畜《ちく》生《しょう》
生《しょう》老《ろう》病《びょう》死《し》苦《く》　以《い》漸《ぜん》悉《しつ》令《りょう》滅《めつ》
真《しん》観《かん》清《しょう》浄《じょう》観《かん》　広《こう》大《だい》智《ち》慧《え》観《かん》
悲《ひ》観《かん》及《ぎゅう》慈《じ》観《かん》　常《じょう》願《がん》常《じょう》瞻《せん》仰《ごう》
無《む》垢《く》清《しょう》浄《じょう》光《こう》　慧《え》日《にち》破《は》諸《しょ》闇《あん》
能《のう》伏《ぶく》災《さい》風《ふう》火《か》　普《ふ》明《みょう》照《しょう》世《せ》間《けん》
悲《ひ》体《たい》戒《かい》雷《らい》震《しん》　慈《じ》意《い》妙《みょう》大《だい》雲《うん》

あるいは、もし鋭い牙《きば》や爪のある悪獣に取り囲まれたとしても、観世音菩薩を念じれば、たちまち遠方に退散するであろう。

あるいは口から毒を煙火のように吐く蜥蜴《とかげ》・蛇・蝮《まむし》・蠍《さそり》に出会ったとしても、観世音菩薩を念じれば、その声を聞いて逃げ去っていくであろう。

あるいは突然、雷鳴が轟《とどろ》き、稲妻《いなづま》が走り、霰《あられ》や大雨に遭ったとしても、観世音菩薩を念じれば、ただちに消散するであろう。

人々が困難を被り、無量の苦しみに責められたとしても、観世音菩薩は不思議な知恵の力で、あますところなく人々を救ってくださるであろう。

不思議な神通力をそなえた観世音菩薩はどこにでも姿を現し、知恵と方便で、悪鬼《あっき》、地獄、餓鬼、畜生、さらに生《しょう》老病死《ろうびょうし》などあらゆる苦しみから人々を救っていくであろう。

観世音菩薩には、真の観想《かんそう》(心で世界を見ること)・清浄な観想・広大な知恵の観想・悲《あわ》れみの観想・慈《いつく》しみの観想がそなわっているため、常にその姿が現れることを願い、仰ぎ見るべきである。

観世音菩薩は、無垢《むく》清浄に光輝く知恵の光と、災いのすべてを救う火の光で、この世を照らす。観世音菩薩は悲の体と慈の心をもって、あたかも雷鳴が轟いて大雲が雨を降

澍《じゅ》甘《かん》露《ろ》法《ほう》雨《う》　滅《めつ》除《じょ》煩《ぼん》悩《のう》燄《えん》
諍《じょう》訟《しょう》経《きょう》官《かん》処《じょ》　怖《ふ》畏《い》軍《ぐん》陣《じん》中《ちゅう》
念《ねん》彼《ぴ》観《かん》音《のん》力《りき》　衆《しゅ》怨《おん》悉《しっ》退《たい》散《さん》
妙《みょう》音《おん》観《かん》世《ぜ》音《おん》　梵《ぼん》音《のん》海《かい》潮《ちょう》音《おん》
勝《しょう》彼《ひ》世《せ》間《けん》音《のん》　是《ぜ》故《こ》須《しゅ》常《じょう》念《ねん》
念《ねん》念《ねん》勿《もっ》生《しょう》疑《ぎ》　観《かん》世《ぜ》音《おん》浄《じょう》聖《しょう》
於《お》苦《く》悩《のう》死《し》厄《やく》　能《のう》為《い》作《さ》依《え》怙《こ》
具《ぐ》一《いっ》切《さい》功《く》徳《どく》　慈《じ》眼《げん》視《じ》衆《しゅ》生《じょう》
福《ふく》聚《じゅ》海《かい》無《む》量《りょう》　是《ぜ》故《こ》応《おう》頂《ちょう》礼《らい》
爾《に》時《じ》持《じ》地《じ》菩《ぼ》薩《さつ》。即《そく》従《じゅう》座《ざ》起《き》。前《ぜん》白《びゃく》仏《ぶつ》言《ごん》。
世《せ》尊《そん》。若《にゃく》有《う》衆《しゅ》生《じょう》。聞《もん》是《ぜ》観《かん》世《ぜ》音《おん》菩《ぼ》薩《さっ》品《ぽん》。
自《じ》在《ざい》之《し》業《ごう》。普《ふ》門《もん》示《じ》現《げん》。神《じん》通《づう》力《りき》者《しゃ》。
当《とう》知《ち》是《ぜ》人《にん》。功《く》徳《どく》不《ふ》少《しょう》。
仏《ぶっ》説《せつ》是《ぜ》普《ふ》門《もん》品《ぼん》時《じ》。衆《しゅ》中《ちゅう》八《はち》万《まん》四《し》千《せん》衆《しゅ》生《じょう》。
皆《かい》発《ほつ》無《む》等《とう》等《どう》。阿《あ》耨《のく》多《た》羅《ら》三《さん》藐《みゃく》三《さん》菩《ぼ》提《だい》心《しん》。

らせ草木を育成させるように、甘露の法雨《ほうう》を注ぎ、人々の煩悩の炎を消す。

訴訟を公の場で行ったり、戦場で恐れているときにも、観世音菩薩を念じれば、もろもろの怨念《おんねん》はことごとく退散するであろう。観世音菩薩の声は、私たちが耳にするどんな音よりもすばらしい。だから常に念じなさい。

たとえ、わずかであっても、疑ってはいけない。観世音菩薩というきよらかな聖《ひじり》は、苦悩・死・災厄に見舞われたとき、最後のよりどころになるのだから……。

観世音菩薩は、すべての功徳をそなえた慈しみの眼で私たちを見ていらっしゃる。その福徳の大きさは、海のようにはかり知れない。だから御足《みあし》を頭にいただいて礼拝《らいはい》するのである。

*

そのとき持地菩薩が座から立ち上がり、釈尊の前に出て申し上げた。

「世尊よ、もし人々がこの観世音菩薩品に説かれる自由自在な行為、あらゆる所で示される神通力のことを聞いて信仰すれば、この人の功徳は大変なものでありましょう」

釈尊がこの普門品をお説きになったとき、八万四〇〇〇人の衆生はみな、このうえない悟りを求める心を起こしたのである。

コラム

日蓮の奇跡——その②

行く先々で伝説を残した日蓮

樹勢衰えた桜を回復させる

三月下旬から四月下旬にかけて、日蓮宗総本山の久遠寺《くおんじ》は、みごとなシダレザクラをひと目見ようと、人でにぎわう。同じころ、久遠寺から六〇キロほど北にある山梨県北杜《ほくと》市武川町《むかわちょう》の実相寺《じっそうじ》の神代桜《じんだいざくら》も満開となる。この神代桜は、日蓮の伝説を伝える由緒あるエドヒガンザクラだ。

由来は、神話に登場する日本武尊《やまとたけるのみこと》が東国遠征のときに、この地を通った記念として植樹したものといわれる。その樹が年とともに衰え、日蓮が甲斐《かい》(山梨)巡教《じゅんきょう》の際に立ち寄ったときはすでに蘇生は無理な状態だったという。

それを知った日蓮が祈願したところ、不思議にも樹勢が回復。現在も淡い紅色の花を咲かせている。

北杜市武川町の実相寺の神代桜。大正11年、国指定天然記念物になった

恵みの雨を降らす

多くの名僧が祈祷《きとう》により降雨をもたらした伝説があるが、日蓮の伝説はとりわけ過激だ。

一二七一(文永《ぶんえい》八)年の二月から六月まで、まったく雨が降らず大かんばつとなり、民衆は水不足に悩んだ。当時の執権時宗《ときむね》は、鎌倉極楽寺《ごくらくじ》の良《りょう》観《かん》に雨乞いの祈祷を命じた。

それを知った日蓮は、「もし七日以内に雨が降れば、あなたの弟子になりましょう。降らなければ私の弟子になりなさい」と良観に便りを出した。結果は、七日過ぎても降らず、悔しい良観はもう七日延長。しかし、一滴の雨も降らなかった。

そこで日蓮が雨乞いの祈祷を行うことになる。日蓮は池の龍神《りゅうじん》に祈り、経文を板に書いて投げただけで雨が降りだしたという。

第4章

宗門史に名を残す
「日蓮宗の名僧たち」

日朗 関東の日蓮宗門を整えた師孝の人

日興 教えに忠実なあまり分派した富士門流の祖

日持 広宣流布に一生をささげた海外伝道の祖

日像 日蓮の宿願〝京都進出〟を果たした帝都開教の祖

日親 拷問に耐え、国家諫暁を続けた快傑僧

日奥 日蓮の信仰規範を守りとおした不受不施派の祖

日興

日奥

日持

日親

日像

日朗

日朗《にちろう》

関東の日蓮宗門を整えた師孝の人

日朗は六老僧（日蓮《にちれん》が定めた本弟子）のひとりで、池上本門寺《いけがみほんもんじ》と鎌倉妙本寺《みょうほんじ》を中核とする日朗門流の派祖として知られている。

あとで述べるように、常に日蓮のそばに仕え、苦しみをともにしたことから「師孝《しこう》の人」と呼ばれるが、〝日朗〟という名は、のちの半生を暗示しているかのようだ。

名の由来には、次のような伝説がある。

＊

日蓮が自室でまどろんでいたときのことだ。

夢のなかで、一天にわかに暗雲がたちこめたかと思いきや、雷が鳴り響き、やがて耳をつんざくようなすさまじい大音響とともに日蓮の部屋に落雷したのである。

と、それが合図であったかのように、暗雲は去り、再び晴天の青空がもどってきた。

「失礼します」

という声で、日蓮は目が覚めた。

声の主は、吉祥麿《きっしょうまろ》という少年であった。許しを得て部屋に入ってきた吉祥麿は、なんと、いましがた夢のなかで落雷した、まさにその場所に座ったのである。

偶然の一致にしてはできすぎていよう。これには日蓮も驚き、出家を目前にひかえた吉祥麿の利発そうな顔をまじまじと見つめながら、

（この子は必ずや将来、大法雷を振り、大法雨を降らし、人々の暗迷を払って朗々たらしめるに違いない）

という確信を抱き、「筑後房《ちくごぼう》日朗」という名を授けた。

＊

日朗プロフィール

1245〜1320年。六老僧のひとり。鎌倉時代、下総国《しもうさのくに》（千葉県）に平賀有国《ひらがありくに》の子として生まれる。日蓮《にちれん》の一番弟子で同じく六老僧のひとり日昭《にっしょう》を叔父にもち、幼少のころから日蓮のそばに仕える。日蓮の死後、池上本門寺《いけがみほんもんじ》、鎌倉妙本寺《みょうほんじ》、平賀本土寺《ほんどじ》を拠点として日朗門流を形成し、教線を伸ばしていく。日像《にちぞう》をはじめ、すぐれた門弟を輩出した。

日朗が入門したころは、各地で大震災・暴風雨や天変地異や飢餓・疫病などが相次ぎ、人々は末法《まっぽう》の世の到来におそれおののいていた。

一二六〇(文応《ぶんおう》元)年七月、日蓮は、こうした天災の根源は仏法の誤りにあるとする『立正安国論《りっしょうあんこくろん》』を幕府に献上。他宗を邪法邪師と決めつけ、念仏信徒らのすさまじい怒りをかうことになる。

日朗は、師とともに法難という苦難の道を歩みはじめる。

日蓮の伊豆流罪での出来事

日朗は一二四五(寛元《かんげん》三)年四月八日、下総国《しもうさのくに》(千葉県)海上郡《うなかみ》能手郷《のでごう》に平賀有国《ひらがありくに》の子として生まれる。一説には、母は能手の領主印東祐昭《いんどうすけあき》の次女で、のちの妙朗尼《みょうろうに》ともいわれるが、はっきりしない。

日朗が日蓮に弟子入りするきっかけは、叔父でのちに同じ六老僧となる日昭《にっしょう》の紹介だ。日昭は、もと天台宗《てんだいしゅう》の僧だが、日蓮の一番弟子として知られている。のちに鎌倉浜土《はまど》の法華寺《ほっけじ》(現在、静岡県三島市にある妙法華寺《みょうほっけじ》)を中核とする日昭門流(浜門流)を興す。

さて、日朗が「師孝の人」と呼ばれるようになったエピソードは枚挙にいとまがない。後世の語り草になっているのが、日蓮が伊豆伊東に流罪になるときの〝由比ケ浜《ゆいがはま》の別れ〟であろう。

事件が起こるのは一二六一(弘長《こうちょう》元)年だから、日朗が一七歳のときである。

日朗上人像
鎌倉・龍口寺《りゅうこうじ》蔵

『立正安国論』をひっさげ、敢然と万民救済に立ち上がった日蓮は、念仏信徒たちの激しい攻撃にさらされながらも、火を吐くような辻説法はやむことを知らず、ますます激しさを増していった。

鎌倉長谷《はせ》の光則寺《こうそくじ》に残る日朗が幽閉された土牢の跡。光則《みつのり》は、日蓮の身延《みのぶ》入山後、日朗を開山に自邸を寺とした

これに対して幕府は、人心を動揺させる危険人物として日蓮を逮捕。はっきりとした罪状のないまま、伊豆流罪に処した。

いまでこそ伊豆伊東は観光地だが、当時は人の通わぬ未踏の地であった。したがって陸路はなく、伊東へは、鎌倉由比ケ浜から船で運ばれることになった。

急を聞きつけ、日朗が息せききって由比ケ浜に駆けつけてみると、まさに船の纜《ともづな》が解かれるところであった。別れを惜しみ、泣きながら纜にすがる日朗に、日蓮は、

「筑後房よ、月、西山に入るを見れば我、伊東にあることを思え。日、東海に昇るを見れば我、汝《なんじ》が鎌倉にいることを思うであろう」

と告げてなぐさめる。

が、なおも追いすがる日朗に、業を煮やした役人が船上から櫂《かい》をふり降ろした。

櫂は日朗の右ひじを打ち砕き、日朗は波打ち際に悶絶《もんぜつ》したのだった。このときのケガで、日朗は生涯、右腕が不自由であったという。

なお日蓮は、一年九カ月を伊東で過ごしたのち、赦免《しゃめん》となる。この間に『四恩鈔《しおんしょう》』や『教機時国鈔《きょうきじこくしょう》』などを著している。

日朗、土牢に投獄される

赦免になった日蓮を迎えて、日朗たちの活動は一段と熱を帯びてきた。燎原《りょうげん》の火のように広がっていく折伏《しゃくぶく》のすさまじさに、幕府は大弾圧に乗りだした。一二七一(文永《ぶんえい》八)年九月、日蓮を逮捕して斬殺《ざんさつ》を謀《はか》る一方(龍《たつの》口《くち》法難)、二百六十余人の弟子たちを逮捕した。

日朗もそのなかのひとりで、鎌倉の宿谷《やどや》光則《みつのり》邸(のちの光則寺《こうそくじ》)の土牢《つちろう》に投獄されるが、それを知った日蓮は、日朗へ文を書き送っている。

「自分は明日、佐渡へ送られることになった。今夜の寒さからして牢のなかの様子が思いやられて不憫《ふびん》でならない……牢を出ることを許されたら、明年の春には必ずおいでなさい」

なにしろ日蓮にとって、日朗は一七歳の折、伊東へ流される自分を慕って右ひじをへし折られた弟子だ。ことのほかかわいかったとみえて、師弟の情愛あふれる文面になっている。これが有名な『土籠御書《つちろうごしょ》』で、日朗とともに牢に入れられた日進《にっしん》は、温情あふれる日蓮の便りに涙を流したと伝えられる。なお、この土牢の跡は、いまも鎌倉長谷《はせ》にある光則寺の裏山に保存されている。

日朗は牢を出てから何度か佐渡を訪れ、日蓮に面会している。一二七四(文永一一)年二月、師の赦免状を届けたのも日朗だった。海が荒れて佐渡南西部の小島(現在の経島、小木地区)に漂着した日朗は、一谷《いちのさわ》(佐和田地区)の日蓮のもとに急いだ。しかし、道に迷い、ある坂道で倒れ込んでしまった。すると奇跡が起きた。たまたま法事を終えて帰る途中の日蓮と行き会い、劇的な再会を果たすのである。この坂は「日朗坂」(畑野地区)と呼ばれ、日朗の師に対する至誠の証《あかし》として伝わっている。

また、日蓮の葬送の列では、師孝の日朗らしく、輿《こし》に乗った柩《ひつぎ》の前陣を歩いたという。なお、形見分けとして御本尊一体釈迦《しゃか》立像《りゅうぞう》が分け与えられたと伝えられている。

日朗が受け継いだ鎌倉比企谷《ひきがやつ》の妙本寺《みょうほんじ》。日蓮が檀越《だんのつ》比企能本《ひきよしもと》の屋敷に建てた法華堂がはじまり

だれからも敬愛される人柄

日蓮が亡くなって六年目にあたる一二八八（正応《しょうおう》元）年、それまで六老僧による集団指導体制であった日蓮教団は分裂する。

六老僧のひとりで、身延山《みのぶさん》に常駐して日蓮の墓所に仕えていた日興《にっこう》が、教義上の問題から弟子を引き連れて身延山をおり、富士山麓に大石寺《たいせきじ》（現在の日蓮正宗《にちれんしょうしゅう》総本山）を創設。日興門流（富士門流）を名乗り、ほかの五老僧と義絶したのだ。

ようするに、日興vs.ほかの五老僧の図式になるわけだが、日朗だけは日興門流の諸師からも敬愛尊敬されている。

日道《にちどう》（のちの大石寺三世）と日朗が大石寺を訪ねたときの様子が、略伝『日興上人御伝草案《にっこうしょうにんごでんそうあん》』のなかで、こう述べられている。

「日朗上人去る正中《しょうちゅう》のころ富士山入御あり、日興上人と御一同あり。実に地湧《じゆ》千界の眷属《けんぞく》上行《じょうぎょう》菩薩《ぼさつ》なり御弟子にてまします。貴むべし貴むべし」

眷属とは一族とか親戚の意味で、〝菩薩たる日朗を貴むべし〟と賛嘆している。日興vs.ほかの五老僧という相入れぬ関係を考えれば、きわめて異例であり、日朗の人柄をなにより物語っていよう。

日蓮の死後、日朗は、長興山妙本寺《ちょうこうざんみょうほんじ》（鎌倉比企谷《ひきがやつ》）・長栄山本門寺《ちょうえいざんほんもんじ》（武州池上）・長谷山本土寺《ちょうこくざんほんどじ》（下総平賀）の三寺を拠点として日朗門流の教線を伸ばしていく。ちなみにこれら三寺は、いずれも山号に〝長〟、寺号に〝本〟の字がつくことから「三長三本《さんちょうさんぼん》」と呼ばれた。

教線伸長の中心となったのは、のちに九鳳《くほう》（九老僧）と呼ばれる高弟たちで、日像《にちぞう》・日輪《にちりん》・日善《にちぜん》・日伝《にちでん》・日《にち》範《はん》・日印《にちいん》・日澄《にっちょう》・日行《にちぎょう》・朗慶《ろうけい》の九師をいう。

なお、そのなかのひとり日像は、日蓮の最後の孫弟子にあたり、日蓮の遺命によって帝都（京都）開教を行った人物として知られる。

日朗は一三一八（文保《ぶんぽう》二）年、妙本寺と池上本門寺を日輪に譲り、池上の南窪に隠棲《いんせい》して日蓮入滅の地を守る。そして翌々年の一三二〇（元応《げんおう》二）年一月二一日、七六歳で亡くなる。

京都にあった日像を除く、日朗門流八師は、池上本門寺を門徒の本所とし、団結して布教することを誓ったが、日朗の正嫡《せいちゃく》を主張する日印が独自で一周忌法要を行ったことから、日朗門流は分立していく。

以下のようにそれぞれの地にあって強力な教線を張り、日朗門流は日蓮門下のなかでもっとも発展した一流といわれている。

日像　妙顕寺《みょうけんじ》（京都四条）

日朗上人荼毘所《だびしょ》。日朗が出家《しゅっけ》得度した
鎌倉松葉谷《まつばがやつ》に建つ安国論寺《あんこくろんじ》にある

日輪　本門寺（武州池上）
日善　法華寺《ほっけじ》（武州碑文谷《ひもんや》）
日伝　本土寺《ほんどじ》（下総平賀）
日範　常照寺《じょうしょうじ》（丹波福知山《たんばふくちやま》）
日印　本成寺《ほんじょうじ》（越後《えちご》三条）
日澄　本遠寺《ほんのんじ》（尾張熱田《おわりあつた》）
日行　本光寺《ほんこうじ》（佐渡）
朗慶　法蓮寺《ほうれんじ》（武州中延《なかのぶ》）

〝鍋かむり日親《にっしん》〟として知られる京都本法寺《ほんぼうじ》の日親は、その著『伝燈抄《でんとうしょう》』のなかで、

「日朗門徒は流々多くして二〇流計《ばか》りもあろうが、そのなかでも日像、日輪、日印がもっとも知られている」

と述べている。

なお、日朗門流分立の引き金となった日印が越後本成寺《ほんじょうじ》、鎌倉本勝寺《ほんしょうじ》を開く一方、日印の弟子日静《にちじょう》は上洛《じょうらく》して六条門流を名乗る。日像の四条門流とあわせ、京都日蓮教団は日朗をルーツとする。

日興《にっこう》

教えに忠実なあまり分派した富士門流の祖

六老僧のひとりで、教義上の解釈をめぐって最初に分派し、ほかの五老僧と対立。駿河国《するがのくに》富士郡（静岡県富士宮市）に大石寺《たいせきじ》と本門寺《ほんもんじ》を建て日興《にっこう》門流（富士門流）を名乗る。

日興は一二四六（寛元《かんげん》四）年三月、甲斐国《かいのくに》（山梨県）鰍沢《かじかざわ》の大井橘六《おおいきつろく》の子として生まれる。母は駿河国河合の由比《ゆい》氏の娘で、のち日興が駿河の地で教線を伸ばすのは、この地が母方の里であり、縁戚があったからだといわれる。

日興は幼いうちから駿河国蒲原荘《かんばらのしょう》の四十九院《しじゅうくいん》に入って、天台教学、儒学、国学を学び、さらに同地の地頭冷泉《れいぜい》中将から歌と書を習っているが、四十九院が岩本実相寺《いわもとじっそうじ》と近かったことから日興の人生は大きく変わる。

一二五八（正嘉《しょうか》二）年、天変地異や飢餓など国難の根本原因を解明するため、日蓮《にちれん》がこもったのがここ岩本実相寺の経蔵《きょうぞう》であった。日興はしばしば実相寺に出かけるうちに日蓮に心酔し、願いでて門下となる。日興一三歳ごろのことで、「伯耆房《ほうきぼう》日興」と名づけられた。その五～六年前に一歳年上の日朗《にちろう》が入門している。

以後、日蓮のもとにあって、同世

日興上人像　鎌倉・龍口寺《りゅうこうじ》蔵

日興プロフィール

1246～1333年。六老僧のひとり。鎌倉時代、甲斐国《かいのくに》（山梨県）に大井橘六《おおいきつろく》の子として生まれる。幼いころから天台教学を学んでいたが、岩本実相寺《いわもとじっそうじ》で日蓮《にちれん》と出会い門下となる。日蓮の死後、一時は身延山久遠寺《みのぶさんくおんじ》の住持となるが、久遠寺の開基波木井実長《はきいさねなが》と論争の末、それを容認する日向《にこう》と対立。身延山をおり、富士山麓に大石寺《たいせきじ》と本門寺《ほんもんじ》を開創した。

代の二人は給仕勉学に努めるのだが、日朗が「師孝《しこう》の人」と呼ばれるなど多くのエピソードを残しているのに対して、日興のそれは不明である。日興が歴史の舞台に出てくるのは、日蓮の晩年になってからだ。

日興は、日蓮が佐渡流罪となったときに、はるばる赴《おもむ》いて困苦をともにする。一二七四(文永《ぶんえい》一一)年五月、佐渡から帰った日蓮が甲斐国の地頭波木井《はきい》実長《さねなが》に請われて身延《みのぶ》に隠棲《いんせい》するや、日興は駿河を中心に甲斐、伊豆方面に布教。各地の豪族を教化《きょうけ》して地歩を固めていったが、その急伸ぶりに地元諸寺が憎悪を抱き、凄惨《せいさん》な事件が起こるのである。

日興が「法華本門寺根源」と称した
北山本門寺の仁王門(山門)

日蓮の墓所を守る決意

日興の精力的な布教により、駿河の寺院の僧たちが次々と『法華経』に帰依《きえ》した。さらに農民のあいだにも法華信仰がひろまっていった。

事件は天台宗寺院の熱原滝泉寺《あつばらりゅうせんじ》で起きた。院主代(住職代理)の行智《ぎょうち》らが陰謀をはかり、日興門下となった日秀《にっしゅう》と日弁《にちべん》を寺から追い出し、二人に教えを受けた農民信徒二〇人を捕らえて鎌倉に護送したのである。幕府は、農民たちに拷問を加えて法華信仰を捨てよと迫ったが、頑として聞き入れなかったため、農民三人の首をはねた。

一方、日蓮が鎌倉在住の信徒を動員して釈放運動を行い、これが功を奏して残りの一七名は釈放された。これが、いわゆる「熱原法難」と呼ばれるもので、この法難によって日興門下の結束と信仰心はさらに高まり、教線を伸ばしていくのである。

日蓮は身延に隠棲して八年後の一二八二(弘安《こうあん》五)年、病状が悪化し、身延をおりて池上宗仲《いけがみむねなか》邸に入るが、同年一〇月一三日、入滅する。

日蓮入滅後、墓所のある身延山久遠寺は六老僧の輪番で守ることになったが、幕府の弾圧などによって各老僧は身延にまで手がまわらず、輪番制は一年あまりで崩れる。三回忌を前にし、日蓮の墓所に詣でた日興は、墓所が鹿の蹄《ひづめ》に荒れはて、目もあてられぬと手紙に書いている。

このとき日興は、久遠寺に常住して日蓮の墓所を守る決心をする。久遠寺開基である地頭波木井実長は喜んでこれを了承した。

実長と対立し、身延山をおりる

しばらくして、同じ六老僧で上総《かずさ》茂原《もばら》(千葉県茂原市)にいた日向《にこう》も身延に登山してきたので、日興が院主(住職)、日向が学頭として門下の教育にあたることになった。長老合議制による身延山経営のスタートであったが、やがて両者は対立する。

対立の原因は、両者の〝資質〟の違いにあった。日興はきまじめな性格で、信仰態度は純真厳粛。門人たちにも同様の厳しい信仰態度を求めた。これに対して日向は、和気藹々《わきあいあい》を旨とする温和な性格で、門人の指導には寛容な態度で臨んだ。

両者の対立は、波木井実長の信仰指導をめぐって一挙に表面化する。日興は、実長の三つの教義上の誤りを指摘して実長に反省を求めたが譲らず、その結果、日興は下山して分派することになる。

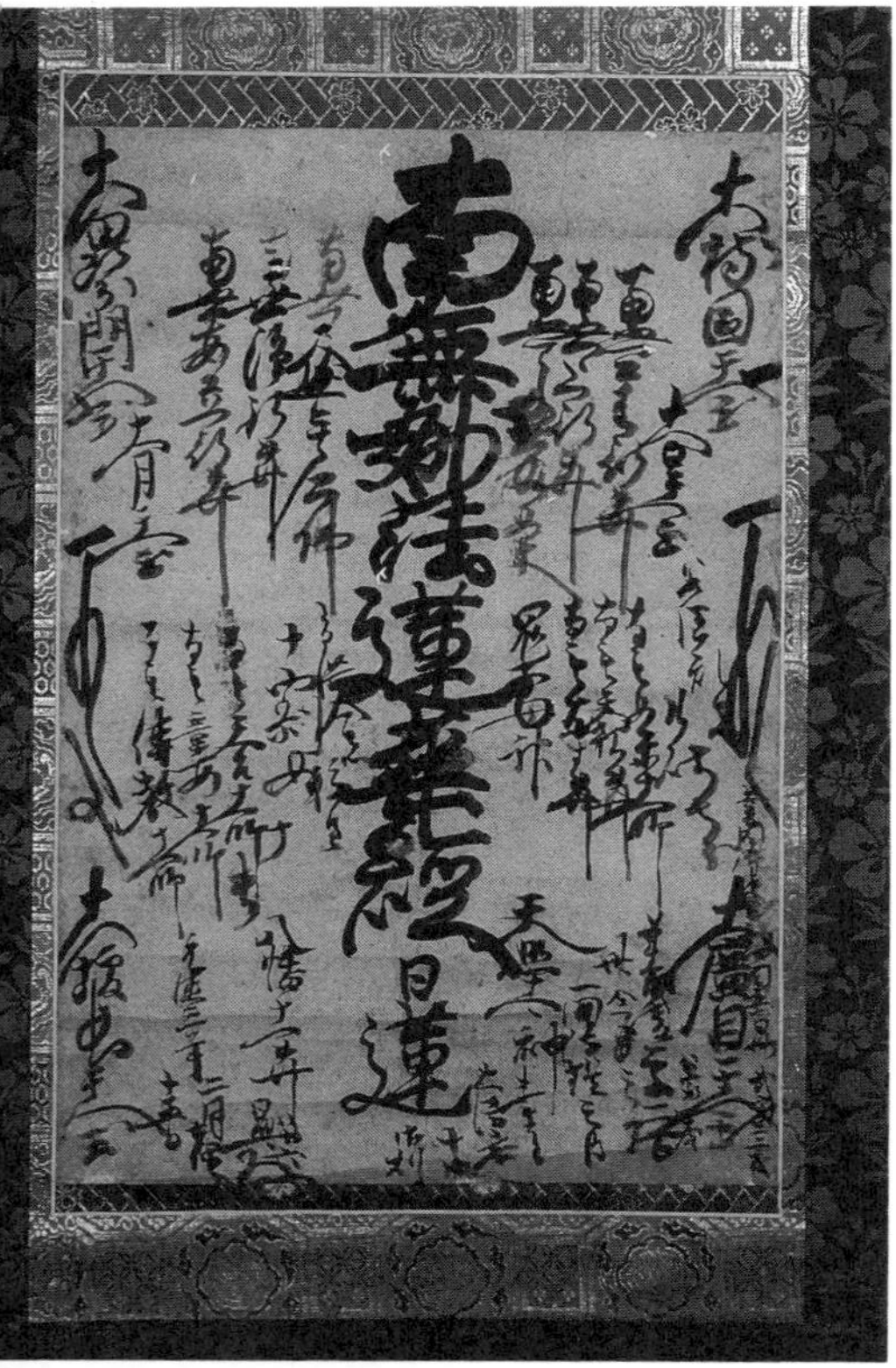
北山本門寺に伝わる日興上人御真筆御本尊

「実長《さねなが》三箇の謗法《ほうぼう》」と呼ばれる日興が指摘した実長の教義上の誤りとは、次の三点だ。

一、実長は釈尊一体仏をつくったが、これには四菩薩《ぼさつ》がそなわっていないので、本門の本尊とはならない。

二、三島神社に参拝して、『立正安国《りっしょうあんこく》論《ろん》』の正意である神天上《しんてんじょう》の法門を破った。

三、富士の塔供養に馬を布施して謗法供養を行った。

これに対して実長は、次のように反論した。

一、一体仏であっても、『法華経』如来寿量品《にょらいじゅりょうほん》を置けば、寿量の本仏である。

二、三島神社については、日向上人も鎌倉の諸師も参拝してよろしいと申しておられる。

三、富士の塔供養については、知人に請われて馬一頭を与えただけで、念仏の塔供養をしたわけではない。日興はこれを聞き入れず、日向の教えを捨てて自分に帰依《きえ》するよう迫ったが、実長は「我は民部阿闍梨《みんぶあじゃり》（日向）を師匠にしたるなり」といいきったのだった。

日興にしてみれば、実長が先師である自分の指導に背き、日向に従うなど許せぬことであったろう。

かくして日興は下山を決心し、一二八九（正応《しょうおう》二）年春、本来の本拠地である富士へ移る。身延を下った翌年の一〇月、地頭の南条時光《なんじょうときみつ》に請われて大石ケ原（静岡県富士宮市上条）に草庵《そうあん》を建てる。これが大石寺のはじまりであった。大石寺は現在、日《にち》蓮正宗《れんしょうしゅう》の総本山となっている。

ついで一二九八（永仁《えいにん》六）年、近くの重須《おもす》（同市北山）の地に本門寺を建立し、ここを安住の地と定め、布教、門下の教育にあたった。

富士門流を組織し、別の道を歩む

さて、こうして分派した日興だが、日興にとって痛恨事は、本尊を分与した門下の実に三分の一が背いたことだ。身延を下山して一〇年後の北山本門寺建立の年、日興は『本尊分与帳』を作っているが、それによると、御本尊を分与した者六七名のうち、二四名が去っている。

日興にしてみれば、門下を誘引した日向はもちろん、日向に同意した老僧たちはすべて敵であったろう。これが日興vs.五老僧――いわゆる〝五一相対〟である。

日興は『本尊分与帳』を作成したこの年、日蓮の先例にならって、日《にっ》華《か》・日目《にちもく》・日秀《にっしゅう》・日禅《にちぜん》・日仙《にっせん》・日乗《にちじょう》の六人を日興第一の弟子と定めた。

しかしながら日興は長命で、八八歳まで生きたことから、この一弟子たちも高齢となり、第一線で布教活動ができなくなったので、新しく六人の若手を選定した。日代《にちだい》・日澄《にっちょう》・日道《にちどう》・日妙《にちみょう》・日豪《にちごう》（郷）・日助《にちじょ》の六人で、彼らを新しく定められたことから「新六人（新六《しんろく》）」と呼び、先の六人を「本六人（本六《ほんろく》）」と呼んで区別している。

そのほかに、日順《にちじゅん》・日行《にちぎょう》・日満《にちまん》・日尊《にちぞん》などの名匠がおり、厳格に日蓮の教えを守ろうとする日興の思想はいまも受け継がれている。

北山本門寺にある日興上人御廟

日持《にちじ》

広宣流布に一生をささげた海外伝道の祖

六老僧のひとりだが、日持が日本最初の海外伝道者であることは、一般にはあまり知られていない。

日蓮の十三回忌を済ませた翌一二九五（永仁《えいにん》三）年正月元旦、日持は蓮《れん》永寺《えいじ》（のちの永精寺《えいしょうじ》）を弟子に託し、一人で郷里駿河《するが》（静岡県）を旅立っている。奥州《おうしゅう》（東北）、蝦夷《えぞ》（北海道）をへて中国大陸に渡り、さらに蒙古《もうこ》（モンゴル）にいたったと伝えられる。

フランシスコ・ザビエルがキリスト教の布教に日本にやってくるのが一五四九（天文《てんぶん》一八）年だから、それに先立つこと二五〇年以上も前に、二度と帰るあてのない海外伝道へと旅立っているのである。このとき日持は四六歳であった。

日興の導きで日蓮と出会い、疑念が消える

日持は駿河国庵原《いはら》郡松野（静岡県富士川町）の生まれで、松野六郎左衛門の第二子と伝えられているが、正確な記録は残っていない。

幼少にして天台宗の岩本実相寺《じっそうじ》に入り出家《しゅっけ》しているが、実相寺といえば一二五八（正嘉《しょうか》二）年、日蓮《にちれん》が経蔵《きょうぞう》にこもって『立正安国論《りっしょうあんこくろん》』の着想を得たところである。当時、九歳であった日持は、ここで日蓮に出会っているはずだが、なにぶん幼く、これといったエピソードは残されていない。日持が日蓮の弟子になるのは、それから一二年後のことである。

さて、実相寺で修行を積んだ日持は、さらに天台教学を学ぶため天台宗の総本山である比叡山《ひえいざん》にのぼった。ところが慈覚《じかく》大師や智証《ちしょう》大師の説く天台密教の法義にどうしても納得が

日持プロフィール

1250〜?。六老僧のひとり。鎌倉時代、駿河国《するがのくに》（静岡県）に生まれる。幼いころに天台宗の岩本実相寺《いわもとじっそうじ》で出家《しゅっけ》し、比叡山《ひえいざん》で学ぶ。その後、日興《にっこう》の導きによって日蓮《にちれん》の門下となる。日蓮の死後、郷里松野に蓮永寺《れんえいじ》を開創し布教にあたっていたが、46歳で海外伝道に旅立つ。蝦夷《えぞ》（北海道）から舟で大陸に渡り、旧満州をへて蒙古《もうこ》で死去したといわれている

北海道函館市・妙顕寺

静岡県富士川町の永精寺《えいしょうじ》に建つ日持上人像

いかず悩む。それは両大師に対して疑念を抱く自分に悩んだのである。

　なぜなら天台教学の摩訶止観《まかしかん》には修行を妨げるものとして、次の三つの〝疑い〟を戒めているからだ。

一、自らを疑う
二、師を疑う
三、法を疑う

　このうちひとつでも疑念を抱けばその罪は逃れがたいというのに、日持は師二人に対して懐疑の気持ちを抱いている。これでは修行はおぼつかないと日持は悩んだわけだ。かくなるうえは比叡山での修行はあきらめ、ひたすらお釈迦さまに祈って救済を得るしか道はないと決心し、実相寺に帰ったのである。

　実相寺に帰った日持は、同じ天台宗で近在の四十九院《しじゅうくいん》で日興《にっこう》と知り合う。日蓮の弟子であった日興は、幼いころ四十九院に学び、実相寺で日蓮と出会ったのだった。

　日興は日持の比叡山で抱いた疑念を知り、日蓮に引き合わせた。疑念はたちまち氷解し、日持がただちに入門を願いでると、日蓮は「甲斐公《かいこう》

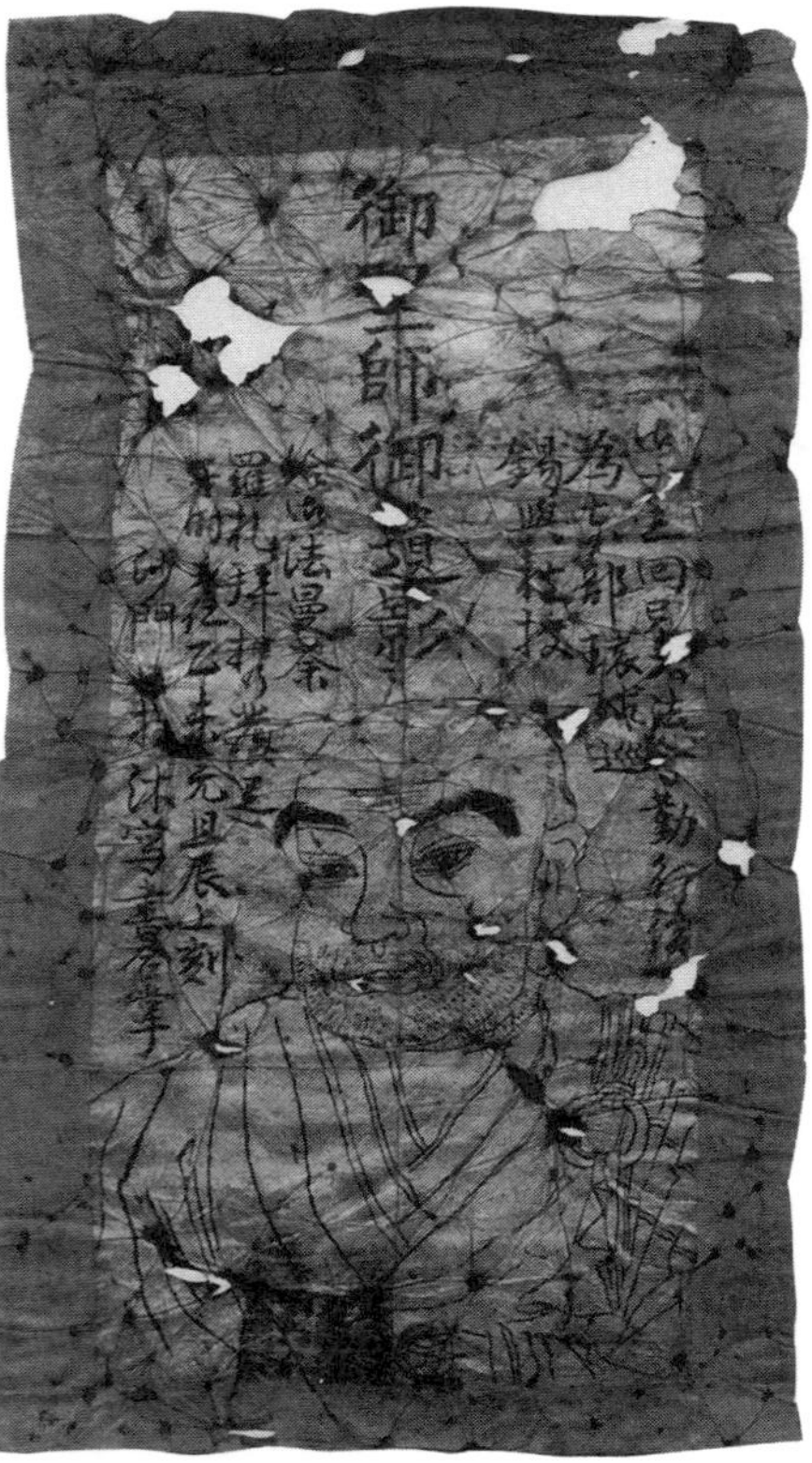

中国で発見された日蓮聖人御尊像。日持《にちじ》が大陸へ持って渡ったもので、裏には、1301年9月17日の日付とともに「病を得て床に伏し、夢うつつに父母のいた郷里が思いだされたり、20年前の恩師日蓮が現われたりし、慕わしさで涙にくれた」という内容の漢詩が書かれている。左頁の鍍銀《ときん》盒《ごう》は、御尊像の入れものと思われる。「敬贈日持師」と文字が刻まれている

日持」の名を授けた。一二七〇(文永《ぶんえい》七)年、日持二一歳のときといわれる。

日持四六歳、広宣流布への旅立ち

日蓮入滅後、六老僧が定めた身延《みのぶ》山《さん》久《く》遠《おん》寺《じ》の輪番制が崩れ、さらに教義をめぐって開基波木井《はきい》実長《さねなが》・日向《にこう》と対立した日興が身延山をおり、富士に本門寺《ほんもんじ》を建てて日興門流を興すなど波乱があった。

しかし日持は、日興vs.ほかの老僧という争いから離れ、郷里の松野に蓮永寺《れんえいじ》を建て、布教にあたっていた。また一二八八(正応《しょうおう》元)年、日持は日蓮聖人像を造立し、池上《いけがみ》本門寺に安置した。これが重要文化財に指定されている日蓮大聖人坐像である。

日持がなぜ日興vs.ほかの老僧の図式の外にいたかは定かでないが、のちに海外伝道に旅立つことから推測して、日持の頭にはただ広宣流布のことしかなかったのであろう。

一二九四(永仁《えいにん》二)年九月一三日、松野の蓮永寺で日蓮の十三回忌法要を営んだ日持は、本命日に身延の墓所に詣でると、海外伝道の覚悟を報告して別れを告げた。

明けて一二九五(同三)年正月一日、日持は四六歳、門弟を集めて、中国、インドへ広宣流布に旅立つことを表明し、後事を高弟の日教《にっきょう》にゆだね、

中国で発見された鍍銀盒《ときんごう》

単身、奥羽路《おううじ》を北へと布教の旅に立った。中国、インドへの広宣流布は師日蓮の宿願であった。

なにしろ七〇〇年以上前のことだ。海外へ出るということは、必死の覚悟が必要であったろう。日持の信仰に対する使命観がうかがえる。実際、日持の足跡は蒙古で途切れている。

旅立ちの日をもって命日とする

海外伝道のため日持が通ったコースは、数少ない残された事跡から推測すると、山形、秋田を抜けて青森に入り、さらに北海道から舟で大陸へと渡っている。

この間、日持が開創したお寺は、次のようになる。

法嶺院《ほうりょういん》(青森県黒石市)
蓮華寺(青森市)
法華寺(北海道松前町)
妙応寺(北海道函館市)
妙顕寺(北海道函館市)

このほかにも北海道の道南各地には日持にまつわる伝承が多い。

日持は、東北、北海道と広宣流布をしながらその後、北海道渡島《としま》地方から舟で大陸に渡るのである。まさに広宣流布に一生をささげた高僧であった。

日持の最期は不明だが、旧満州をへて蒙古で死去したという説が有力だ。日持が海外伝道に旅立った一二九五(永仁三)年正月一日をもって、日持の命日とされている。

日持の生家松野家屋敷跡に建つ法蓮寺《ほうれんじ》には、父母とともに、日持の墓石もある

日像《にちぞう》

日蓮の宿願〝京都進出〟を果たした帝都開教の祖

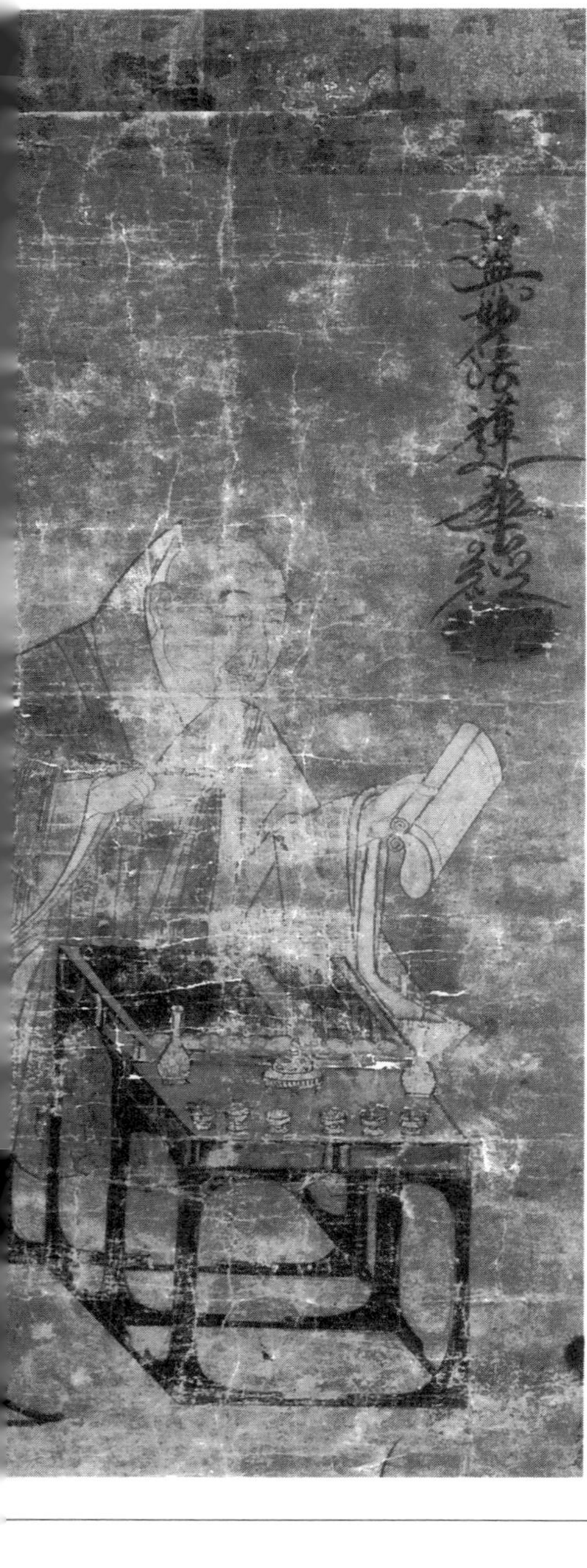

日朗《にちろう》門下の九鳳《きゅうほう》（九老僧）のひとりで、日蓮《にちれん》の孫弟子にあたる。日蓮の遺命を受け、はじめて帝都（京都）へ日蓮の教えをひろめた帝都開教の祖である。

日蓮の遺命を受けてから三九年、日像は、五三歳になって開いた妙顕《みょうけん》寺《じ》を拠点として、京都日蓮教団発展の基礎を築く。日蓮門下のなかでも

日像プロフィール

1269〜1342年。鎌倉時代、下総国《しもうさのくに》（千葉県）に平賀忠晴《ひらがただはる》の子として生まれる。日朗《にちろう》の異父弟にあたり、７歳で日朗の門下となる。日蓮《にちれん》の臨終に際し、14歳のときに帝都（京都）開教の遺命を託され、その12年後に上洛《じょうらく》する。たび重なる弾圧を受けながらも布教を続け、1334年には日像開山の妙顕寺《みょうけんじ》が勅願寺となり、晴れて日蓮宗が天下公認となる。

妙顕寺《みょうけんじ》は、京都に建てられた日蓮宗最初の寺院。桃山時代に現在地に移された

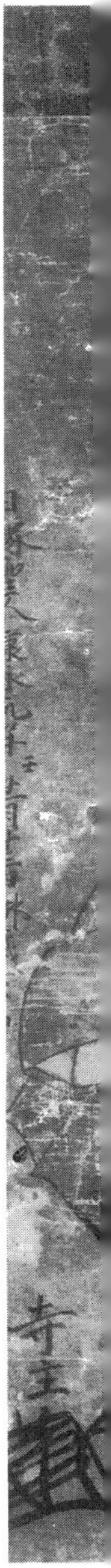

日像《にちぞう》上人御影
京都・妙顕寺《みょうけんじ》蔵
弟子大覚《だいかく》が開眼《かいげん》

っとも発展したのが日朗門流だが、日像は二十余流の日朗門流のなかでも、日輪《にちりん》、日印《にちいん》と並ぶ最大の一流を形成している。

一四歳で、日蓮から帝都開教の遺命を受ける

日像は下総国平賀《しもうさのくにひらが》(千葉県松戸市)の豪族平賀忠晴《ひらがただはる》の子として生まれる。一二七五(建治《けんじ》元)年、七歳のとき日朗の弟子となる。日朗はひと目でこの少年が非凡なる資質の持ち主であることを見抜き、身延《みのぶ》の日蓮のもとへ伴った。

日蓮も同様に、この少年の将来に期待したのであろう。本尊を授け、「経一丸《きょういちまる》」と名づけた。以後、日像は晩年の日蓮のもとで修行に励む。

日蓮の入滅《にゅうめつ》は、それから七年後のこと。日蓮は臨終に際して一四歳のこの孫弟子を枕もとに呼んで、帝都開教の遺命を残す。経一丸は「肥後《ひご》房《ぼう》日像」と名を改め、この遺訓を胸にさらに鎌倉の日朗のもとにあって宗義を研鑽《けんさん》した。

鎌倉時代には各門流の布教活動は東日本が中心であったが南北朝時代を迎え、政権が鎌倉から京都へ移行するにつれ、西日本への布教の機運が盛りあがっていた。

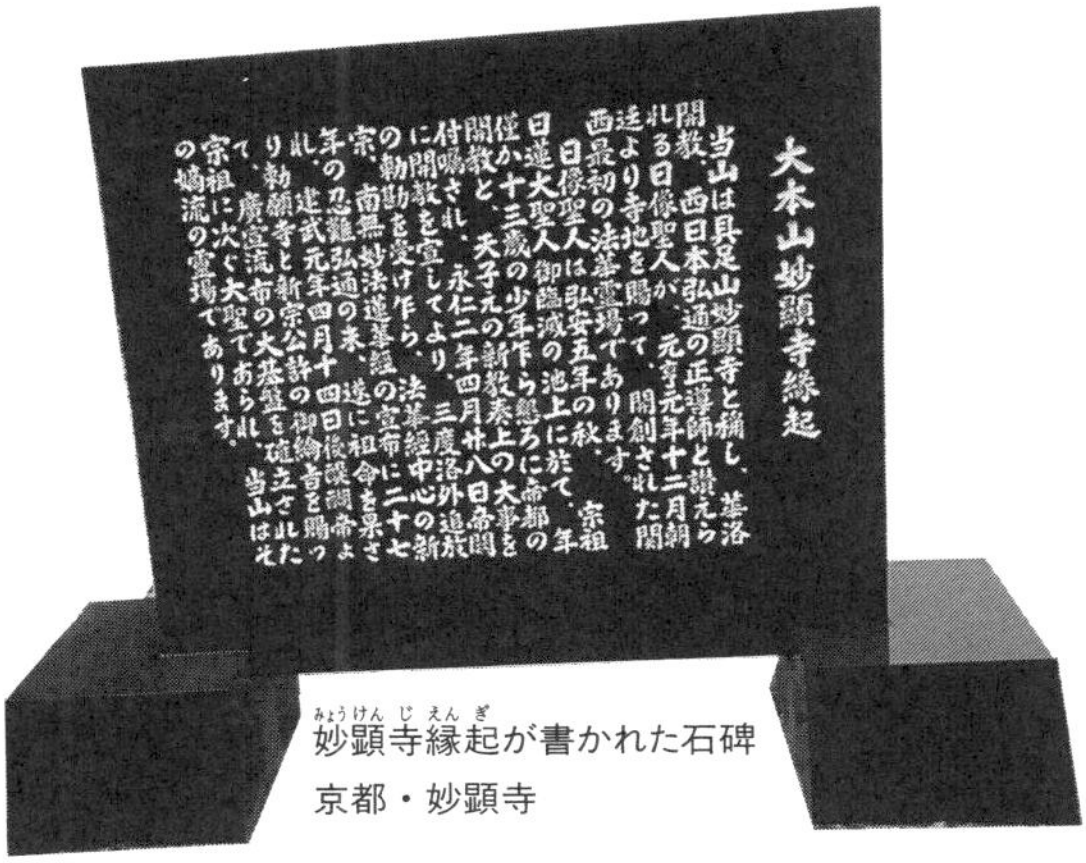

妙顕寺縁起《みょうけんじえんぎ》が書かれた石碑
京都・妙顕寺

◀日像上人曼荼羅《まんだら》本尊　京都・妙顕寺蔵
鎌倉幕府滅亡の4年前に書かれた日像の真筆

皇居門前で京都布教の第一声

日蓮が入滅して一〇年後の一二九二(正応《しょうおう》五)年、二四歳になった日像は、日蓮の遺命を果たすべく上洛《じょうらく》を決意する。この年の秋より京都弘通《ぐづう》成就祈願のため鎌倉由比《ゆい》ケ浜《がはま》で毎夜一〇〇日間、自我偈《じがげ》(『法華経』如来《にょらい》寿量品《じゅりょうほん》)を一〇〇回読誦《どくじゅ》するという荒行を行った。

日像上人伝授状　京都・妙顕寺《みょうけんじ》蔵

京都弘通の成功を確信した日像は、決意を新たに旅立つ。小湊《こみなと》、身延、佐渡ほか日蓮の遺跡を巡拝したのち、北陸路を布教しつつ京都に向かった。途中、能登《のと》で真言宗天平寺《てんぴょうじ》の満蔵《まんぞう》を論伏して「日乗《にちじょう》」と名づけ、のちの妙成寺《みょうじょうじ》の基を開くなど、加賀《かが》(石川県)・若狭《わかさ》(福井県)・近江《おうみ》(滋賀県)等で多くの事跡を残している。

日像が入洛《にゅうらく》したのは一二九四(永仁二)年四月二八日の早朝。日像はさっそく皇居の東門に立って朝日に向かい、「南無妙法蓮華経《なむみょうほうれんげきょう》」と題目を声高くとなえた。奇《く》しくもこの日は、日蓮が清澄山《きよすみさん》ではじめて題目をとなえた日であった。

有力町衆の帰依を受ける

入洛した日像は、休む間もなく、この日から往来に立って辻説法を始めた。

はじめのうちは白い目で見ていた京都の人々であったが、日像の熱意に動かされ、やがて柳酒屋《やなぎさかや》や、公方《くぼう》の大工・左官ら洛中の商工人が信徒として集まってきた。これら有力町衆の帰依《きえ》は、日像のその後の布教に大きな力を与えるとともに、のちの京都日蓮教団の発展の基盤となる。

苦難の末、入洛後十数年をへて日像の教えがひろまり、教勢が盛んになってくると、比叡山《ひえいざん》僧徒をはじめとする諸宗の圧力も次第に強くなっていった。そして一三〇七(徳治《とくじ》二)年五月、日像は土佐《とさ》(高知県)流罪となるが、実際には洛南《らくなん》の山崎に逃れ、この地で布教に励む。帰洛《きらく》を許されるのは翌々年の八月であった。

帰洛した日像は、洛内とその近郊を中心に猛然と折伏《しゃくぶく》を開始する。その鋭い弁舌と熱意で、洛北《らくほく》松ヶ崎の天台宗歓喜寺《かんぎじ》の実眼《じつげん》、洛西鶏冠井《らくせいかいで》の真言宗真言寺《しんごんじ》の実賢《じつげん》、そして伏見《ふしみ》の真言律宗深草極楽寺《ふかくさごくらくじ》の良桂《りょうけい》らを論伏した。現在の涌泉寺《ゆうせんじ》、南真経寺《しんきょうじ》、北真経寺、宝塔寺《ほうとうじ》である。ことに松ヶ崎では、村民がこぞって改宗し、歓喜のあまり題目をとなえながら踊ったという。これが「松ヶ崎題目踊り」のはじまりといわれている。

他宗の弾圧に屈せず、ついに弘通の勅許を得る

だが、とどまるところを知らない日像の折伏は、他宗の怨念《おんねん》の的にな

った。他宗の意を受けた幕府は再び日像を捕らえ、一三一〇（延慶《えんぎょう》三）年三月、紀伊《きい》（和歌山県）獅子ケ瀬へ流罪とするが、一年後に赦免《しゃめん》となる。許された日像は、洛中《らくちゅう》綾小路《あやのこうじ》大宮に構えていた法華堂《ほっけどう》に帰った。綾小路大宮は西国方面への要衝である四条大宮口に隣接しており、日像はここを拠点に布教活動を続ける。

日像が三度目の洛外追放になるのは、二度目の赦免から数えてちょうど一〇年後の一三二一（元亨《げんこう》元）年一〇月のことであった。このときはわずか一〇日あまりで赦免されたが、この三度の追放と赦免を〝三黜三赦《さんちつさんしゃ》の法難〟と呼ぶ。

ようやく京都弘通が認められ、日像は法華堂を今小路《いまこうじ》に移して妙顕寺を開いた。京都布教を開始して、二七年後のことであった。時代の歯車は大きくまわりはじめ、これまで迫害と法難の歴史であった日蓮宗は、やがて〝天下公認〟の宗派となる。

上洛して四〇年にして晴れて天下公認

三度目の赦免から一二年後の一三三三（元弘《げんこう》三）年五月、討幕計画がもれて隠岐《おき》に流されていた後醍醐《ごだいご》天皇の京都還幸《かんこう》を、大塔宮護良親王《だいとうのみやもりよし》が日像の妙顕寺に立願した。鎌倉幕府が倒れ、念願かなって無事、後醍醐天皇が京都に戻るや、尾張《おわり》（愛知県）と備中《びっちゅう》（岡山県）に三カ所の寺領が寄進された。三黜三赦の法難をふり返れば夢のようであったろう。

そして日蓮宗が、後醍醐天皇によって〝天下公認〟の宗派となるのは、翌一三三四（建武《けんむ》元）年四月一四日のことだ。

「妙顕寺は勅願寺たり、殊《こと》に一乗円《いちじょうえん》頓《どん》の宗旨を弘《ひろ》め、宜《よろ》しく四海泰平の精祈《せいき》を凝《こら》すべし」

という後醍醐天皇の綸旨《りんじ》を賜る。

幾多の法難の歴史に耐え、ここに日蓮教団最初の勅願寺が誕生したのであった。〝帝都開教〟という日蓮の遺命を守り、日像が上洛してから四〇年目、日蓮の立教開宗宣言から八一年後のことであった。

そしてさらに南北朝時代には、妙顕寺は足利《あしかが》将軍家の祈祷所《きとうじょ》、北朝光厳院《こうごんいん》の祈願所となり、公武のあいだにゆるぎない地位を占めていった。

妙顕寺のこの活躍が関東に伝わると、日蓮教団諸門流は、自分たちも公武の祈願所になるべく運動したが、公武政権は妙顕寺の挙状・申状《もうしじょう》がなければ取りあげなかった。

ようするに、窓口はすべて妙顕寺であるとしたのである。ここに公武の日像に対する信頼の厚さがみてとれる。妙顕寺は京都日蓮教団において最高の地位を公武政権から公認されていたことを示している。

一三四一（暦応《りゃくおう》四）年、妙顕寺は四

石川の妙成寺《みょうじょうじ》は、日像が上洛の際に教化《きょうけ》改宗させた日乗《にちじょう》ゆかりの寺院。左は、二王尊をまつる二王門。下は北陸唯一の木造五重塔。いずれも江戸初期の建立で重文の指定を受ける

条櫛笥《くしげ》に土地を賜って移転する。妙顕寺の流れを四条門流と呼ぶのはここに由来する。

そして妙顕寺が四条櫛笥に移転した翌一三四二(康永《こうえい》元)年一一月一三日、日像はあとを弟子の大覚《だいかく》に譲り、七四歳で生涯を終えた。

大覚はのちに祈雨《きう》の効験《こうげん》によって大僧正《だいそうじょう》に任ぜられるが、このとき日蓮に「大菩薩《だいぼさつ》」、日朗・日像に「菩薩」の称号を賜る。日像を〝日像菩薩〟と呼ぶのは、これによる。

日親《にっしん》

拷問に耐え、国家諫暁を続けた快傑僧

〝鍋かむり日親〟として知られる。この異名は、足利《あしかが》六代将軍義教《よしのり》に諫《かん》暁《ぎょう》を行った罪で幕府に逮捕された日親が、拷問で真っ赤に焼けた鍋を頭からかぶせられたにもかかわらず信念を曲げなかったことに由来する。日親が歴史に登場するのは、日蓮《にちれん》没後一五〇年のことである。

日親は一四〇七(応永《おうえい》一四)年、上《かず》総国《さのくに》埴谷《はにや》(千葉県山武市)の豪族埴谷氏の一族に生まれる。幼少のときに当地の支配者であった埴谷左近将監《さこんしょうげん》の養子となり、埴谷氏が帰依《きえ》していた中山法華経寺《なかやまほけきょうじ》(千葉県市川市)の日《にち》英《えい》の門に入る。

日親が生涯を〝法華《ほっけ》の行者《ぎょうじゃ》〟として生きる決心をするのは二〇歳のとき。毎夜、中山法華経寺の廟所《びょうしょ》へ通って自我偈《じがげ》(『法華経《ほけきょう》』如来寿量品《にょらいじゅりょうほん》)を一〇〇〇回読誦《どくじゅ》するという一〇〇日間の修行を行った際、最後の夜に中山法華経寺三世日祐《にちゆう》の霊験を得たことによる。

〝法華の行者〟として生きる決心をした日親は、これからわが身にふりかかるであろう艱難辛苦《かんなんしんく》に耐える強《きょう》靱《じん》な意志を養うため、荒行《あらぎょう》を行う。それは、一日に一本ずつ生爪《なまづめ》をはぎ、そのあとに木綿針を刺し、一〇〇夜目には針の刺さった指を熱湯につけるというすさまじいものであった。

こうした荒行を積んだ日親は、一四二七(応永三四)年、京都へ旅立ち、一条戻橋《もどりばし》のたもとに立って広宣流布の第一歩を踏みだした。町衆の反応は冷ややかで、石を投げられたりしたが、〝法華の行者〟として生涯をささげる覚悟の日親はひるむことなく、町角に立って折伏《しゃくぶく》を続けた。

日親プロフィール

1407〜1488年。室町時代、上総国《かずさのくに》(千葉県)に豪族埴谷《はにや》氏の子として生まれる。幼少のときに中山法華経寺《なかやまほけきょうじ》の日英《にちえい》に入門。20歳のときに生涯を〝法華《ほっけ》の行者《ぎょうじゃ》〟として生きる決心をし、以後広宣流布の一生を送る。日蓮と同じく幕府に諫暁《かんぎょう》し、捕えられるなど数々の法難に遭う。『折伏正義抄《しゃくぶくせいぎしょう》』『立正治国論《りっしょうちこくろん》』『埴谷抄《はにやしょう》』『伝燈抄《でんとうしょう》』などの著書がある。

使命感が仇《あだ》となり、中山門流を破門となる

上洛《じょうらく》して六年がたった一四三三（永享《えいきょう》五）年、日親は九州総導師に選ばれ、肥前国《ひぜんのくに》小城《おぎ》郡松尾（佐賀県小城市）の光勝寺《こうしょうじ》で教団の指導にあたることになる。二七歳という年齢からみて、いかに日親が中山門流の若き精鋭として将来を嘱望《しょくぼう》されていたかがうかがえよう。

だが〝法華の行者〟としての強烈な自負と使命感をもって着任したこの若き指導者は、信仰にいっさいの妥協を認めなかったため、領主千葉一族と衝突し、やがて中山門流からも異端視されるようになっていく。

千葉一族と衝突した引き金は、『法華経』とは無縁の菩薩像《ぼさつぞう》が光勝寺の末寺に安置してあったことだ。日親はこれを咎《とが》め、厳格な日蓮の信仰を主張して千葉氏を激しく批判した。これに千葉氏は反発したのである。

日親は中山法華経寺の貫首日有《にちう》に手紙を送って、千葉氏の信仰を正すよう求めた。千葉氏は中山門流の有力な檀越《だんのつ》（施主）であったため、本山の力を借りようとしたのだ。日親にしてみれば当然の処置だったろう。

ところが日親の期待を裏切って、日有は千葉氏を擁護し、日親を破門したのである。あまりに純粋すぎる日親が疎ましくなったか、それとも政治的な思惑から有力信徒の千葉氏のほうをとったのか。

鎌倉の妙隆寺《みょうりゅうじ》の「行《ぎょう》の池」のそばにある日親の坐像。日親は『法華経《ほけきょう》』弘通《ぐづう》のための忍耐力を養おうと、ここで寒中100日間の水行を行った

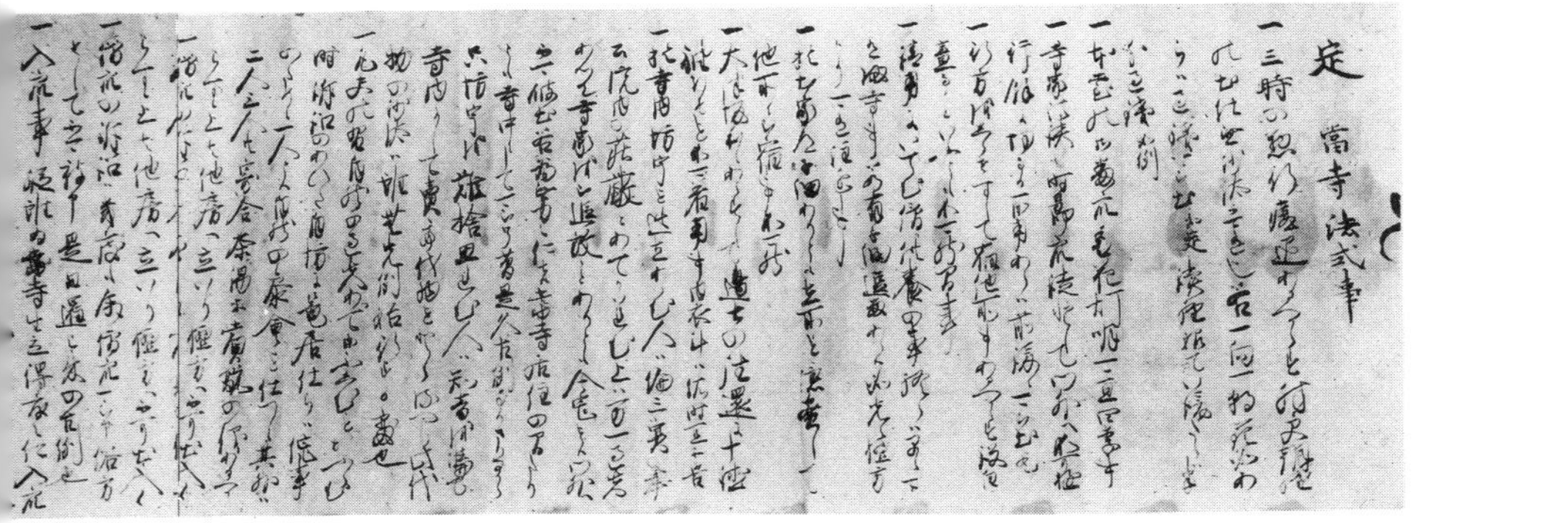
定
當寺法式事

いずれにせよ、日親は、師日英から譲られた本尊や経典など信仰上の宝もすべて奪いとられ、身ひとつで光勝寺から追放された。よるべき寺も、導くべき弟子も信徒も、すべて失ってしまったのである。

　だが日親の非凡さは、破門によって引き起こされた苦しみを、日蓮の教えにならって、自分の信仰の正しい証《あかし》であるとして肯定的に受けとったことであろう。

　日親は決意も新たに九州の地を去り、再び上洛するのであった。

命がけで将軍に『法華経』への帰依を迫る

　失意のなかから立ち上がった日親は一四三八（永享一〇）年、『折伏正《しゃくぶくせい》義抄《ぎしょう》』を著した。

　日蓮の教えの本義は「身軽法重《しんけいほうじゅう》 死身弘法《ししんぐほう》（身は軽く法は重し。身命をささげて法をひろむ）」にあるとして、教団の矛盾と貫首日有の誤りを指摘する一方、日親は〝諫暁〟という祖師日蓮の行動の再体験を試みたのであった。諫暁とは「諫《いさ》め諭す」という意味である。

　翌年、日親は将軍義教《よしのり》の屋敷を訪れ、諫暁をはかる。義教に「世の乱れは『法華経』を信じないからだ」と信仰における幕府の正道を説いたのである。

　将軍に直訴という不敵な行動に驚いた幕府は、すぐさま日親を逮捕し、諫暁の禁止を厳しく申し渡した。

　だが、それでも日親はあきらめず、その翌年五月六日に行われる三代将軍義満《よしみつ》三十三回忌を再度の諫暁の日として、諫暁書『立正治国論《りっしょうちこくろん》』の執筆を始めた。あわてたのは幕府だ。諫暁を阻止すべく、日親を逮捕して牢に放りこんだのである。

　幕府は諸宗派の勢力をうまく均衡させたうえで、これを支配しようと

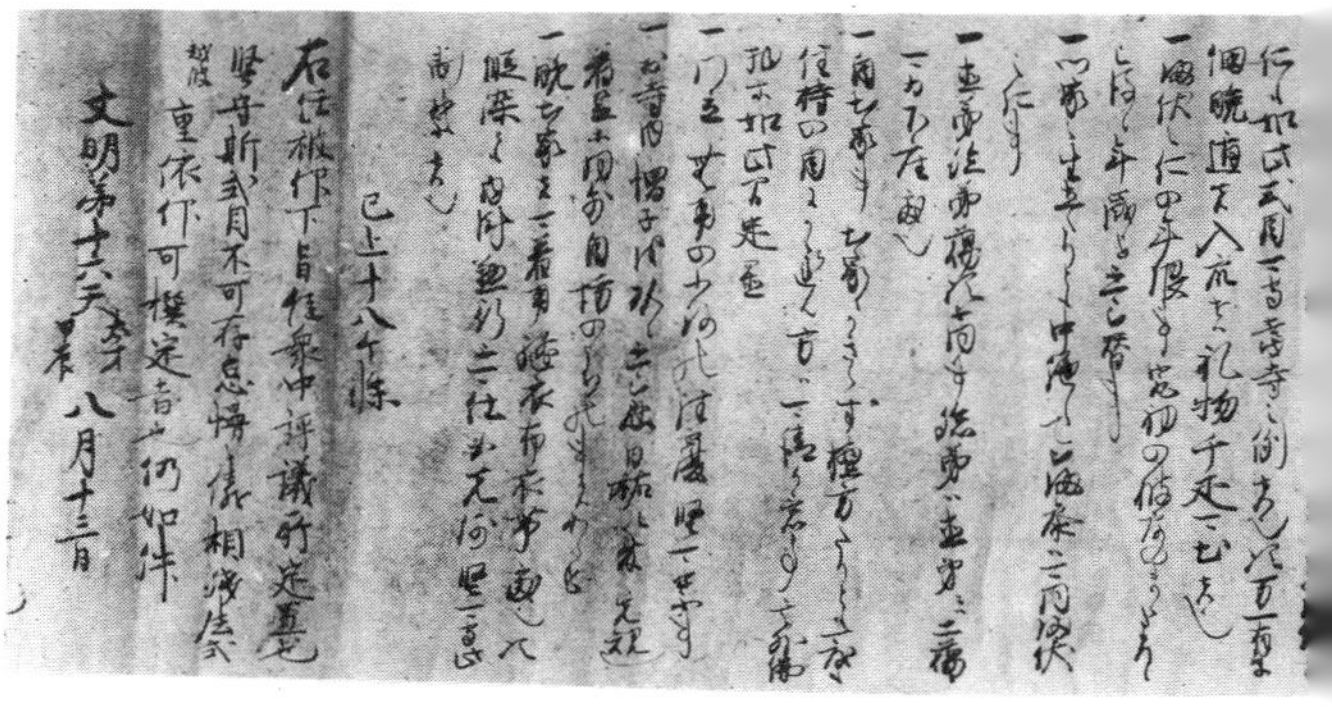

仮名書き『本法寺法式《ほんぼうじほっしき》』
京都・本法寺蔵
1484（文明《ぶんめい》16）年に書かれた日親真筆。「三時の勤行《ごんぎょう》廃退あるべからず」から始まり、18の教訓が述べられている

する方針であったため、日蓮の教えこそ唯一正しい信仰であると主張する日親は、危険人物とされた。

日蓮の法難の再体験という喜び

投獄された牢は、日親がのちに著した『埴谷抄《はにやしょう》』によると、四畳ほどの広さで、高さは四尺五寸（一三〇センチメートル）。しかも天井裏から長いクギが打ちこまれているので、うっかり立ち上がろうものなら頭をクギで傷つけることになる。この窮屈な牢に八人が詰めこまれたという。

拷問は、すさまじいの一語につきる。火あぶりの刑、ムチ打ちの刑、釜蒸しの刑、口に水を流しこむ刑、竹串で陰茎を突き刺す串刺しの刑、焼けたクワを両脇にはさむ刑、真っ赤に焼いた鍋を頭にかぶせる刑、舌抜きの刑など、陰惨な刑が次々に行われ、執行者はそのつど「念仏をと

京都の本法寺《ほんぼうじ》は、綾小路《あやこうじ》にあった日親の弘通所《ぐづうしょ》にはじまる。本阿弥家との関係が深く、応仁の乱で焼失後、再建の大きな力となった

なえよ」と念仏宗派への改宗を迫った。しかし、日親はついに屈することなく、「南無妙法蓮華経《なむみょうほうれんげきょう》」と題目をとなえつづけた。このとき頭に焼けた鍋をかぶせられ、髪は燃え、顔の肉が焼けただれてなお屈服しなかったことから〝鍋かむり日親〟と呼ばれるようになった。また舌先を切り取られたため、発音が不自由で、読経も特徴ある声になったという。

　日親がよく拷問に耐えたのは、『法華経』の行者としての覚悟と精神力があってこそだが、わが身にふりかかる法難は、日蓮の法難の再体験であるという喜びでもあった。

　一四四一(嘉吉《かきつ》元)年六月二四日、義教が赤松満祐《あかまつみつすけ》の謀反で命を落としたことから、日親は赦免《しゃめん》される。日親の予言が的中したことに、幕府は恐れをなしたのだ。日親は拷問を受けながらこう予言していた。

「法華の行者を苦悩させた罪報により、一〇〇日のうちに災いが生じるでありましょう」

　その災いが、将軍の死となって現れたのであった。

　許された日親は、京都に本法寺《ほんぽうじ》を建立し、ここを本拠として全国各地をまわって布教につとめた。その足跡は、京都と鎌倉、九州を頻繁に往復したのをはじめ、佐渡から北陸・中国地方まで広い範囲にわたる。

　だが〝法華の行者〟としてあまりに純粋すぎる日親は、日蓮の教えを守ることを厳しく要求し、他宗を激しく攻撃したため、行く先々で迫害された。

　一四六二(寛正《かんしょう》三)年、幕府は日親を再逮捕、投獄する。この獄中での本阿弥本光《ほんあみほんこう》との出会いが本法寺の発展、そしてのちの本阿弥光悦《こうえつ》の法華信仰を軸とする芸術活動につながっていくのである。

　翌年八月、八代将軍義政《よしまさ》の母逝去《せいきょ》による臨時の大赦《たいしゃ》で自由の身となった日親は、自ら布教の旅に出ることは少なく、京都本法寺を本拠地に教団の整備を積極的に進める。

『法華経』の聖地をめざし、日蓮からの正統を主張

　『本法寺法式《ほんぽうじほっしき》』を定めて教団の秩序を固めた日親は八〇歳の老体にムチ打って、最後の仕上げにかかった。それは、本法寺を名実ともに『法華経』の聖地にすることであり、悲願でもあった。山ひとつへだてた山科《やましな》の地には、仏敵である一向宗《いっこうしゅう》(浄土真宗)の本願寺《ほんがんじ》があり、中興の祖といわれる蓮如《れんにょ》がいた。これに劣るわけにはいかない。一四八七(長享《ちょうきょう》元)年、日親は最後の力をふりしぼるようにして『本法寺縁起《ほんぽうじえんぎ》』を著し、自ら本法寺拡張のための勧進《かんじん》(募金)に乗りだしたのだった。

　だが日親も八一歳。体力の衰えは

いかんともしがたく、それからわずか一年後の九月、病に伏す。死を予期した彼は、高弟たちを枕辺に呼び寄せ、教団の後事を託したのち、弟子や本阿弥ら信徒たちに囲まれて波乱に満ちた八二年の生涯を閉じた。一四八八(長享二)年九月一七日のことである。

日親が宗門の内外に向かって展開した宗教活動は、日蓮のとなえる法華至上主義の実践にほかならない。中山門流から破門された日親は、著書『伝燈抄《でんとうしょう》』に見えるように、祖師日蓮の教えを実践し発展させることによって、自分が日蓮の正統である論理を完成しようとしたのである。だから日親にとって幾多の受難は、乗り越えるべきものであり、乗り越えるたびにさらなる宗教的確信を深めることにつながっていったといえよう。

民衆は日親のこうした宗教哲学とは別の次元で、受難を乗り越えてきた日親にある種の霊力を感じ、その呪力《じゅりょく》によって救済に与《あず》かろうとした。これが日親信仰であり、日親の法難は語り伝えられてきたのである。

日親上人御影　京都・本法寺《ほんぽうじ》蔵
幕府に捕えられ、真っ赤に焼けた鍋を頭からかぶせられたという伝説によって「鍋かむり日親」と呼ばれる。日蓮宗の急速な発展期に興隆の一翼を確実に担い、日蓮没後206年、永遠の眠りについた

日奥《にちおう》

日蓮の信仰規範を守りとおした不受不施派の祖

安土《あづち》桃山時代から江戸にかけて、日蓮宗の伝統である不受不施《ふじゅふせ》の宗義をとなえて、秀吉《ひでよし》・家康《いえやす》の命令にしたがわず、信仰に殉じて反権力の姿勢を貫きとおした高僧日奥《にちおう》。

江戸幕府によって二度、対馬《つしま》に流罪となるが、二度目の裁定がでたときにはすでに亡く、幕府は日奥の死体を掘り起こして対馬に送ったとされる。このことは「死後の流罪」と呼ばれるが、幕府がいかに日奥を恐れたかがうかがえよう。

日奥がとなえ実践した不受不施の教えは、キリスト教とともに禁教とされた。このため僧や信徒たちは「かくれ不受不施派」として密かに明治時代まで伝えてきた。不受不施派（33頁参照）では、日奥を中興開祖という意味から「中祖聖人」と呼ぶ。

非凡な才能で、異例の大出世

日奥は一五六五（永禄《えいろく》八）年六月、京都の呉服商、辻藤兵衛《つじとうべえ》の子として生まれる。一五七四（天正《てんしょう》二）年七月、熱心な法華《ほっけ》信徒であった父は、一〇歳になった日奥を京都妙覚寺《みょうかくじ》一八世日典《にってん》に託す。

妙覚寺は法華一六本山のひとつで、日典は師弟に、教化《きょうけ》において最も重要なことは〝折伏《しゃくぶく》〟と〝不受不施《ふじゅふせ》〟であると教えた。日奥が不受不施義を貫くのは、日典のこの教えが大きく影響しているとみていいだろう。

実際、日奥は真面目な努力家で、学識・自覚・師の宗風の継承など、どれをとっても群を抜いていた。

日奥プロフィール

1565～1630年。戦国時代末、京都の町衆の子として生まれる。10歳で妙覚《みょうかく》寺《じ》に入門。類《たぐい》まれな才能と努力によって28歳で妙覚寺住持となる。しかし、不受不施義《ふじゅふせぎ》という信仰規範をかたくなに守りとおしたため、幕府の弾圧を受けるとともに、教団内からも批判を浴びる。最後まで不受不施義を貫いた生涯だった。著書に『宗義制法論《しゅうぎせいほうろん》』『御《ご》難記《なんき》』などがある。

日蓮宗不受不施派《ふじゅふせは》の本山妙覚寺《みょうかくじ》。明治になって京都妙覚寺ゆかりの備前金川《びぜんかながわ》(岡山市)の地に再興された

妙覚寺の日奥上人御尊像
米俵の上に座り、『法華《ほけ》経《きょう》』と錦の砂金袋を持つこの坐像は、日奥の遺言によってつくられたという

そんな日奥に師の日典は期待し、居並ぶ先輩僧を超えて妙覚寺一九世の住持職を譲る。日奥、二八歳のときである。

　この時代に、この若さで、しかも一介の町衆の子が諸本山の住持に登用された例はきわめて珍しかった。日典の期待の大きさと、日奥の非凡さをなにより物語っていよう。

地位と名誉を捨て隠棲

天下を統一した豊臣秀吉《とよとみひでよし》は京都東《ひがし》山《やま》に方広寺《ほうこうじ》を建立し、一五九五(文禄《ぶんろく》四)年九月、六親九族の菩提《ぼだい》を弔うため、各宗派の僧を集めて大仏開眼《かいげん》千僧供養会《ぞうくようえ》を営むことになった。

　この千僧供養会は、秀吉の権勢を天下に知らしめる政治的パフォーマンスで、豊臣政権が続く限りいつま

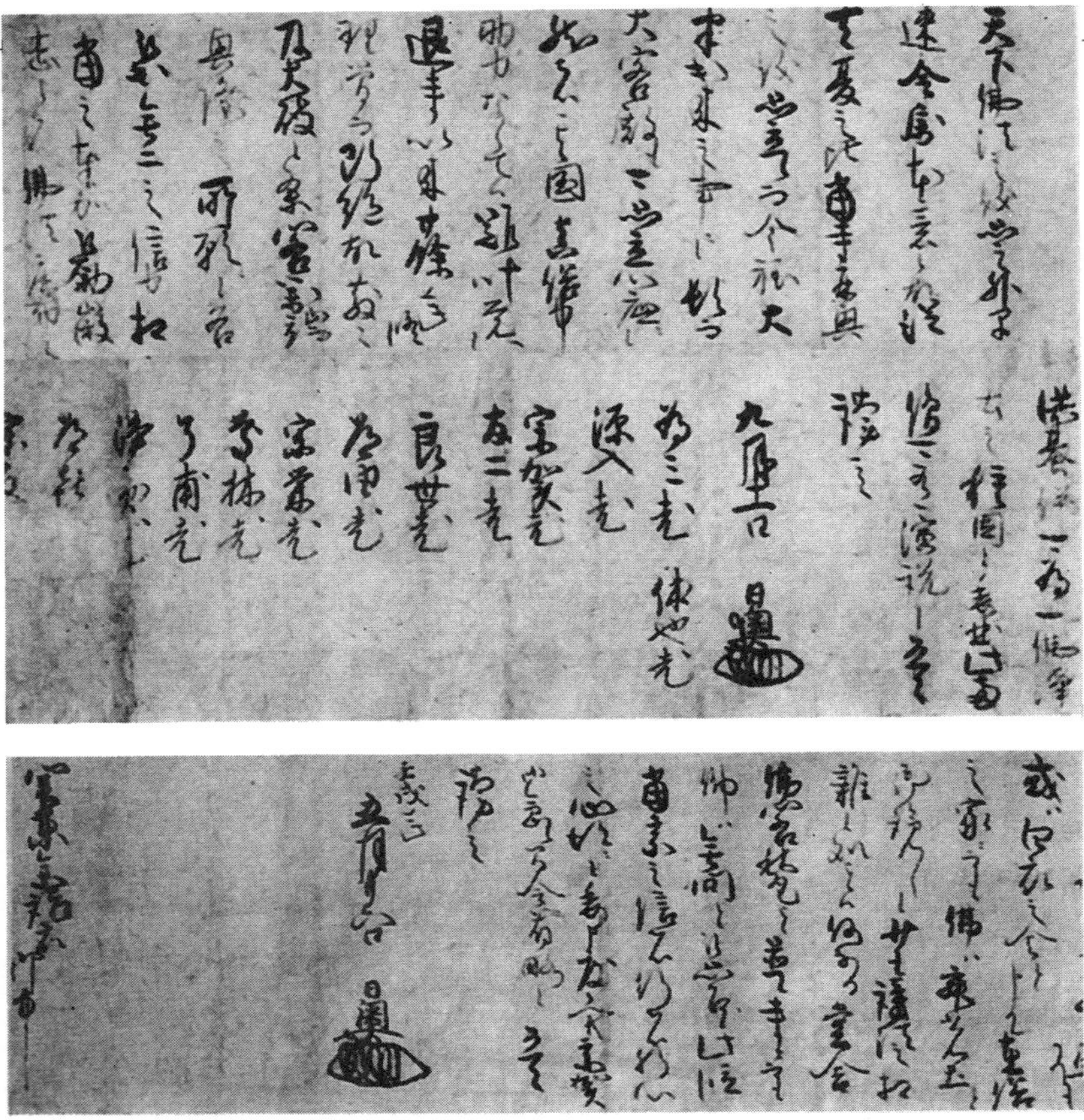

日奥真筆の御消息文の一部。妙覚寺には、筆蹟が数多く残っている

でも続けられる。「この供養会に一〇〇人の僧を出仕させよ」との通達に、京都法華諸本山は騒然となった。この供養会に出席することは、教団が古来より堅守してきた不受不施の宗義に反することになるからだ。

不受不施義は日蓮教団の信仰規範で、「僧は法華信徒でない者から布施を受けず(不受)、信徒も法華僧以外に施さない(不施)」という意味だ。秀吉は法華信徒でない。出仕すれば、この信仰規範に背くことになる。

だが出仕を拒否すれば、秀吉は黙ってはいまい。本国寺《ほんこくじ》(のちの本圀寺《ほんこくじ》)に京都諸本山の代表が集まり、教義と現実との狭間《はざま》で侃々諤々《かんかんがくがく》の論議が行われた。会議は紛糾したが、長老である本満寺《ほんまんじ》の一如院日重《いちにょいんにちじゅう》はじめ、その弟子で本国寺求法院《ぐぼういん》檀林の日乾《にちけん》、本法寺《ほんぽうじ》の日通《にっつう》、立本寺《りゅうほんじ》の日抽《にっちゅう》、頂妙寺《ちょうみょうじ》の日暁《にちぎょう》たちが出仕賛同側にまわり、「出仕を遂げずんば、諸寺破却におよぶ義も出来《しゅったい》せしめんか」という危惧から大勢《たいせい》は供養会出仕に傾いた。

ようするに、拒否したら何をされるかわからない、というのが本音だったが、建前として、国主や公方《くぼう》は例外であるとしたわけである。それに秀吉主催の供養会参加の機会が与えられたことは京都法華諸本山にとって名誉であり、しかも寺院経済もうるおう。結構なことではないかという現実認識もあった。

だが、この席で敢然と出仕に異をとなえたのが日奥である。日奥は不受不施義を厳守し、出仕すべきでないと主張した。これに妙顕寺《みょうけんじ》の日紹《にっしょう》、本国寺の日禛《にっしん》などが賛同したが、会議の結論は〝出仕〟と決定した。

日重らの説得により日紹らは折れたが、あくまで不受不施義を貫く日奥と日禛は大寺の住持という地位と名誉を捨て、日禛は嵯峨小倉山《さがおぐらやま》に、そして日奥は丹波小泉《たんばこいずみ》（京都府亀岡市）に隠棲《いんせい》する。

なぜか秀吉は日奥を追及せず、供養会出仕をめぐる受不施・不受不施の問題は次第に教団全体に波及しはじめた。これにあわてたのが、出仕賛同をリードした日重と日乾であった。教団内の世論は、日奥や日禛の潔さに同情的で、権力に屈した彼らに必ずしも有利ではなかったのだ。

不受不施義を貫き、流罪となる

一五九八（慶長《けいちょう》三）年八月、秀吉が伏見《ふしみ》で没し、徳川家康が実権を握った。千僧供養会はまだ続いており、日蓮教団の僧俗をはじめ他宗派までが日奥と日禛を誉め、日重・日乾らに厳しい批判の目を向けはじめた。

これに対して日重らは「日奥はいまだ貴命に応ぜず。出仕せざるは公儀を恐れざるものである」と家康に訴えでたのである。日奥が小泉に蟄居《ちっきょ》して六年後のことであった。

一五九九（慶長四）年一一月二〇日、家康は日乾・日紹らと日奥・日禛を大坂城に呼び、並いる諸大名の前で供養会出仕の当否を対論することになった。

家康にしてみれば、政治的な思惑から両者を妥協させるのが狙いであったのだろう。

あくまで不受不施義を主張する日奥らに対して、家康は「一度だけ出仕をすればあとの出仕を免ずる」とまで譲歩した。

日禛はこれで自分たちの大義名分も立ち、潮時と判断して出仕を約束した。それに家康がここまで譲歩した以上、断ればただではすむまい。

ところが日奥は拒絶した。

「身命《しんみょう》はすでに仏法に奉《たてまつ》り候《そうろう》、流罪、死罪の義、いまさら驚かざることにて候」

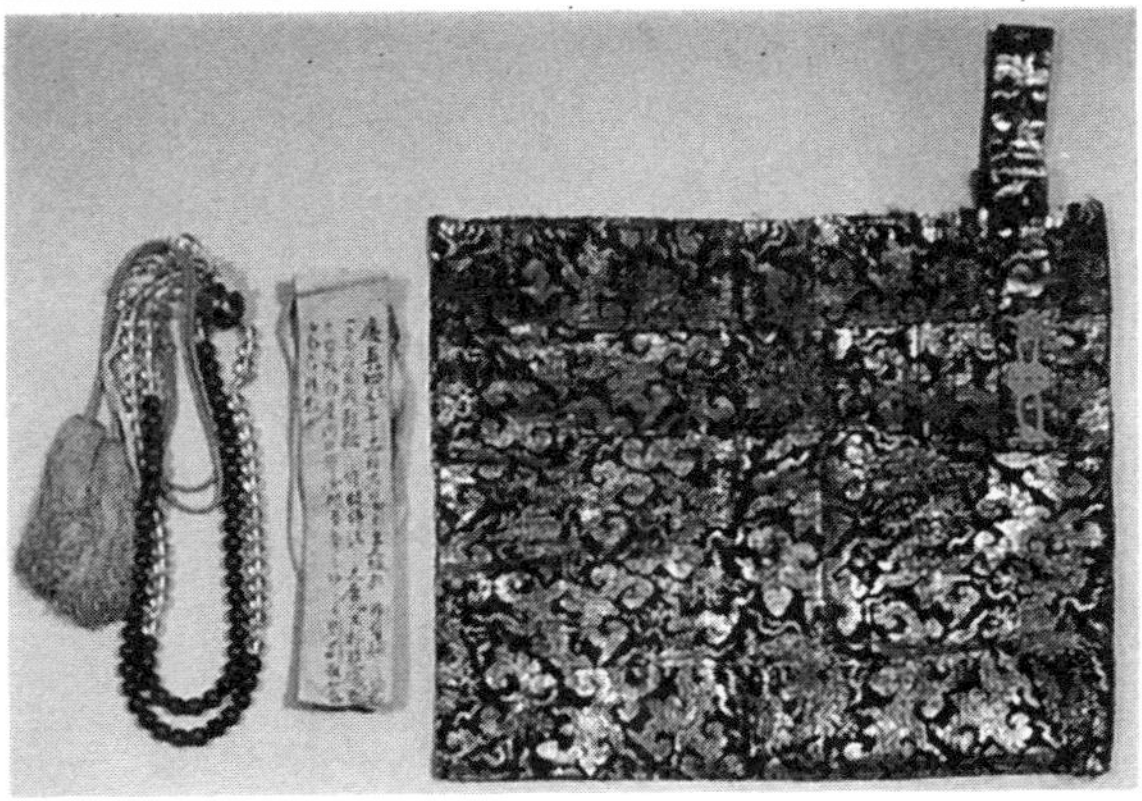

大坂城で妙顕寺《みょうけんじ》の日紹《にっしょう》らと対論したときに、はぎ取られた日奥の衣(左頁)、袈《け》裟《き》、腰紐《こしひも》、数珠。320年たって妙顕寺より返贈された。岡山・妙覚寺《みょうかくじ》蔵

死はもとより覚悟のうえであるといいきったのである。

さすがの家康もメンツをつぶされて激怒。袈裟《けさ》、衣、数珠をはぎ取り「公命に背く大罪人である」と流罪をいいわたした。翌年六月、日奥は対馬に流される。一六一二(慶長一七)年に赦免《しゃめん》されて帰洛《きらく》するまで、実に一三年間におよぶ流刑であった。

この間、日奥は不受不施に関しての祖師日蓮の御書《ごしょ》を耽読《たんどく》し、信念の正しさをあらためて確認。不受不施の考え方はさらに理論的に構築され、『御難記《ごなんき》』『諫暁神明記《かんぎょうじんみょうき》』『三箇条《さんかじょうの》尊答《そんとう》』『御縁記《ごえんき》』などの著作が次々と生まれた。

受不施・不受不施問題は教団内の抗争に本格化

赦免された日奥は、京都妙覚寺に帰ることを許されたが、受派に荷担した妙覚寺の僧たちの改悛《かいしゅん》を求めて入寺しなかった。

日奥が妙覚寺はじめ京都法華諸山と和解するのは、それから四年後の一六一六(元和《げんな》二)年のことである。京都所司代《しょしだい》板倉勝重《いたくらかつしげ》の斡旋《あっせん》によるもので、まず妙覚寺のすべての僧が、そして京都法華諸山を代表して妙顕寺の日紹が相次いで改悛し、日重・日乾らもこれに応じて互いに法理通用の一札を取り交わした。こうして京都法華諸山は再び伝統の不受不施義を守るようになる。

まさに一三年におよぶ流刑と引き換えに手にした和解であった。日奥は妙覚寺住持に復職し、長年の労苦は報われたかにみえた。

だが、火の手は関東から上がった。受派の理論的指導者で、身延山久遠《みのぶさんくおん》寺《じ》に隠居した日乾と、日奥とのあいだで、受不施・不受不施をめぐる応酬が始まったのである。

発端は一六一六(元和二)年、日奥

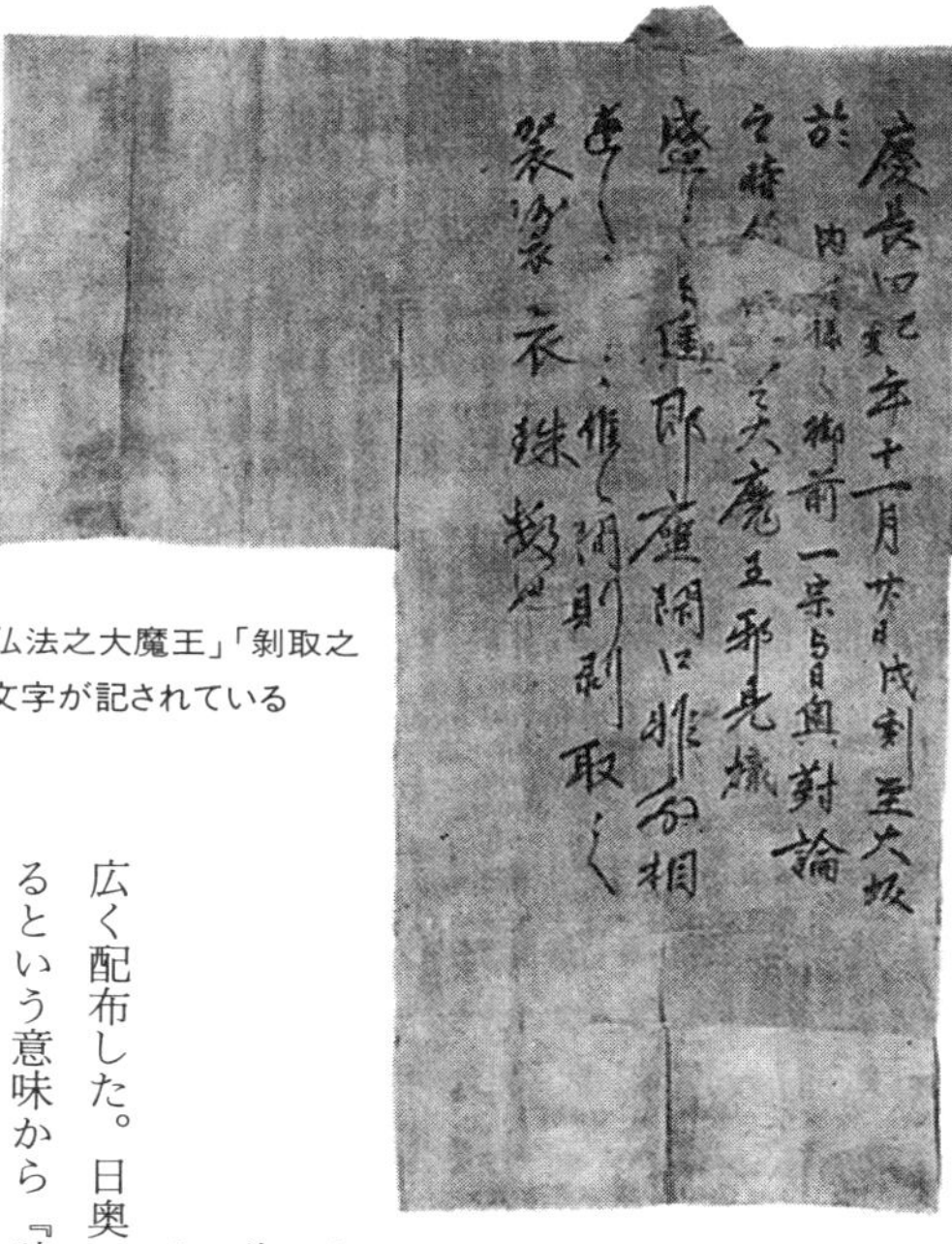

受派の僧の筆により「彼仏法之大魔王」「剃取之袈裟衣数珠也」などの文字が記されている

が紀州家の重臣三浦《みうら》為春《ためはる》に依頼されて書いた『法華宗諸門流《ほっけしゅうしょもんりゅう》禁断謗施条目《きんだんほうせじょうもく》』だ。このなかで日奥は受派を糾弾。これが身延で隠居する受派の日乾の目にとまったのである。

日乾はすぐさま反論を書いて為春に与えるとともに、これを広く配布した。日奥の宗義を破折するという意味から『破奥記《はおうき》』と呼ばれる。

これに対して日奥は、さらに『宗義制法論《しゅうぎせいほうろん》』『禁断謗施論《きんだんほうせろん》』『門流清濁決議抄《もんりゅうせいじょくけつぎしょう》』を著して対抗した。受不施・不受不施をめぐる問題は、和解した京都法華諸山を超えて、檀信徒を巻きこみ、教団全体に波及しはじめたのである。

死してなお流罪となる日奥

日奥に同調したのは、中山法華経《なかやまほけきょう》寺、平賀本土寺《ひらがほんどじ》、小湊誕生寺《こみなとたんじょうじ》、碑文《ひもん》谷法華寺《やほっけじ》(円融寺《えんゆうじ》)、中村檀林《なかむらだんりん》(日本寺《にちほんじ》)、小西檀林《こにしだんりん》(正法寺《しょうぼうじ》)を中心とする関東諸山で、池上本門寺《いけがみほんもんじ》一六世を継いだ日樹《にちじゅ》を盟主として結束した。

結束の背景には、身延山を拠点とする受不施をとなえる関西学派の関東進出があり、それを阻止する対抗手段という思惑もあったが、ともあれ受不施・不受不施をめぐる対立は、教義上の問題のみならず、教団全体を揺るがす大事件に発展していく。

成り行きを注視していた幕府は、次第に不受不施派への警戒を強めはじめた。一六三〇(寛永《かんえい》七)年二月、幕府は両者を江戸城に呼んで対論させる。不受不施派からは池上本門寺の日樹、受派からは身延久遠寺の日《にっ》暹《せん》が代表として出席したため、のちに「身池対論《しんちたいろん》」と呼ばれる。

幕府は軍配を受不施派に上げるとともに、不受不施という教義そのものを邪義と断じ、弾圧に踏みきったのである。

日樹ほか七名の僧を流罪追放し、日奥を張本人として再び対馬に配流することにしたが、日奥はこの裁定がくだる二〇日ほど前の三月一〇日、京都妙覚寺において六六歳の生涯を閉じていた。幕府は見せしめのため、日奥の死体を掘りおこして対馬に送ったとされる。

以後、不受不施義は禁教とされ、僧と信徒は地下に潜んで不受不施派を組織し、それは命がけで明治の時代まで伝えられた。

岡山の妙覚寺《みょうかくじ》にある高祖日蓮《にちれん》と中祖日奥の墓碑

第5章

ぜひ訪ねたい

「日蓮宗ゆかりの名刹」

身延山久遠寺
本門寺（池上本門寺）
題経寺（柴又帝釈天）
法華経寺　誕生寺
妙顕寺　本圀寺
法明寺（鬼子母神）
清澄寺
本門寺（北山本門寺）　ほか

身延山久遠寺

身延山《みのぶさん》 久遠寺《くおんじ》 日蓮宗祖山

＊桜の名所

データ
住所＝山梨県南巨摩《みなみこま》郡身延町《みのぶちょう》身延

日蓮が晩年を過ごし、その遺骨が眠る総本山

日蓮宗の総本山である久遠寺《くおんじ》は、身延山《みのぶさん》の山腹にある。

身延山は日蓮《にちれん》が晩年の八年半を過ごした場所として知られているが、生涯を旅に生き、定住することのなかった日蓮が、一カ所にこれほど長く留まったのは、生まれ育った安房《あわ》小湊《こみなと》以来のことといわれる。そのため、身延山は日蓮の魂が棲《す》むところという意味で「棲神《せいしん》の地」と呼ばれている。

一二七四（文永《ぶんえい》一一）年、佐渡流刑を終えた日蓮が、身延山を領地とする地頭波木井実長《はきいさねなが》に迎えられ、西谷に草庵を結んだことにはじまる。

それから約二〇〇年後、一一世日朝《にっちょう》が西谷から現在地に移転し、伽藍《がらん》の整備を進めた。その後、武田家や徳川家の崇拝、外護《げご》を受けて栄え、江戸中期一七〇六（宝永《ほうえい》三）年には皇室の勅願所《ちょくがんしょ》ともなっている。

寺域は広大である。すべての人々が法華経のもとに救われる関門を意味する「開会関《かいえかん》」の額のかかった総門を入って門前町を歩いていくと、総けやき造りの巨大な三門があらわれる。三門から伽藍群へ続く石段は「菩提梯《ぼだいてい》」と呼ばれ、「南無妙法蓮華経《なむみょうほうれんげきょう》」の題目《だいもく》七文字にちなんで七区分されているのが大きな特徴である。

伽藍群には、一九八一（昭和五六）年日蓮聖人七〇〇遠忌《おんき》を記念して造営された壮大な鉄筋建築の大本堂、「棲神閣《せいしんかく》」と呼ばれる四方入母屋《いりもや》造りの祖師堂、日蓮の遺骨を安置する御真骨堂《ごしんこつどう》、仏堂、客殿などが並ぶ。

このほか、西谷には日蓮が最初に住んだ草庵跡や六老僧が交替で守護したという廟所《びょうしょ》も残っている。

また、境内の左手奥から身延山頂へ延びるロープウエイは、「思親閣《ししんかく》」と呼ばれる奥之院《おくのいん》に運んでくれる。日蓮の六老僧の一人日朗《にちろう》が造営したとされる思親閣から望む七面山《しちめんざん》には、身延山の鎮守をまつる敬慎院《けいしんいん》が建つ。さらに富士山や南アルプスの眺めは美しく、心洗われるような気持ちになる。

久遠寺はたび重なり火災に遭ってきたために、残念ながら、創建当時の建物は残っておらず、もっとも古いものでも、江戸時代に建てられたといわれている。

しかし、総本山だけに寺宝は数多く、大曼荼羅《だいまんだら》本尊をはじめとする日蓮真筆《しんぴつ》の数々、日蓮画像「波木井《はきい》の御影《みえい》」などが、大本堂地下にある宝物館に収められている。

長栄山《ちょうえいざん》 本門寺《ほんもんじ》（池上本門寺《いけがみほんもんじ》）

日蓮宗七大本山

＊万灯練供養は必見

データ
住所＝東京都大田区池上

日蓮聖人入滅の霊跡。著名人の墓所としても知られる

池上の高台に配置された伽藍《がらん》は巨大で、その規模は関東でも指折り。通称「池上本門寺《いけがみほんもんじ》」として親しまれているこの巨刹《きょさつ》は、日蓮入滅《にちれんにゅうめつ》の霊跡、そして布教の殿堂として、総本山の身延山久遠寺《みのぶさんくおんじ》と並び、日蓮宗の中心的存在となっている。

大檀越《だいだんのつ》池上宗仲《むねなか》の屋敷（のちの大《だい》坊本行寺《ぼうほんぎょうじ》）で療養中に日蓮が「長栄《ちょうえい》山《ざん》本門寺」と命名し、日蓮入滅後、宗仲が七万坪の寺域を寄進して開創された。その後は、鎌倉妙本寺《みょうほんじ》とともに、六老僧の一人日朗《にちろう》が受け継ぎ、日朗門下が管理してきた。

江戸時代になって、徳川家康《とくがわいえやす》をはじめ、歴代将軍の外護《げご》を受けて発展を続け、威容を誇った。

一九四五（昭和二〇）年の空襲で焼けたが、総門、五重塔、多宝塔、経蔵は残った。一九六四（昭和三九）年に大堂（祖師堂）が再建されたのを手はじめに、本殿や仁王門（三門）などが復興され、往時の姿を取り戻している。

日蓮聖人報恩法要として毎年一〇月一一～一三日に行われる「お会式《えしき》」は有名で、全国から信者が多数、参拝に訪れて賑わいを見せる。なかでも、一二日夜に行われる万灯練供養《まんどうねりくよう》は闇《やみ》に映えて見事。広い山内が見物客で埋め尽くされるほどだ。

日蓮は、宗仲の持仏堂で柱に寄りかかりながら法華経を講義中に入滅したといわれる。その日、時期はずれの花を一度につけたことから「お会式桜」と呼ばれる庭の桜が、いま

も現存する。

大堂(祖師堂)にまつられている日蓮聖人坐像《ざぞう》は、六老僧に名を連ねる日持《にちじ》の発願《ほつがん》によって日蓮の七回忌にあわせて中老僧日法《にっぽう》が刻んだもので、胎内には日蓮の遺灰の入った銅筒が納められている。また、右手に持つ払子《ほっす》は、日蓮の母妙蓮尼《みょうれんに》の頭髪によって作られたといわれている。

この日蓮聖人像は鎌倉彫刻の傑作といわれ、国の重要文化財にも指定されている。空襲による猛火のなか、必死の作業によって無事に運びだされたというエピソードも残る。

本門寺はまた、著名人のお墓が数多くあることでも知られる。加藤清《かとうきよ》正《まさ》、狩野探幽《かのうたんゆう》、初代市川左団次《しょだいいちかわさだんじ》、幸《こう》田《だ》露伴《ろはん》、力道山《りきどうざん》をはじめ、多くの日蓮宗信者が眠っていることから、お墓参りに訪れる人も多く、著名人のお墓には花がそなえられ、いつも線香の香りが漂っている。

経栄山《きょうえいざん》 題経寺《だいきょうじ》(柴《しば》又《また》帝《たい》釈《しゃく》天《てん》) 日蓮宗

＊庚申の日が帝釈天の縁日

データ
住所＝東京都葛飾区柴又

古くから庶民信仰を集め、「寅さん」で名所に

映画「男はつらいよ」で、すっかり全国におなじみになった柴又帝釈《しばまたたいしゃく》天《てん》。「寅さん」人気によって、境内はいつもたくさんの参詣者で賑わっている。

もちろん、寅さんは架空の人物なのだが、参道脇には〝フーテンの寅こと車寅次郎〟の碑も建っている。

正式名称「経栄山題経寺《きょうえいざんだいきょうじ》」というが、全国に親しまれていることもあって、お寺でも「柴又帝釈天」といっているようだ。

創建は一六二九(寛永《かんえい》六)年、下総《しもうさ》(千葉県)中山法華経寺《ほけきょうじ》一九世日忠《にっちゅう》を開山とし、実際には弟子の日栄《にちえい》が開いたと伝えられる。もとは帝釈堂だけだったが、江戸後期文化《ぶんか》・文政《ぶんせい》年間から伽藍《がらん》が整えられていった。

二天門は一八九六(明治二九)年に建てられた。現在の帝釈堂は一九二九(昭和四)年に完成し、旧帝釈堂は祖師堂(本堂)とされた。

帝釈堂と二天門は、江戸最後といわれた名匠坂田留吉《とめきち》が仕上げた総欅《けやき》造り。帝釈天配下の四天王《してんのう》のうち、二天門には、南方守護の増長天《ぞうちょうてん》、西方守護の広目天《こうもくてん》を安置、帝釈堂には東方守護の持国天《じこくてん》、北方を守る多聞《たもん》天《てん》を安置している。帝釈堂の内外には、法華経説話に取題した彫刻が入念にめぐらされている。

帝釈天の本尊は、長さ八〇センチ、幅五〇センチの梨《なし》の木に彫られた帝釈天像で「板本尊」と呼ばれる。日《にち》蓮《れん》が、人々の病をなくそうと願かけして自ら刻んだといわれている。

この板本尊には、柴又帝釈天再興にまつわるエピソードがある。

板本尊はいつのころからか行方不明になっていたが、九代住職日敬《にちきょう》が伽藍再建のために帝釈堂を整理していたところ、一七七九（安永《あんえい》八）年に発見された。それが「庚申《かのえさる》の日」だったことから柴又帝釈天の縁日と決めた。その後、日敬は天明《てんめい》の大飢饉《だいききん》の際に江戸市中を巡錫《じゅんしゃく》したことで知られ、柴又帝釈天は庚申講《こうしんこう》の名所として有名になったのである。

参道には、草餅を食べさせる店が数軒ある。この草餅は、板本尊が発見されて以降、柴又帝釈天への参詣が盛んになり、門前の茶屋で出されていた名物だったらしい。

柴又帝釈天は、江戸後期には庚申信仰と結びついて、そして昭和に始まった「寅さん」人気によって、二五〇年近く庶民に愛されつづけている下町の名所なのだ。

正中山《しょうちゅうざん》 法華経寺《ほけきょうじ》

日蓮宗七大本山

＊一〇〇日間大荒行で有名

データ

住所＝千葉県市川市中山

宗門随一の祈祷根本道場。日蓮真筆が数多く残る

下総《しもうさ》の若宮《わかみや》領主富木常忍《ときじょうにん》と中山領主太田乗明《おおたじょうみょう》は、鎌倉で辻説法《つじぜっぽう》を始めた日蓮《にちれん》に帰依《きえ》し、有力な支援者となった。常忍は自邸に法華堂を建てて法華寺《ほっけじ》とし、乗明も持仏堂を本妙寺《ほんみょうじ》とした。日蓮入滅《にゅうめつ》後、常忍は得度して「日常《にちじょう》」となる。

一五四五（天文《てんぶん》一四）年、法華寺と本妙寺が合併して法華経寺《ほけきょうじ》となった。

総門（黒門）に続いて三門（赤門）をくぐると、国の重要文化財に指定される五重塔、祖師堂、四足門《しそくもん》、法華堂がある。山内は広大で、その奥に鬼子母神堂、聖教殿《しょうぎょうでん》、荒行堂《あらぎょうどう》などが控えている。なかでも目を引くのがドーム型の聖教殿だ。ここには、国宝の『立正安国論《りっしょうあんこくろん》』『観心本尊抄《かんじんほんぞんしょう》』をはじめ、国の重要文化財となっている数多くの日蓮聖人真筆《しんぴつ》・遺文が納められている。常忍が当時貴重だった紙を日蓮に送ったからだ。

総門に掲げられた額の「如来滅後《にょらいめつご》 閻浮提内《えんぶだいない》 本化菩薩《ほんげぼさつ》 初転法輪《しょてんぼうりん》 法華道場《ほっけどうじょう》」の文言は、「釈迦如来《しゃかにょらい》が入滅《にゅうめつ》したのち、この世に登場した上行菩薩《じょうぎょうぼさつ》の再誕である日蓮がはじめて教えを説いた法華経の道場である」という意味だ。

また、三門の額に書かれた山号「正中山《しょうちゅうざん》」の文字は、安土桃山期から江戸初期を代表する芸術家で、法華信者の本阿弥光悦《ほんあみこうえつ》の筆である。

鬼子母神《きしもじん》像は、小松原《こまつばら》法難後、中山に避難した日蓮が刻んだもの。

法華経寺は、宗門随一の祈祷《きとう》根本道場として知られ、ここで一〇〇日間大荒行を修した者だけが日蓮宗の修法師《しゅほっし》を名乗ることができる。

小湊山《こみなとさん》 誕《たん》生《じょう》寺《じ》

日蓮宗七大本山

＊日蓮生誕の霊跡

データ

住所＝千葉県鴨川市小湊《こみなと》

日蓮聖人の生誕を喜び、鯛が群れ集まったという伝説の地

日蓮《にちれん》の生誕地に建てられたお寺として知られ、近くの両親閣妙蓮寺《みょうれんじ》は日蓮の両親の墓所である。

一二七六年（建治《けんじ》二）年、中老僧の日家《にけ》が、兄である上総興津《かずさおきつ》城主佐久《さく》間重貞《ましげさだ》の外護《げご》によって造営し、当時まだ存命だった日蓮を開山とし、自らは二代住職となった。そのときは「高光山日蓮誕生寺」と称した。

室町期一四九八（明応《めいおう》七）年と江戸中期一七〇三（元禄《げんろく》一六）年、二度にわたる地震とそれによる津波で流され、小湊《こみなと》漁港近くの現在地へ移転。水戸光圀《みとみつくに》の外護を得て伽藍《がらん》を再建し「小湊山誕生寺《こみなとさんたんじょうじ》」と改称されたが、一七〇六（宝永《ほうえい》三）年に建立された仁王門を残して焼失。一八四二（天保《てんぽう》一三）に現在の祖師堂が建立された。

そして昭和から平成にかけて五〇万人講を発願《ほつがん》して諸堂を復興。一九九一（平成三）年に本堂が完成し、落慶法要にあわせて祖師堂の日蓮聖人像を解体したところ、胎内から日静《にちじょう》筆「生身の祖師」の古文書が発見された。この像は、日蓮が母を蘇生《そせい》させた伝説から「蘇生願満の祖師」と呼ばれている。

日蓮の生誕地、東条郷片海《とうじょうごうかたうみ》は海中に没し、いまは「鯛ノ浦《たいのうら》」と呼ばれている。日蓮が生誕したとき、鯛が群れ集ったという伝説があることから「妙ノ浦《たえのうら》」ともいわれる。当地では、鯛は願満の祖師のお使いとして捕獲することが禁じられてきた。そのため、日本有数の鯛の生息地として国の特別天然記念物に指定され、多くの観光客が訪れている。

縁起物「願満の鯛」もある。

具足山《ぐそくざん》 妙顕寺《みょうけんじ》

日蓮宗七大本山

＊京都日蓮宗の二大本山

データ

住所＝京都市上京区妙顕寺前町《みょうけんじまえちょう》

日蓮の悲願、帝都開教を達成した京都初の日蓮宗寺院

わずか一四歳で日蓮《にちれん》に帝都開教の遺命《いめい》を受けた日像《にちぞう》が、二六歳で上洛《じょうらく》し幾多の法難に耐え、一三二一(元《げん》亨《こう》元)年、五三歳にして京都に建てた日蓮宗最初の寺院が妙顕寺《みょうけんじ》である。

一三三四(建武《けんむ》元)年、後醍醐《ごだいご》天皇によって勅願寺《ちょくがんじ》となり、日蓮宗の地位が確立されると同時に、京都布教の拠点となった。

しかし、比叡山《ひえいざん》僧徒らによる天文《てんぶん》法華《ほっけ》の乱に遭うなど、移転を繰り返した苦難の歴史をもつ。現在地に移転したのは本能寺《ほんのうじ》の変の翌一五八三(天正《てんしょう》一一)年、豊臣秀吉《とよとみひでよし》の命《めい》による。現在の伽藍《がらん》は一七八八(天明《てんめい》八)年の京都大火後に整備された。

境内には、大本堂、三菩薩堂《さんぼさつどう》、御《ご》真骨堂《しんこつどう》をはじめ、鬼子母神堂《きしもじんどう》、勅使《ちょくし》門《もん》、方丈、庭園、宿坊《しゅくぼう》、尾形光琳《おがたこうりん》の顕彰碑などがある。墓地に建つ釈迦堂は天明の大火を免れた。

なかでも、日蓮・日朗《にちろう》・日像《にちぞう》を菩薩としてまつった三菩薩堂(祖師堂)は見逃せない。

三師を祖師堂に菩薩としてまつるようになったのは、妙顕寺二世大覚《だいかく》妙実《みょうじつ》(摂政近衛経忠《せっしょうこのえつねただ》の子)が雨乞祈祷《あまごいきとう》の功績によって、日蓮に「大菩薩」、日朗と日像に「菩薩」の号を賜ったためだ。御真骨堂には三師の遺骨が納められている。

日像の四条門流は、法統の継承権、学統の教義的問題などから分流・分派し紆余曲折《うよきょくせつ》を経てきたが、妙顕寺はそのあいだも一貫して京都日蓮教団の中心的存在として、信者らから厚い信仰を集めてきた。

宿坊《しゅくぼう》を利用しての宿泊も可能だ。

大光山《だいこうざん》 本圀寺《ほんこくじ》

日蓮宗七大本山

＊京都日蓮宗の二大本山

データ

住所＝京都市山科《やましな》区御陵《みささぎ》大岩

水戸光圀との関わりも深い京都を代表する巨刹

京都は山科《やましな》、天智天皇陵《てんじてんのうりょう》にほど近く、広大な寺域を誇るのが本圀寺《ほんこくじ》である。一九六九(昭和四四)年に現在地へ移転された。

一七八八(天明《てんめい》八)年の京都大火を唯一免れた輪蔵式経蔵(国の重要文化財)をはじめ、清正宮《きよまさぐう》(清正公廟《せいしょうこうびょう》)、客殿、庫裡《くり》などが旧地六条堀川より移築され、大本堂(祖師堂)、釈迦堂《しゃかどう》、仁王門、鐘楼などが新築されている。

前身は一二五三(建長《けんちょう》五)年、日蓮《にちれん》がはじめて鎌倉松葉谷《まつばがやつ》に草庵を結んだことにはじまる日蓮宗最初の寺院。四度の法難で破却されるも、そのたびに再建され、日蓮入滅《にゅうめつ》後は二世日《にち》朗《ろう》、三世日印《にちいん》と受け継がれてきた。四世日静《にちじょう》が一三四五(貞和《じょうわ》元)年、光《こう》明《みょう》天皇の勅命《ちょくめい》により鎌倉から京都六条堀川へ移し、「本国寺」とした。

妙顕寺と並び京都法華寺の中心として隆盛したが、比叡山《ひえいざん》僧徒らによる天文法華《てんぶんほっけ》の乱で焼失し、一五四七(天文一六)年、旧地に再興された。

江戸時代には加藤清正《かとうきよまさ》や徳川家の外護《げご》を受け、求法檀林《ぐぼうだんりん》が設けられて多くの学徒が集まった。

本国寺の「国」が「圀」に改められたのは、水戸光圀《みとみつくに》が母久昌院《きゅうしょういん》の追善供養を行ったことから。

本圀寺は、祖師伝来の三箇《さんか》の霊宝を所蔵している。それは、日蓮の持仏である釈迦立像《しゃかりゅうぞう》、日蓮真筆《しんぴつ》『立正《りっしょう》安国論《あんこくろん》』、伊豆・龍口《たつのくち》・佐渡の法難「三赦免状《さんしゃめんじょう》」の三つであり、信者の信仰のよりどころとなっている。

歴代天皇から立正安国・四海静謐《せいひつ》を祈祷《きとう》する正嫡付法《せいちゃくふほう》の根本道場として綸旨《りんじ》を受けたことで知られる。

威光山《いこうざん》 法明寺《ほうみょうじ》（鬼子母神《きしもじん》）

日蓮宗

＊安産・子育の神

データ
住所＝東京都豊島区南池袋

庶民に愛されつづける鬼子母神

弘法大師空海《こうぼうだいしくうかい》が八一〇（弘仁《こうにん》元）年に創建した真言宗「威光寺《いこうじ》」にはじまるとされる。鎌倉幕府六代の将軍記『吾妻鏡《あずまかがみ》』にも「源氏《げんじ》数代御祈祷《ごきとう》所《しょ》」と記される名刹《めいさつ》であり、一三一二（正和《しょうわ》元）年、日蓮宗中老僧日源《にちげん》によって改宗されて「威光山法明寺《いこうざんほうみょうじ》」となった。本堂には、日源作と伝えられる『立正安国論《りっしょうあんこくろん》』を講説する祖師像がまつられている。

徳川《とくがわ》三代将軍家光《いえみつ》から朱印状を受けたのをはじめ、一六六六（寛文《かんぶん》六）年、四代将軍家綱《いえつな》の代に安芸《あき》広島藩主二代浅野光晟《あさのみつあきら》の正室自昌院《じしょういん》（前田利常《としつね》の娘）の寄進によって鬼子母神《きしもじん》堂《どう》が建立された。

法明寺の飛地境内（豊島区雑司《ぞうし》が谷《や》）にあることから、「雑司が谷の鬼子母神」と呼ばれ、安産・子育《こやす》の神として庶民に親しまれてきた。

長い参道を歩き、質素な山門を入ると、境内正面に位置する鬼子母神堂は、戦災にも遭わず建立当時の安芸地方の社寺建築様式をいまに伝え、国の重要文化財に指定されている。

なお、雑司が谷の鬼子母神像には鬼の角《つの》がなく、幼児を抱いた菩薩《ぼさつ》の姿で、正式な表記は「鬼」の上の点がない字体である。

日蓮は「鬼子母神は法華経を守護する十羅刹女《じゅうらせつにょ》の母であり、諸天善神の母である」と説く。日蓮宗にとって鬼子母神は、ただ単に子供を守る神であるばかりでなく、信者・宗徒の外護神《げごしん》として崇《あが》められている。

また、樹齢約七〇〇年といわれる「子授《こさず》け公孫樹《いちょう》」は都指定天然記念物である。

千光山《せんこうざん》 清澄寺《せいちょうじ》 日蓮宗七大本山

＊日蓮立教開宗の霊跡

データ

住所＝千葉県鴨川市清澄《きよすみ》

日蓮が出家得度し、はじめて題目をとなえた霊跡

日蓮が一二歳で入山、一六歳のときに出家得度したのが清澄寺《せいちょうじ》だ。そして比叡山《ひえいざん》遊学後の三二歳のとき、題目《だいもく》をここではじめてとなえたことから立教開宗のお寺として知られる。

当時は天台宗のお寺で、旅の僧が虚空蔵菩薩《こくうぞうぼさつ》をまつったのがはじまりとされる。江戸初期に真言宗に改宗、京都醍醐三宝院門跡《だいごさんぼういんもんぜき》の関東別院にも定められた。そして一九四九(昭和二四)年に日蓮宗に改宗された。

古い歴史をもつお寺だけに、日蓮の願いに感応して英知を授けたという本尊虚空蔵菩薩像《こくうぞうぼさつぞう》をはじめ、日蓮の遺品などが数多く残されている。境内の千年杉は国の天然記念物。

富士山《ふじさん》 本門寺《ほんもんじ》(北山本門寺《きたやまほんもんじ》) 日蓮宗七大本山

＊日興が開いた根本道場

データ

住所＝静岡県富士宮市北山

日蓮ゆかりの品を数多く所有。別名「重須本門寺」

日蓮入滅《にゅうめつ》後、輪番を勤めていた六老僧の一人日興《にっこう》が身延山《みのぶさん》を下りて一二九八(永仁《えいにん》六)年に開創した。

日興はここを本門戒壇《かいだん》建立の根源とし、「富士山法華本門寺根源」の額を掲げ、教育機関「重須談所《おもすだんしょ》」を開設して弟子の育成につとめた。

中老僧日法《にっぽう》が刻み、日蓮が自ら開眼《かいげん》したという等身大の生御影尊像《しょうみえいそんぞう》には、日朗《にちろう》が感激し、抱擁して号泣したというエピソードが残る。

また、武田攻めの際、徳川家康《とくがわいえやす》の窮地を救ったという日蓮真筆《しんぴつ》「鉄砲《てっぽう》曼荼羅本尊《まんだらほんぞん》」が伝えられている。

「金字細字法華経」と日蓮聖人遺文「貞観政要《じょうがんせいよう》」は、国の重要文化財。

小松原山《こまつばらさん》 鏡《きょう》忍《にん》寺《じ》

日蓮宗本山

＊小松原法難の霊跡

データ

住所＝千葉県鴨川市広場

信者、弟子殉教の悲しみを伝える

伊豆配流《はいる》を許された日蓮は一二六四（文永《ぶんえい》元）年、故郷の安房小湊《あわこみなと》に戻り、母親を見舞った。清澄寺《せいちょうじ》を出てから一〇年以上が経っていた。

そして天津《あまつ》城主工藤吉隆《くどうよしたか》に招かれて向かう途中、ここ小松原《こまつばら》の地で待ち伏せしていた地頭東条景信《とうじょうかげのぶ》とその家臣に襲われた。

襲撃を知って駆けつけた吉隆と、日蓮の弟子鏡忍《きょうにん》が殉教し、日蓮自身も眉間《みけん》に傷を負った。

この小松原法難の地に建てられたのが鏡忍寺《きょうにんじ》である。工藤吉隆の子日《にち》隆《りゅう》が日蓮の命《めい》を受けて建立し、殉教した鏡忍の名がつけられた。いまも霊跡寺院として信仰を集めている。

寂光山《じゃっこうざん》 龍《りゅう》口《こう》寺《じ》

日蓮宗本山

＊龍口法難の霊跡

データ

住所＝神奈川県藤沢市片瀬

日蓮が生涯最大の危機にあった地

『立正安国論《りっしょうあんこくろん》』を再度、鎌倉幕府に提出したことや、信者の活動が激しくなったことにより、日蓮らに対する迫害は強まり、一二七一（文永《ぶんえい》八）年、佐渡流罪とされた。

その途中、龍口《たつのくち》の刑場で首を斬《き》られそうになるという日蓮の生涯最大の危機が訪れる。

日蓮が首を斬られる寸前、江ノ島のほうから巨大な光るものが飛んできたために斬首《ざんしゅ》は中止となり、日蓮は九死に一生を得る。これが有名な龍口法難である。

その龍口法難の地に、日蓮が助かったことを記念して、中老僧日法《にっぽう》によって建てられたのが、このお寺だ。

岩本山《がんぽんざん》 実相寺《じっそうじ》 日蓮宗本山

＊一切経を所蔵する名刹

データ

住所＝静岡県富士市岩本

日蓮が『立正安国論』の構想を練った地

実相寺は鳥羽法皇《とばほうおう》の勅願寺《ちょくがんじ》にはじまり、天台宗の智証大師円珍《ちしょうだいしえんちん》が唐《とう》から請来《しょうらい》した一切経《いっさいきょう》を所蔵していた。

日蓮は、鎌倉を中心に天変地異が続き、人々に不安が広がっていた一二五八（正嘉《しょうか》二）年、その理由を探そうと実相寺の経蔵にこもって一切経を調べ、『立正安国論《りっしょうあんこくろん》』の構想を得たといわれている。その間二年、弟子の日朗《にちろう》は日蓮に給仕した。

実相寺の学頭智海《ちかい》は日蓮に弟子入りし、のちに実相寺住職となって日蓮宗に改宗した中老僧日源《にちげん》。日蓮の比叡山遊学中の学友ともいわれる。

境内には、仁王門、祖師堂、一切経蔵、日朗の米とぎ井戸などがある。

海光山《かいこうざん》 佛現寺《ぶつげんじ》 日蓮宗本山

＊伊豆法難の霊跡

データ

住所＝静岡県伊東市物見が丘

伊豆配流になった日蓮ゆかりの地に建つ

鎌倉幕府前執権北条時頼《ほうじょうときより》に『立正《りっしょう》安国論《あんこくろん》』を提出し、末法《まっぽう》の世を救うのは法華経だけだと折伏《しゃくぶく》を活発化させた日蓮は、危機感を抱いた他宗派からの訴えによって伊豆伊東へ流された。

伊東で約二年、日蓮が滞在したのは、地頭伊東祐光《いとうすけみつ》の屋敷内の毘沙門《びしゃもん》堂《どう》だった。近くの海岸には日蓮が置き去りにされたという俎岩《まないたいわ》がある。原因不明の熱病に苦しんでいた祐光は日蓮の祈祷《きとう》に救われ、毘沙門堂を建てて日蓮を住まわせた。

海光山佛現寺《かいこうざんぶつげんじ》は祐光の屋敷跡に建つ。日蓮が祐光から海中出現の釈迦《しゃか》立像《りゅうぞう》を贈られたことが命名の由来。

塚原山《つかはらざん》 根本寺《こんぽんじ》 日蓮宗本山

＊佐渡流罪の霊跡

データ

住所＝新潟県佐渡市新穂《にいぼ》大野

佐渡配流の日蓮最初の滞在先

日蓮は佐渡で最初の半年を、死人の捨て場所の塚原三昧堂《つかはらさんまいどう》で、秘かに阿仏房《あぶつぼう》夫妻の供養を受けて過ごした。

ここで、周辺諸国の僧数百人と法論を戦わせ、自らを末法《まっぽう》の大導師、本化上行菩薩《ほんげじょうぎょうぼさつ》と確信したといわれる。そして『開目抄《かいもくしょう》』をあらわし、「我、日本の柱とならん、我、日本の眼目とならん、我、日本の大船とならん」との三大誓願を記した。

塚原三昧堂跡には諸説あり、根本《こんぽん》寺《じ》では戒壇塚《かいだんづか》が建つ場所が日蓮の居住地と伝える。境内には、大きな二天門、本堂、祖師堂、三昧堂、太鼓堂など二九棟があり、江戸時代に金山の山師たちの財力で建立された。

妙法華山《みょうほっけざん》 妙照寺《みょうしょうじ》 日蓮宗本山

＊佐渡流罪の霊跡

データ

住所＝新潟県佐渡市市野沢《いちのさわ》

日蓮が二年の日々を過ごした一谷

佐渡配流《はいる》中、半年を塚原三昧堂《つかはらさんまいどう》で過ごした日蓮は、一二七四（文永《ぶんえい》一一）年に赦免《しゃめん》されるまでの二年を一谷《いちのさわ》で過ごした。

名主の一谷入道《いちのさわにゅうどう》の屋敷に滞在し、塚原三昧堂での生活に比べると、ずっと恵まれていたといわれている。日蓮は、この一谷で『観心本尊抄《かんじんほんぞんしょう》』と大曼荼羅《だいまんだら》本尊をあらわした。

入道は熱心な念仏者だったが、夫婦そろって法華信者となり、日蓮赦《しゃ》免《めん》後、阿弥陀堂を法華堂に改めたのが妙照寺のはじまりとされる。

江戸中期建立の茅葺《かやぶ》きの本堂と朱塗りの祖師堂など四棟が二〇二一（令和三）年に焼失し、再建中。

楞厳山《りょうごんざん》 妙《みょう》法《ほう》寺《じ》 日蓮宗

データ

住所＝神奈川県鎌倉市大町

松葉谷《まつばがやつ》草庵跡に由来する古都の名刹

「苔寺《こけでら》」として知られる古都鎌倉の名刹《めいさつ》。立教開宗した日蓮が、最初に鎌倉松葉谷《まつばがやつ》に結んだ草庵にはじまる。一三四五(貞和《じょうわ》元)年、妙法寺《みょうほうじ》四世日《にち》静《じょう》が京都に移して現在の本圀寺《ほんこくじ》となった。鎌倉妙法寺は一三五七(延文《えんぶん》二)年、日静の高弟日叡《にちえい》によって再興され、いまに至っている。

＊苔寺として有名

日叡は、建武《けんむ》の中興で鎌倉に幽閉され殺された護良親王《もりよししんのう》の子(幼名楞《りょう》厳丸《ごんまる》)。後醍醐《ごだいご》天皇の孫にあたる。

日蓮草庵跡に通じる石段は一面苔むして「苔寺」の由縁になっている妙法寺の名物だ。苔の保護のため通行止めとなっており、脇の石段を上ると山頂に護良親王の墓所がある。

行時山《ぎょうじさん》 光《こう》則《そく》寺《じ》 日蓮宗

データ

住所＝神奈川県鎌倉市長谷《はせ》

『立正安国論』と関係深い古都の寺

日蓮は一二六〇(文応《ぶんおう》元)年、鎌倉幕府前執権北条時頼《ほうじょうときより》に『立正安国論《りっしょうあんこくろん》』を献上するよう寺社奉行宿谷行時《やどやゆきとき》の屋敷を訪ね、依頼した。また、龍口法難のおりには日朗《にちろう》らが裏山の土牢《つちろう》に幽閉され、監視役には子光則《みつのり》がついた。

日蓮の身延《みのぶ》入山後、光則が屋敷を寺院とし、日朗を開山としたのが光《こう》則寺《そくじ》のはじまりである。光則は出家得度して三代住職となった。山号は父子の名から。

＊海棠《かいどう》の名所

境内にある海棠《かいどう》の古木は鎌倉市指定天然記念物。「海棠のお寺」として親しまれ、春になると多くの参詣者が美しい花を楽しんでいる。

七面山《しちめんざん》 敬《けい》慎《しん》院《いん》 日蓮宗

＊徒歩でしか行けない古刹

データ

住所＝山梨県南巨摩《みなみこま》郡身延町《みのぶちょう》身延

身延山の鎮守、七面大明神がまつられる

敬慎院《けいしんいん》は身延山《みのぶさん》の鎮守、七面大明《しちめんだいみょう》神《じん》(天女)がまつられていることで知られる。一二七七(建治《けんじ》三)年、日蓮の説法の席に七面大明神が女性に姿を変えてあらわれ、身延山の守護神であると告げたことから、日朗《にちろう》らが七面山に七面大明神像をまつったことがはじまりと伝わる。

七面大明神は多くの信仰を集め、女人禁制《にょにんきんせい》が解かれたのは、徳川家康《とくがわいえやす》の側室お万《まん》の方《かた》が女人としてはじめて参詣したことによる。

境内から見る、富士山から昇る御《ご》来光《らいこう》は素晴らしい。宿坊もある。富士山礼拝の名所としても知られ、登山を目的に訪れる人も多い。

寂光山《じゃっこうざん》 常《じょう》照《しょう》寺《じ》 日蓮宗

＊紅葉の名所

データ

住所＝京都市北区鷹峯《たかがみね》北鷹峯町《きたたかがみねちょう》

本阿弥光悦がつくりあげた洛北の芸術村

芸術家本阿弥光悦《ほんあみこうえつ》ゆかりのお寺。

光悦は一六一五(元和《げんな》元)年、徳川《とくがわ》家康《いえやす》から洛北鷹峯《らくほくたかがみね》の地を拝領し、一族を連れて移住、芸術村をつくりあげた。紅葉が美しく広大な敷地には、光悦の母が亡くなると妙秀寺《みょうしゅうじ》が建てられ、養子光瑳《こうさ》は京都本満寺《ほんまんじ》の日乾《にちけん》を招いて寂光山常照寺《じゃっこうざんじょうしょうじ》を開創、日乾は鷹峯檀林《たかがみねだんりん》を設けた。そして本阿弥家の菩提寺光悦寺《ぼだいじこうえつじ》もできた。

当時、常照寺鷹峯檀林には数百人の学僧が集い、文人茶人の中心的アカデミーだった。「寛永《かんえい》三名妓《めいぎ》随一」と謳《うた》われた吉野《よしの》太夫《だゆう》の墓所もある。凛《りん》として情にあつく、諸芸に秀でた太夫の根底には法華信仰があった。

光明山《こうみょうざん》 孝勝寺《こうしょうじ》 日蓮宗

中老僧日門《にちもん》が大仙寺《だいせんじ》として開創。江戸時代、仙台藩主伊達《だて》家の外護《げご》を得た名刹《めいさつ》。藩祖政宗《まさむね》が出陣の際、戦勝を祈願したことから全勝寺《ぜんしょうじ》と改称され、二代忠宗《ただむね》夫人の法号「孝勝《こうしょう》院《いん》」から孝勝寺《こうしょうじ》となった。山門は幕末、青葉城から移築。

データ

住所＝宮城県仙台市宮城野区榴岡《つつじがおか》

法王山《ほうおうざん》 妙法寺《みょうほうじ》 日蓮宗

一三〇六（徳治《とくじ》元）年、日蓮の一番弟子日昭《にっしょう》が越後《えちご》の武将風間信昭《かざまのぶあき》の外護《げ》を受けて鎌倉名瀬《なぜ》に建立し、弟子日成《にちじょう》がこの地に移転した北越布教の中心地。幕末の戊辰《ぼしん》戦争で伽藍《がらん》のほとんどを焼失したが、江戸前期の二天門（赤門）と四脚門（黒門）が残る。

データ

住所＝新潟県長岡市村田

宝光山《ほうこうざん》 妙国寺《みょうこくじ》 日蓮宗

日什《にちじゅう》門流の祖日什が生誕・入滅《にゅうめつ》した地であり、日仁《にちにん》が師の霊廟《れいびょう》前に庵《いおり》を建てたのが会津妙国寺《あいづみょうこくじ》のはじまり。飯盛山《いいもりやま》を望み、戊辰《ぼしん》戦争で自刃した白虎隊《びゃっこたい》の最初の埋葬地、会津藩主松《まつ》平容保《だいらかたもり》が降伏後、約一ヵ月謹慎したお寺として知られる。

データ

住所＝福島県会津若松市一箕町八幡墓料《いっきまちやはたぼりょう》

靖定山《せいていざん》 久昌寺《きゅうしょうじ》 日蓮宗

水戸光圀《みとみつくに》が熱心な法華信者だった母（法号久昌院靖定大姉《きゅうしょういんせいていだいし》）の一七回忌にあわせて創建。藩公営の寺院とし、自主自立の僧侶育成のために久昌寺三昧堂檀林《さんまいどうだんりん》を設けた。明治初期に現在地へ移転。義公廟《ぎこうびょう》には光圀が檜板《ひのきいた》に書写した法華経などを所蔵する。

データ

住所＝茨城県常陸《ひたち》太田市新宿町《あらじゅくちょう》

蓮華王山《れんげおうざん》 妙宣寺《みょうせんじ》 日蓮宗

日蓮の命を狙い、逆に佐渡最初の信者となった阿仏房日得《あぶつぼうにっとく》・千日尼《せんにちに》夫妻を開山とし、ひ孫日満《にちまん》が開創した。県内唯一現存する五重塔は国の重要文化財。夫妻は承久《じょうきゅう》の乱で佐渡配流《はいる》の順徳《じゅんとく》上皇にしたがい、上皇崩御後三〇年もの念仏信者だった。

データ

住所＝新潟県佐渡市阿仏坊《あぶつぼう》

開本山《かいほんざん》 妙顕寺《みょうけんじ》 日蓮宗

中老僧天目《てんもく》が唐沢山《からさわやま》城主佐野家の帰依《きえ》を受けて開創した。天目は日蓮最晩年の弟子で、日蓮入滅《にゅうめつ》後は六老僧日向《にこう》に師事し、妙顕寺《みょうけんじ》で没した。江戸初期に現在地へ移転。本尊は、日向作「天目願満の祖師像」。鬼子《きし》母神《もじん》像は天台宗の祖最澄《さいちょう》作と伝わる。

データ

住所＝栃木県佐野市堀米町《ほりごめちょう》

常在山《じょうざいさん》 藻原寺《そうげんじ》 日蓮宗

日蓮が立教開宗後はじめて題目《だいもく》を唱和した霊場。茂原《もばら》領主斉藤兼綱《さいとうかねつな》が最初の信者となり、自邸を寄進し、日蓮は「妙光寺《みょうこうじ》」と命名。六老僧日《に》向《こう》が二代住職となり、身延《みのぶ》下山後近くに隠居した。明治初期に「藻原寺《そうげんじ》」と改称された。

データ

住所＝千葉県茂原《もばら》市茂原

長谷山《ちょうこくさん》 本土寺《ほんどじ》 日蓮宗

六老僧日朗《にちろう》と、九鳳《くほう》の日像《にちぞう》・日輪《にちりん》は平賀家に生まれた異父兄弟である。日蓮は日像入門後一二七七（建治《けんじ》三）年に平賀に法華堂を建て、日朗を開山とした。江戸期には不受不施《ふじゅふせ》の拠点として弾圧されたが、現在は「あじさい寺」として親しまれている。

データ

住所＝千葉県松戸市平賀

広栄山《こうえいざん》 妙覚寺《みょうかくじ》 日蓮宗

日蓮《にちれん》が上総興津《かずさおきつ》城主佐久間重貞《さくましげさだ》に招かれて十日間説法した霊場。重貞の子が中老僧日保《にほ》となって創建された。日蓮が疫病を治めるため、白い布に題目を書いて船で曳き、祈祷したときの姿を刻んだ「布曳祖師像《ぬのびきそしぞう》」があり、信仰を集めている。

データ

住所＝千葉県勝浦市興津《おきつ》

長崇山《ちょうそうざん》 妙興寺《みょうこうじ》 日蓮宗

一二七五（建治《けんじ》元）年、檀越《だんのつ》曽谷教信《そやきょうしん》の子直秀が法華堂に中老僧日合《にちごう》を迎えたのがはじまり。江戸初期、身池対論《しんちたいろん》で大坊本行寺《だいぼうほんぎょうじ》を退出した日観《にちかん》が野呂檀林《のろだんりん》を開設し隆盛した。一六八二（天和《てんな》二）年寄進の一切経蔵は、東日本大震災で倒壊し再建された。

データ

住所＝千葉市若葉区野呂町《のろちょう》

真間山《ままさん》 弘法寺《ぐほうじ》 日蓮宗

七三七（天平《てんぴょう》九）年に行基《ぎょうき》が開いた求法寺《ぐほうじ》を、弘法大師空海《こうぼうだいしくうかい》が弘法寺《ぐほうじ》と改称したといわれている。真言宗の弘法寺住職了性《りょうしょう》と中山法華経寺《ほけきょうじ》の日常《にちじょう》とで法論となったため、日蓮が六老僧日頂《にっちょう》と対決させて勝利し、日蓮宗に改宗された。

データ

住所＝千葉県市川市真間《まま》

正東山《しょうとうざん》 日本寺《にちほんじ》 日蓮宗

中山法華経寺《ほけきょうじ》開山日常《にちじょう》の隠居所にはじまると伝えられる。一三一九（元応《げんおう》元）年、中山法華経寺三世日祐《にちゆう》が領主千葉胤貞《ちばたねさだ》の寄進を受けて日本《にちほん》寺とした。日本寺一五代住職日円《にちえん》が一五九九（慶長《けいちょう》四）年に開設した中村檀林《だんりん》は、関東三檀林の一つ。

データ

住所＝千葉県香取郡多古町南中《たこまちみなみなか》

妙高山《みょうこうざん》 正法寺《しょうぼうじ》 日蓮宗

一四五八（長禄《ちょうろく》二）年、小西領主原《はら》胤継《たねつぐ》が自邸を寺院とし、平賀本土寺《ほんどじ》の日意《にちい》を開山に迎えた。七代住職日《にち》悟《ご》が開設した小西檀林《だんりん》は、日本寺《にちほんじ》中村檀林・飯高寺《はんこうじ》飯高《いいだか》檀林と並んで関東三檀林の一つ。明治初期の火災で往時の面影は残っていないのが残念。

データ

住所＝千葉県大網白里《おおあみしらさと》市小西

妙厳山《みょうごんざん》 本覚寺《ほんがくじ》 日蓮宗

佐渡配流《はいる》から戻った日蓮が滞在したといわれる夷堂《えびすどう》の跡地に一四三六（永享八）年、三島本覚寺《ほんがくじ》の日出《にっしゅつ》が創建。日朝《にっちょう》が引き継ぎ一五年後、身延山一一世となり、日蓮真骨《しんこつ》をここに分骨したことから「東身延《ひがしみのぶ》」「日朝様」と呼ばれる。夷堂も再建された。

データ

住所＝神奈川県鎌倉市小町

日円山《にちえんざん》 妙法寺《みょうほうじ》 日蓮宗

「堀之内《ほりのうち》やくよけ祖師」として人気があるお寺。もとは真言宗の尼寺で、江戸初期に日逕《にっけい》が母日円尼《にちえんに》を開山として日蓮宗に改宗した。厄除《やくよ》け祖師像は、伊豆法難のとき、日朗《にちろう》が浮木から刻み、二年後、四二歳の厄年に戻った日蓮が自ら開眼《かいげん》したもの。

データ

住所＝東京都杉並区堀ノ内

長興山《ちょうこうざん》 妙本寺《みょうほんじ》 日蓮宗

通称「比企谷妙本寺《ひきがやつみょうほんじ》」。一族を北条氏に滅ぼされた比企《ひき》の乱から五七年後、生き残った比企能本《よしもと》から自邸を寄進された日蓮が法華堂を建てたのがはじまり。日蓮宗最古の寺院として「三大秘法最初転法輪《てんぽうりん》道場」といわれる。日朗《にちろう》が受け継いだ。

データ

住所＝神奈川県鎌倉市大町

長崇山《ちょうすうざん》 本行寺《ほんぎょうじ》 日蓮宗

大本山池上本門寺《いけがみほんもんじ》の山内にあり、「大坊《だいぼう》」の通称で知られている。日蓮が入滅《にゅうめつ》した池上宗仲《むねなか》の持仏堂を法華堂に改めたのがはじまり。日蓮は療養のため約一ヵ月滞在し、柱に寄りかかるようにして講義した「ご臨終の間」が残っている。

データ

住所＝東京都大田区池上

法華山《ほっけざん》 本興寺《ほんこうじ》 日蓮宗

日蓮が辻説法《つじぜっぽう》のとき休息した地に中老僧天目《てんもく》が創建し、日什《にちじゅう》門流の祖日什を実際の開山としている。一六六〇（万治《まんじ》三）年、現在地へ移転。当地は、池上で入滅《にゅうめつ》した日蓮の遺骨を身延山《みのぶさん》に奉じる途中一泊した地と伝えられる。

データ

住所＝神奈川県横浜市泉区上飯田町《かみいいだちょう》

明星山《みょうじょうざん》 妙純寺《みょうじゅんじ》 日蓮宗

龍口法難後約一ヵ月間、日蓮を預かった本間重連《ほんましげつら》が日蓮の身延山入山後、屋敷を寺院としたのがはじまり。法難の次の夜、日蓮が月天子《がってんし》に祈願したところ、大きな明星が降りてきて庭の梅の木にかかったという「星下りの霊場」として知られる。

データ
住所＝神奈川県厚木市金田

貞松山《ていしょうざん》 蓮栄寺《れんえいじ》 日蓮宗

六老僧日持《にちじ》が生誕地松野（静岡県富士川町）に開創したのがはじまり。日持は、日本の僧としてはじめて海外伝道を志し、中国大陸に渡った。その後、蓮永寺は荒廃し、徳川家康《とくがわいえやす》の側室お万《まん》の方《かた》が現在地へ移転、駿《すん》府城《ぷじょう》鎮護の霊場として再興された。

データ
住所＝静岡市葵《あおい》区沓谷《くつのや》

大野山《おおのさん》 本遠寺《ほんのんじ》 日蓮宗

身延山久遠寺《みのぶさんくおんじ》二二世日遠《にちおん》は「念仏無間《むけん》」の主張を曲げず徳川家康《とくがわいえやす》の怒りを買って処刑されそうになり、家康の側室お万《まん》の方《かた》の取りなしで許された。お万の方は、自ら大野に隠居した日遠を開山として本遠寺《ほんのんじ》を創建。本堂と鐘楼堂は国の重要文化財。

データ
住所＝山梨県南巨摩《みなみこま》郡身延町《みのぶちょう》大野

青龍山《せいりゅうざん》 本覚寺《ほんがくじ》 日蓮宗

一三〇七（徳治《とくじ》二）年、中老僧日位《にちい》が創建。祖母妙位日禅尼《みょういにちぜんに》は、五歳の日位をつれて伊豆配流《はいる》中の日蓮を訪ね、身延山《みのぶさん》にも登詣した熱心な法華信者で、日蓮から「十界曼荼羅己心《じっかいまんだらこしん》本覚本尊《ほんがく》」を授かった。日位は、六老僧日持《にちじ》のもとで出家したとされる。

データ
住所＝静岡市駿河《するが》区池田

徳栄山《とくえいざん》 妙法寺《みょうほうじ》 日蓮宗

修験者《しゅげんじゃ》の善智法印《ぜんちほういん》が日蓮との法力争いに破れて弟子となり、真言宗金《きん》胎寺《たいじ》を日蓮宗に改宗した。日蓮は「徳栄山妙法寺《とくえいざんみょうほうじ》」と改称し、日蓮直伝の毒消しの護符が伝わる。また、「日伝《にちでん》」の法名を与え、日伝は六老僧に次ぐ中老僧となった。

データ
住所＝山梨県南巨摩《みなみこま》郡富士川町《ふじかわちょう》小室

経王山《きょうおうざん》 妙法華寺《みょうほっけじ》 日蓮宗

六老僧日昭《にっしょう》の鎌倉浜土《はまど》にあった草庵にはじまる。越後《えちご》村田妙法寺《みょうほうじ》などを経て江戸初期に現在地へ移転。徳《とく》川家康《がわいえやす》の側室お万《まん》の方《かた》の外護《げご》を受けて伽藍《がらん》が整備されたが、一七九一（寛政《かんせい》三）年の大火で鐘楼と大庫裡《おおくり》を除いて焼失、その後再建された。

データ
住所＝静岡県三島市玉沢《たまざわ》

大成山《だいじょうざん》 本立寺《ほんりゅうじ》 日蓮宗

日蓮が伊豆配流《はいる》中、韮山《にらやま》領主江川《えがわ》英親《ひでちか》の招きで法華経を埋めて家門繁栄を祈った経塚がはじまり。一五〇六(永正《えいしょう》三)年、英盛《ひでもり》が本立寺《ほんりゅうじ》を建立して日静《にちじょう》門流の日澄《にっちょう》を開山に迎え、江川家の菩提寺《ぼだいじ》とした。幕末に反射炉を築いた韮山代官坦庵《たんあん》の像もある。

データ
住所＝静岡県伊豆の国市韮山金谷《にらやまかなや》

龍水山《りゅうすいざん》 海長寺《かいちょうじ》 日蓮宗

一二七二(永文《えいぶん》九)年、中老僧日位《にちい》が、慈覚《じかく》大師円仁《えんにん》が開いた天台宗の古刹《こさつ》の住職慈証《じしょう》と法論し、日蓮宗「海上寺《かいじょうじ》」とした。本堂の「願満の祖師像」は中老僧日法《にっぽう》作、日蓮が自ら開眼《かいげん》したもので、日蓮から入滅の前年に授かった。江戸期に改称。

データ
住所＝静岡市清水区村松

東光山《とうこうざん》 實成寺《じつじょうじ》 日蓮宗

六老僧日興《にっこう》の弟子日尊《にちぞん》は、不注意がもとで師から破門された。一念発起し、一二年間に全国三六寺を開創した功績により許された。一三〇一(正安《しょうあん》三)年、最初に開いたのが實成《じつじょう》寺《じ》だ。日尊が肌身離さなかった「笈《おい》びつの祖師像」がある。

データ
住所＝静岡県伊豆市柳瀬《やなせ》

本立山《ほんりゅうざん》 玄妙寺《げんみょうじ》 日蓮宗

日什《にちじゅう》門流の祖日什が七二歳で創建した。京都妙満寺《みょうまんじ》(顕本法華宗《けんぽんほっけしゅう》総本山)・会津妙国寺《あいづみょうこくじ》と並ぶ日什門流三本山の一つ。日什は一九歳で比叡山《ひえいざん》にのぼり、「玄妙《げんみょう》」の法号を授かった。下山後、六六歳のとき日蓮の『開目抄《かいもくしょう》』によって「日什」と改名した。

データ
住所＝静岡県磐田市見付

富士山《ふじさん》 久遠寺《くおんじ》 日蓮宗

北山本門寺《きたやまほんもんじ》はじめ富士門流五山の一つ。六老僧日興《にっこう》、日目《にちもく》の流れを継いだ日郷《にちごう》は、師日目没後、大石寺《たいせきじ》の後継をめぐり日道《にちどう》と争った。のち、小泉法華講衆の力を得て小泉久遠寺《くおんじ》を開創。日蓮真筆《しんぴつ》「死活大曼荼羅《しかつだいまんだら》」「佐渡七幅《しちふく》本尊」などを所蔵する。

データ
住所＝静岡県富士宮市小泉

延兼山《えんけんざん》 妙立寺《みょうりゅうじ》 日蓮宗

玄妙寺《げんみょうじ》開創の翌年、日什《にちじゅう》の説法を聞いた郷士佐原常慶《さはらつねよし》と内藤金平《ないとうきんぺい》の帰依《きえ》を受けて創建されたと伝えられている。戦国時代、寺地は今川方《いまがわ》の境目城《さかいめじょう》とされ、徳川方《とくがわ》は一日で落として陣地とした。妙立寺は現在地に移転後、両家の祈願寺となった。

データ
住所＝静岡県湖西市吉美《きび》

白雲山《はくうんざん》 報恩寺《ほうおんじ》 日蓮宗

江戸初期に中山門流の日忠《にっちゅう》が創建。紀州藩祖徳川頼宣《とくがわよりのぶ》の妻瑤林院《ようりんいん》（加藤清正《きよまさ》の娘）の追善供養のため、二代光貞《みつさだ》が「報恩寺《ほうおんじ》」と改め、一六六九（寛文《かんぶん》九）年に小西檀林《だんりん》の日順《にちじゅん》を中興開山として以降、紀州徳川家の菩提《ぼだい》寺《じ》となった。「武士寺」ともいわれる。

データ

住所＝和歌山市吹上

具足山《ぐそくざん》 妙覚寺《みょうかくじ》 日蓮宗

妙顕寺《みょうけんじ》・立本寺《りゅうほんじ》と並び、「龍華《りゅうげ》の三具足《みつぐそく》」と呼ばれる。南北朝末期、妙顕寺の日実《にちじつ》が日像《にちぞう》を開山に仰いで豪商小野妙覚《おののみょうかく》の四条大宮の屋敷を寺院にした。一五八三（天正《てんしょう》一一）年に現在地へ移転。不受不施《ふじゅふせ》派の祖、日奥《にちおう》ゆかりのお寺としても知られる。

データ

住所＝京都市上京区下清蔵口町《しもせいぞうぐちちょう》

村雲御所《むらくもごしょ》 瑞龍寺《ずいりゅうじ》 日蓮宗

日蓮宗唯一の門跡《もんぜき》寺院。豊臣秀吉《とよとみひでよし》の姉日秀尼《にっしゅうに》（瑞竜院《ずいりゅういん》）が、子秀次《ひでつぐ》の菩提《ぼだい》を弔うため、後陽成《ごようぜい》天皇から賜った京都村雲の地に建立。紫衣《しえ》と菊の紋章が許された勅願所《ちょくがんしょ》となる。歴代、尼僧によって護持され、一九六一（昭和三六）年、現在地に移った。

データ

住所＝滋賀県近江八幡市宮内町《みやうちちょう》

広布山《こうふざん》 本満寺《ほんまんじ》 日蓮宗

一四一〇（応永《おうえい》一七）年、日静《にちじょう》門流の日秀《にっしゅう》が「本願満足寺」として創建。一二代住職日重《にちじゅう》、一三代日乾《にちけん》、一四代日遠《にちおん》は、身延山久遠寺《みのぶさんくおんじ》住職となり、中興三師といわれた。三五代日鳳《にっぽう》は徳川《とくがわ》八代将軍吉宗《よしむね》の病気平癒を祈願し、徳川家の祈願所となった。

データ

住所＝京都市上京区鶴山町《つるやまちょう》

金栄山《きんえいざん》 妙成寺《みょうじょうじ》 日蓮宗

日像《にちぞう》は、日蓮の遺命で帝都開教へ向かう途中、能登石動山天平寺《いするぎさんてんぴょうじ》の僧満蔵《まんぞう》と法論をして、弟子とした。満蔵は「日乗《にちじょう》」と改名し、当地に創建したのが妙成寺《みょうじょうじ》。加賀藩主前田家五代にわたって造営され、五重塔はじめ一〇棟は国の重要文化財。

データ

住所＝石川県羽咋《はくい》市滝谷町《たきだにまち》

叡昌山《えいしょうざん》 本法寺《ほんぽうじ》 日蓮宗

中山門流を破門された鍋かむり日親《にっしん》が創建。室町幕府諫暁《かんぎょう》が原因で二度破却されたが、本阿弥本光《ほんあみほんこう》ら京都町衆の支援を受けて現在地に再興された。三巴《みつどもえ》の庭は本阿弥光悦《ほんあみこうえつ》作。日蓮聖人遺文、本阿弥家ゆかりの芸術品などを所蔵している。

データ

住所＝京都市上京区本法寺前町《ほんぽうじまえちょう》

具足山《ぐそくざん》 立本寺《りゅうほんじ》 日蓮宗

妙顕寺《みょうけんじ》の塔頭《たっちゅう》にはじまり、「龍華《りゅうげ》の三具足《みつぐそく》」の一つ。江戸初期には、後水尾《ごみずのお》天皇の帰依《きえ》を受けた。多くの名僧を輩出したことで名高い。なかでも二〇代住職日審《にっしん》は説法の名人として知られ、幽霊《ゆうれい》子《こ》育飴《そだてあめ》の伝説はいまでも人々に語られている。

データ

住所＝京都市上京区一番町《いちばんちょう》

聞法山《もんぼうざん》 頂妙寺《ちょうみょうじ》 日蓮宗

一四七三(文明五《ぶんめい》)年、中山門流の日祝《にっしゅう》が創建。足利《あしかが》将軍家の祈願所として栄えるも、学僧として知られた三代住職日珖《にっこう》が織田信長《おだのぶなが》の策謀《さくぼう》によって安土宗論《あづちしゅうろん》に破れて衰退。現在の伽藍《がらん》は一七八八(天明八《てんめい》)年の京都大火後に整備された。

データ

住所＝京都市左京区大菊町《おおぎくちょう》

法鏡山《ほうきょうざん》 妙伝寺《みょうでんじ》 日蓮宗

一四七七(文明九《ぶんめい》)年、身延山久遠寺《みのぶさんくおんじ》一二世日意《にちい》が創建。日意は妙伝寺《みょうでんじ》に日蓮真骨《しんこつ》と、身延山の鎮守七面大《しちめんだい》明神《みょうじん》を分霊してまつり、「西身延《にしみのぶ》」とも呼ばれる。当寺の七面大明神像は、七面山敬慎院《しちめんざんけいしんいん》の尊像と同じ霊木で造られたといわれる。

データ

住所＝京都市左京区北門前町《きたもんぜんちょう》

広普山《こうふざん》 妙国寺《みょうこくじ》 日蓮宗

安土宗論《あづちしゅうろん》で知られる日珖《にっこう》が父油屋《あぶらや》伊達常琢《だてじょうたく》の助力と細川家家臣三好実休《みよしじっきゅう》の外護《げご》を受けて、一五六二(永禄《えいろく》五)年に開創し、学問所も設けた。境内にある樹齢一〇〇〇年を超すとされる蘇鉄《そてつ》の大木は、国の天然記念物に指定されている。

データ

住所＝大阪府堺市堺区材木町《ざいもくちょう》東

自昌山《じしょうざん》 国前寺《こくぜんじ》 日蓮宗

真言宗のお寺だったが、住職暁忍《ぎょうにん》と日像《にちぞう》が法論し、日蓮宗「暁忍寺《ぎょうにんじ》」とした。安芸《あき》広島藩主二代浅野光晟《あさのみつあきら》と正室自昌院《じしょういん》(前田利常《としつね》の娘)の帰依《きえ》により「自昌山国前寺《じしょうざんこくぜんじ》」と改められた。原爆による倒壊を免れた本堂と庫裡《くり》は、国の重要文化財。

データ

住所＝広島市東区山根町《やまねちょう》

松尾山《まつおざん》 光勝寺《こうしょうじ》 日蓮宗

下総《しもうさ》の武将千葉胤貞《ちばたねさだ》は当地に領地を得て中山法華経寺《なかやまほけきょうじ》三世日祐《にちゆう》を開山として開創した九州唯一の日蓮宗本山。足利《あしかが》六代将軍義教《よしのり》から灼熱《しゃくねつ》の鍋を頭にかぶせられたことで有名な日《にっ》親《しん》を中興の祖とし、日親法難の品などが寺宝として伝わっている。

データ

住所＝佐賀県小城《おぎ》市小城《おぎ》町《まち》松尾

日蓮宗のおもな行事

一月
一〜三日　新年祝祷会　山梨県・久遠寺
　新春祈祷会　千葉県・中山法華経寺
一〜六日　初詣　東京都・池上本門寺
八のつく日　正五九鬼子母神大祭　千葉県・中山法華経寺

二月
立春の前日　節分会　各寺院
七日　日興上人会　静岡県・北山本門寺
一〇日　大荒行堂成満会　千葉県・中山法華経寺
一五日　釈尊涅槃会　各寺院
一五・一六日　毘沙門天祭　静岡県・佛現寺
一六日　宗祖日蓮聖人降誕会　千葉県・誕生寺

三月
春彼岸　春季彼岸会　各寺院

四月
第一土・日曜　春まつり　東京都・池上本門寺
八日　釈尊降誕会(花まつり)　各寺院
一一日　春のお会式(開山会)　千葉県・鏡忍寺
二七・二八日　立教開宗会　千葉県・清澄寺
二九日　本化垂迹祭　静岡県・北山本門寺
三〇日　宗祖御更衣式　山梨県・久遠寺

五月
八日　八房大龍神祭　京都市・妙顕寺
八のつく日　正五九鬼子母神大祭　千葉県・中山法華経寺
一二日　伊豆法難会　静岡県・佛現寺ほか
一七日　宗祖御入山会　山梨県・久遠寺

六月
五日　宗祖夏御衣替式　千葉県・誕生寺
一五〜一七日　身延山開創会　山梨県・久遠寺
一六日　法華懺法会　京都市・妙顕寺
二四日　清正公大祭　京都市・本圀寺

七月
七〜九日　入谷朝顔まつり　東京都・入谷鬼子母神(真源寺)
二一日　妙見宮大祭　千葉県・清澄寺
土用丑の日　ほうろく加持(ほうろく灸祈祷会)　東京都・池上本門寺ほか

八月
四・五日　みたま祭・盆踊り　東京都・池上本門寺
八のつく日　正五九鬼子母神大祭　千葉県・中山法華経寺
一〇日　盂蘭盆大施餓鬼会　千葉県・清澄寺
　海施餓鬼会(流灯会)　千葉県・誕生寺
一五・一六日　松ヶ崎題目踊り　京都市・湧泉寺
二七日　松葉谷法難会　各寺院

九月
一二日　龍口法難会(ぼたもち供養)　神奈川県・龍口寺、常栄寺ほか
一三日　虚空蔵菩薩大祭　千葉県・清澄寺
一八・一九日　七面山大祭　山梨県・久遠寺
秋彼岸　秋季彼岸会　各寺院
二七日　松葉ヶ谷御法難会(お会式)　神奈川県・安国論寺

一〇月
五日　宗祖冬御衣替式　千葉県・誕生寺
一〇日　佐渡法難会　新潟県・根本寺ほか
一一〜一三日　お会式　山梨県・久遠寺、東京都・池上本門寺
二七〜二八日　お会式　千葉県・清澄寺
三一日　宗祖御更衣式　山梨県・久遠寺

一一月
一日　大荒行堂入行会　千葉県・中山法華経寺
一一日　小松原法難会　各寺院
一二日　お会式(七五三詣り)　千葉県・誕生寺
一三日　お会式　京都市・妙顕寺
　御会式正当法要　静岡県・北山本門寺
一五〜一八日　お会式　千葉県・中山法華経寺

一二月
八日　釈尊成道会　山梨県・久遠寺
三一日　除夜の鐘　各寺院

第6章

知っておきたい

「日蓮宗の仏事作法・行事」

お会式万灯練供養　東京・池上本門寺

仏壇のまつり方

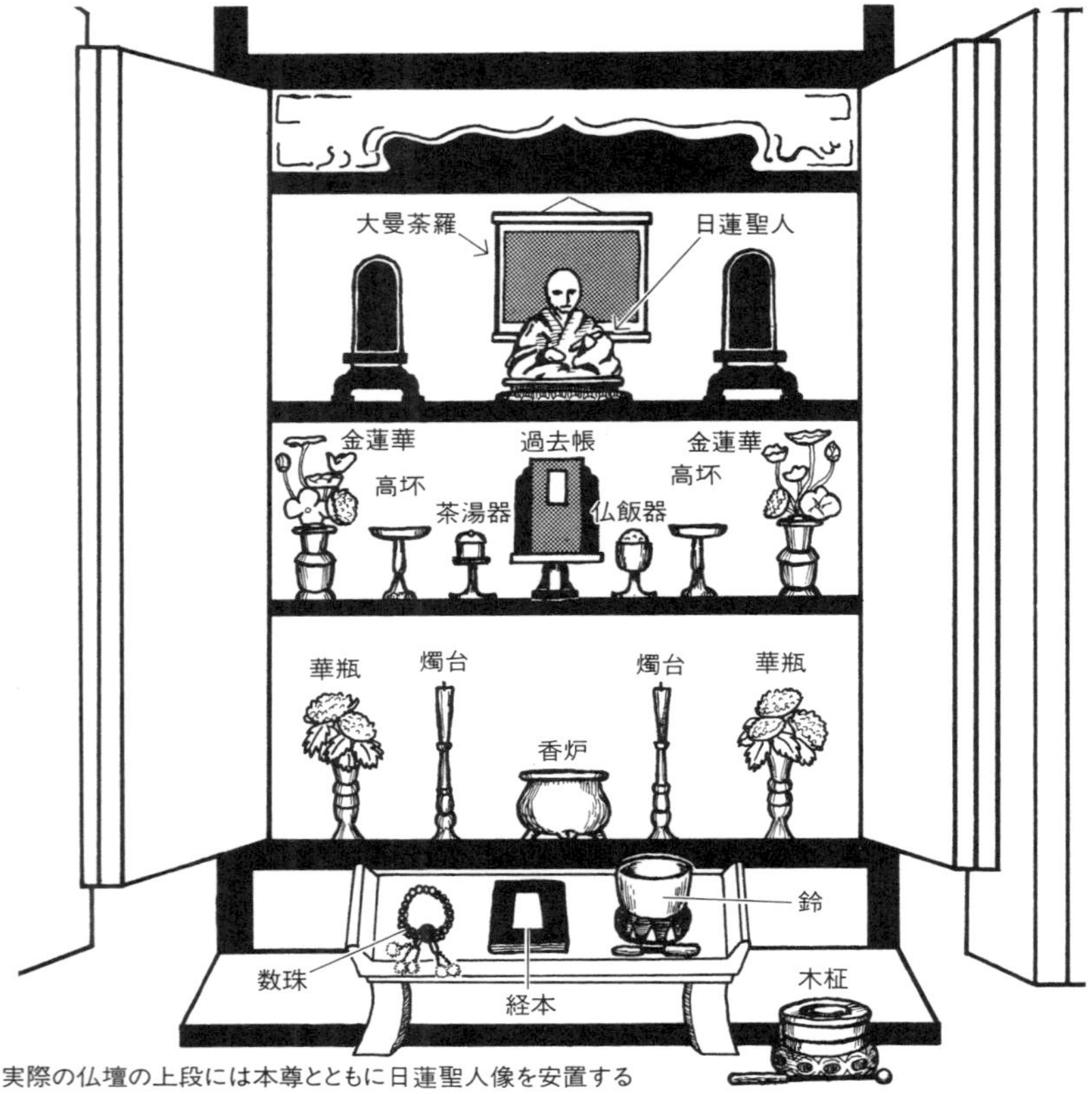

実際の仏壇の上段には本尊とともに日蓮聖人像を安置する須弥壇があり、位牌は脇壇に安置します。

本尊のまつり方

仏壇とは、お寺の本堂を小さくしたようなものだから、本尊をまつることが基本であり、なによりも大切である。仏壇には位牌《いはい》も安置するが、原則として本尊が主で、位牌は従という関係になる。

日蓮宗では、十界勧請《じっかいかんじょう》の大曼荼羅《だいまんだら》本尊を仏壇の上段中央の須弥壇《しゅみだん》にまつる。

十界とは、地獄・餓鬼《がき》・畜生《ちくしょう》・修《しゅ》羅《ら》・人《にん》・天《てん》の六道と、声聞《しょうもん》・縁覚《えんがく》・菩薩《ぼさつ》・仏を含めたもので、この十界の代表的な神仏を文字で書きあらわしたものが、十界勧請の大曼荼羅本尊なのである。

十界勧請の神仏として大曼荼羅本尊に書かれているのは、曼荼羅の四隅を守護する持国《じこく》・増長《ぞうちょう》・広目《こうもく》・毘《び》沙門《しゃもん》の四天王、釈迦如来《しゃかにょらい》、多宝如来《たほうにょらい》、上行《じょうぎょう》・無辺行《むへんぎょう》・浄行《じょうぎょう》・安立行《あんりゅうぎょう》の四菩薩、さらに大日天《だいにちてん》、第六天魔王《てんまおう》、大《だい》梵天王《ぼんてんのう》、舎利弗尊者《しゃりほっそんじゃ》、釈提桓因《しゃくだいかんにん》(帝《たい》釈天《しゃくてん》)、大月天《だいげってん》、明星天子《みょうじょうてんし》、文殊《もんじゅ》菩《ぼ》薩《さつ》、普賢菩薩《ふげんぼさつ》、薬王菩薩《やくおうぼさつ》、弥勒菩薩《みろくぼさつ》、不動明王《ふどうみょうおう》、愛染明王《あいぜんみょうおう》、提婆達多《だいばだった》、阿《あ》修羅《しゅら》、転輪聖王《てんりんじょうおう》、鬼子母神《きしもじん》、十羅刹《じゅうらせつ》女《にょ》、龍樹菩薩《りゅうじゅぼさつ》、天台《てんだい》大師、伝教《でんぎょう》大師、妙楽《みょうらく》大師、それに天照大神《あまてらすおおみかみ》などの日本の神々である。

多くの場合、この大曼荼羅本尊とともに、須弥壇上には宗祖日蓮聖人の像が安置される。

仏壇を新しくしたら

仏壇は位牌や本尊の単なる置き場所ではない。仏壇は家族の心のよりどころであり、家庭のなかにあるお寺といってもよい。

それだけに、新しく仏壇を購入したときは、菩提寺《ぼだいじ》にお願いして本尊の開眼《かいげん》法要をしてもらわなければならない。

開眼法要は、御霊《みたま》(魂)入れともお性根《しょうね》入れともいわれるように、本尊に生命を吹きこみ、本来の働きができるようにすることである。この開眼法要によって、仏壇ははじめて聖なるものとなる。

開眼法要は、本尊、仏像や仏画、お守り、お札、石塔、塔婆、位牌などを新しくしたときや、それらを改修したときにも、本来は行なわなければならないものなのである。

開眼法要は、あまり重視されないこともあるようだが、一周忌や三回忌などの法要と同じように大切な儀式である。できるかぎり、家族全員がそろって行うことが望ましい。

仏壇を買い替えたり修理に出す場合には、本尊の御霊《みたま》抜きをし、新しい仏壇に安置するときに開眼法要を行う。

古くなって処分しなければならない仏壇の処理には困るものだが、新しい仏壇を買った店に相談して、お焚《た》きあげを頼むとよいだろう。

仏具とお供え

仏壇はふつう三段になっており、その上段に本尊をまつり、その左右に位牌をまつる。

日蓮聖人は親や師に対する恩を強く感じ、『報恩抄《ほうおんしょう》』を著したといわれている。

位牌は報恩感謝をささげるべき先祖の法号(戒名=仏さまの弟子となった証《あかし》につけてもらう称号)が書かれている大切なものである。

仏壇にまつる位牌が二つまでの場合には、右側を上座としてまつるが、三つ以上になる場合には、繰り出し位牌にしてまとめるようにするとよいだろう。

中段には中央に過去帳をまつる。そして過去帳の向かって右側に仏飯《ぶっぱん》器《き》を、左側に茶湯器《ちゃとうき》をそなえ、その外側に菓子や果物などを高坏《たかつき》にのせてそなえ、さらにその外に金蓮華《れんげ》をそなえる。

下段には、香炉《こうろ》・燭台《しょくだい》（ロウソク立て）・華瓶《けびょう》（花立て）をそなえるが、それぞれが一つずつの場合は三具足《みつぐそく》、燭台・華瓶が一対《つい》ずつの場合は五具《ごぐ》足《そく》と呼ばれる。さらには、五具足に抹香を焚《た》く火舎《かしゃ》香炉と線香差しを加えて七具足《ななぐそく》という場合もある。

三具足の場合は、香炉を中心に右に燭台、左に華瓶を配置し、五具足の場合は香炉を中心に内側に燭台一対を、外側に華瓶一対を配置する。

さらに経机に経本、数珠、鈴《りん》、線香差し、などを置く。このほか、日蓮宗では仏前に読経や唱題のときに使う仏具が置かれる。日蓮宗独自の仏具である木柾《もくしょう》と団扇太鼓《うちわだいこ》、それに鈴《りん》である。

鈴はお寺で使われるものを家庭用に小さくしたもの。木柾は雅楽に用いられる金属製の鉦鼓《しょうこ》を木製にしたものだ。団扇太鼓は、『法華経』の威力をうなりをあげて響く太鼓の音色にたとえたことから生まれた。

仏壇の下の台（下台《しもだい》）は、引き出しか戸袋になっているので、ここに予備の線香やロウソクを入れておいたり、法要の記録などをしまっておくとよい。

また、命日やお盆などのときには、仏壇の前に小机を置いて、ご飯・汁もの・煮もの・あえもの・香のものをのせた霊供膳《りょうぐぜん》をそなえる。

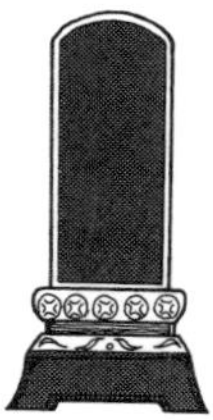

札位牌《ふだいはい》（本位牌）
故人1人につき1つ。表に戒名《かいみょう》を、裏に命日《めいにち》・俗名《ぞくみょう》・享年《きょうねん》を書く。

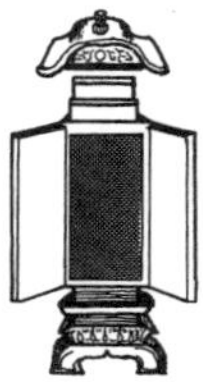

繰《く》り出《だ》し位牌《いはい》
位牌の札板が複数入り、いちばん手前のものが見える。

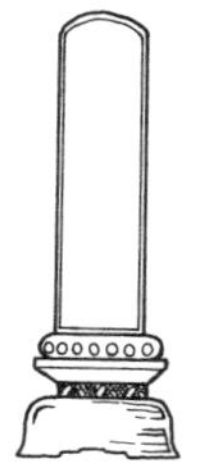

白木《しらき》の位牌《いはい》
四十九日忌までのもの。仏壇にまつる位牌は、上記の本位牌を用意する。

木柾《もくしょう》
日蓮宗では読経・唱題の際、木魚の代わりに木柾を使う。

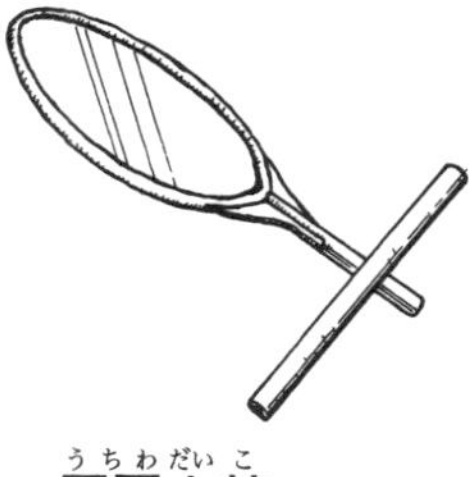

団扇太鼓《うちわだいこ》
読経・唱題の際に打ち鳴らす、日蓮宗独特の仏具。

仏飯器《ぶっぱんき》

ご飯をそなえる器。必ず炊きたてをそなえること。

茶湯器《ちゃとうき》

お茶や湯、水などを入れる器。生きている人が食事後にお茶を飲むのと同じように、仏前にも必ずご飯と一緒にお茶などをそなえる。

高坏《たかつき》

菓子や果物などをそなえる器。半紙を敷いてのせる。足の数が偶数の場合は 2 本が正面を向くように、奇数なら 1 本を前に出すように置く。

霊供膳《りょうぐぜん》

霊膳《れいぜん》ともいう。お盆や法要のときに仏前にそなえる小型の本膳《ほんぜん》。手前に箸、左に飯椀《めしわん》、右に汁椀、奥の左に平椀(あえもの)、右に壺(煮もの)、中央に腰高坏《こしたかつき》(香のもの)の順に並べ、一汁三菜の精進料理を盛りつけたら仏前に箸が向くようにそなえる。

過去帳《かこちょう》

霊簿《れいぼ》ともいい、故人の戒名や俗《ぞく》名《みょう》、命日、享年《きょうねん》などを記したもの。

経机《きょうづくえ》

仏壇の前に置き、経本、数珠、線香差し、鈴などをのせる。

鈴《りん》(打鳴《うちな》らし)

毎日のおつとめのときに叩く。澄んでいつまでも鳴り響く音色が邪念を払ってくれるといわれる。

華瓶《けびょう》(花立て)

三具足では向かって左に、五具足ではいちばん外側に対《つい》にして置く。

香炉《こうろ》

線香や抹香を焚《た》くための道具。家紋付のものは紋が正面に向くように置く。三具足、五具足ともに中心に配置する。

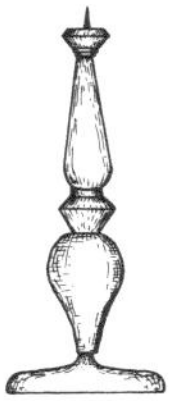

燭台《しょくだい》(ロウソク立て)

灯明《とうみょう》ともいう。三具足では向かって右に、五具足では華瓶の内側に対《つい》にして置く。

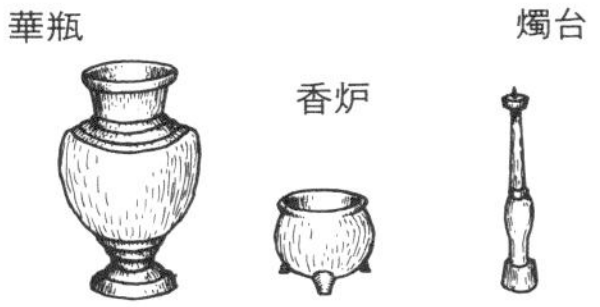

三具足《みつぐそく》

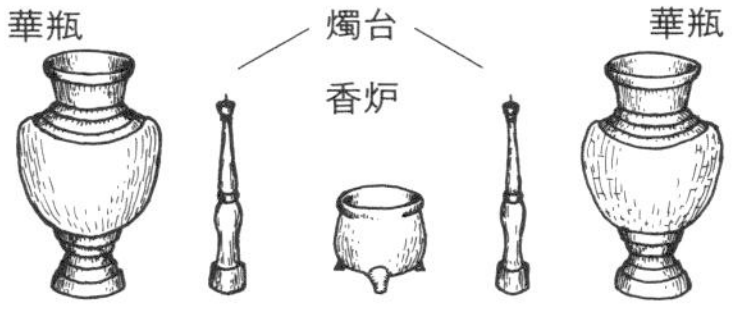

五具足《ごぐそく》

お寺の本堂や大きな仏壇では五具足や七具足が用いられるが、一般家庭では三具足で十分。

日常のおつとめ

おつとめとは

おつとめには、一切時・六時・四時・三時・二時の五種類がある。この「時」は時間ではなく、回数のこと。一般の家庭では二時、つまり朝夕一日二回行うのがよいだろう。

昔から「信は荘厳《しょうごん》から」といわれ、おつとめはお供物を整えることから始まる。朝起きて洗顔を終えたら、仏壇の扉を開き、花立ての水を替え、仏飯《ぶっぱん》、茶湯をそなえ、ロウソクに火をともし、線香に火をつける。

鈴《りん》を鳴らして合掌礼拝《らいはい》し、一日の誓いと仏さまの加護を祈る。読経《どきょう》を終えたら、再び合掌する。そしてロウソクの火を消す。

夜は寝る前に手を合わせ、今日一日の無事を仏さまに感謝する。そして、仏飯、茶湯を下げ、ロウソクや線香などの火が消えていることを確認してから、仏壇の扉を閉める。

仏壇は仏さまをまつる一家の大切なよりどころ。おつとめのあとは掃除をして、毎日きれいにしておきたいもの。旅行などで長期間留守にするときは、仏壇の扉を閉めておく。

灯明と線香のあげ方

ロウソクをともすのは、単に仏壇を明るくするためではない。ロウソクの火は灯明《とうみょう》と呼ばれ、知恵の徳をあらわしている。明かりが闇を開くように、仏の知恵が迷いの闇を開くことを願ってのことである。最近では防火のためもあって電気式の灯明も増えてきているようだが、やはりロウソクの清らかな光が望ましい。

ロウソクに火をともしたら、その火で線香に火をつけて、香炉に立てる。直接マッチで火をつける人もいるようだが、ロウソクから線香に火をつけるのが正しい方法だ。

線香の本数は三本あるいは一本で、

三本は仏・法・僧の三宝への供養をあらわすといわれる。

香炉は灰が散らかっていることのないようにいつも掃除を心がけ、ときどきは灰も替えたほうがよい。また、マッチの燃えかすなどは、香炉に立ててはいけない。

ロウソクや線香の火を消すときは、必ず手や団扇《うちわ》であおいで消す。決して息を吹きかけて消してはいけない。神聖な仏壇の前で、食べ物の生臭さの混じった息を吹きかけて消すことは無作法だからである。

消えにくいときのために、ロウソク消しなどの道具を用意しておくと便利だ。

お供物のあげ方

毎日そなえるものとしては、ご飯とお茶の二つがあれば問題はない。毎月の命日、祥月命日《しょうつきめいにち》(亡くなった月の同じ日)、年忌法要には、果物や菓子、あとは故人が生前に好きだったものをそなえればよい。

ただし、いくら好物といっても、生魚やステーキなど、生臭さを感じさせるものは避けたほうがよい。

また、ニンニク、ニラ、ショウガ、ネギ、ラッキョウなど、においの強いものもなるべく避ける。これらは精進料理でも使われることのない材料なのである。

最近では、仏壇にそなえたものを捨ててしまう家庭も少なくないようだが、本来は家族で食べるものだった。いただきものがあったときには、まず仏壇にそなえ、それから家族が食べるという習慣が残っているところもある。果物や菓子は傷まないうちに早めにおろして食べるとよいだろう。

お供物はふつう礼拝者のほうに向けてそなえるが、霊供膳《りょうぐぜん》だけは本尊に向ける。

花を礼拝者のほうに向けて飾るのは、仏さまの慈悲を意味している。それは、花を見ると人は喜び、悲しみや苦しみがやわらぐからである。

花を枯らしてはいけないと造花をそなえている家庭もあるようだが、一本でもよいからできるだけ生花をあげるようにしたい。仏壇にあげる花は野の花でもかまわないが、刺のあるもの、毒々しい色のもの、悪臭のあるものなどは避けるのが常識である。

また、花を毎日替える必要はないが、花を長持ちさせる意味でも、水だけは毎日替えるべきだ。そなえた水は清められた水ということで浄水《じょうすい》と呼ばれ、植木や花などにかけるとよいといわれる。

合掌のしかた

合掌は仏前における基本的な動作である。右手は悟りの世界である仏さまを、左手は迷いの世界、つまり私たち人間をあらわしているといわれ、合掌することは仏さまと一体になることをあらわす。

合掌の仕方は、両方の手のひらをぴったりとつけて、両手の指が自然に合うようにする。このとき、指がゆるんだり、指と指のあいだが広がらないように注意が必要だ。

合掌をするとき、背筋を伸ばして、親指のつけ根がみぞおちのあたりにくるようにすると、無理のない、きれいな合掌の姿勢ができあがる。

合掌のときには、きちんと正座をすることが基本である。正座をして、背筋を伸ばし、顎《あご》をひくことで姿も美しくなり、気持ちも引き締まってくる。

数珠のかけ方

合掌《がっしょう》するときや題目《だいもく》をとなえるときに欠かせないのが数珠《じゅず》である。

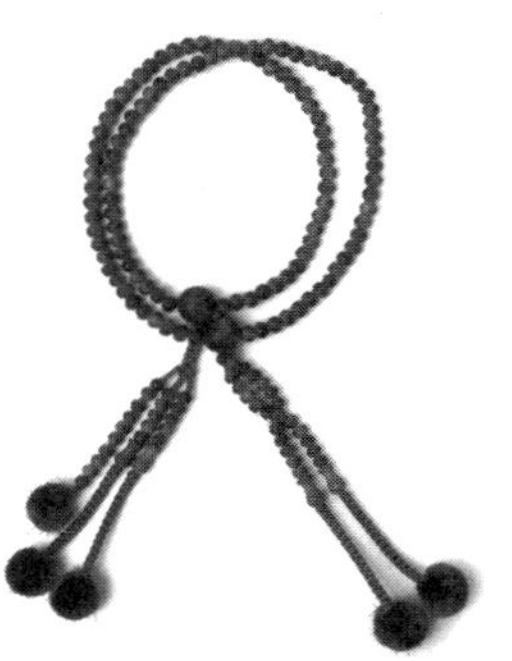

日蓮宗の数珠

正式な数珠は玉が一〇八個（四菩薩を除く）あり、「本連《ほんれん》」と呼ばれる。これは、人には煩悩《ぼんのう》が一〇八あるとし、それを断ち切ることを意味している。

数珠のかけ方は、合掌のときは二《ふた》環《わ》にして左手の親指と人差し指の間に、房《ふさ》を下にしてかける。

また、おつとめのなかで勧請《かんじょう》・唱《しょう》題《だい》・回向《えこう》のときには、一環《ひとわ》にして一度数珠をひねって綾《あや》をつくり、両手の中指第一関節にかける。この場合、房が三本のほうを左手に、二本のほ

日蓮宗の数珠のかけ方

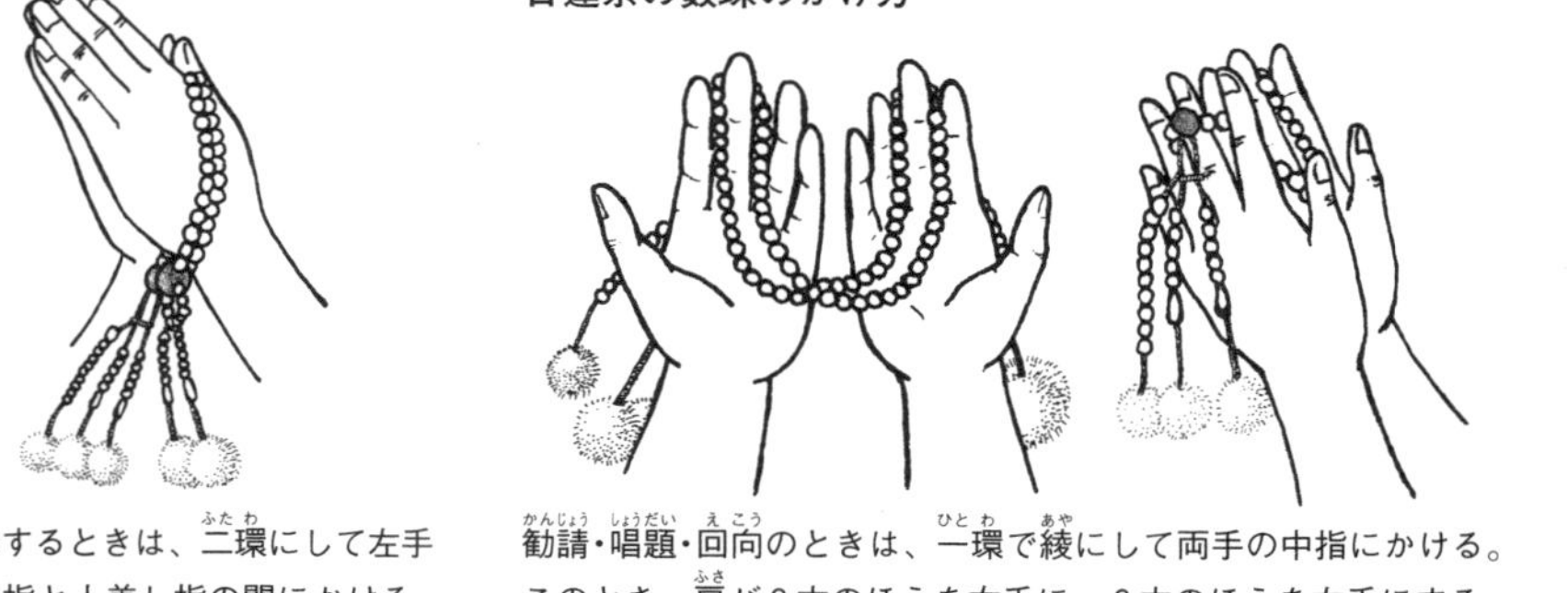

合掌するときは、二環《ふたわ》にして左手の親指と人差し指の間にかける。

勧請《かんじょう》・唱題《しょうだい》・回向《えこう》のときは、一環《ひとわ》で綾《あや》にして両手の中指にかける。このとき、房《ふさ》が２本のほうを右手に、３本のほうを左手にする。

うを右手にかける。手のなかに入った数珠ははみ出さないようにして合掌し、手をこすり合わせたり、数珠をすって鳴らすようなことはしない。

　なお、法要の席などでは、二環にして左手に持つのが基本である。

題目のとなえ方

　日蓮聖人は、「南無妙法蓮華経」の題目を心に念じ、となえること(唱《しょう》題《だい》という)によって人々が救われ、社会が平安になると信じて、教えを説くと同時に自ら実践した。その教えに従い、日蓮宗では唱題を修行の中心として正行《しょうぎょう》と呼んでいる。『法華経』を読んだり、暗記することは、正行を助けることにつながるという意味から助行《じょぎょう》という。

　「南無妙法蓮華経」の「南無」は、帰命《きみょう》すること、従うこと、命がけで誓うこと、敬うことなどの意味を含む。日蓮聖人は「お釈迦さまが菩薩として修行され、さらに仏さまとなられて、人々を救おうと導かれてきたすべての功徳は、〝妙法蓮華経〟の五字にすべてそなわっている。我々がこの五字を受持《じゅじ》(心に悟って忘れないこと)すれば、我々の血肉となり、お釈迦さまと我々は一つとなる」と説いている。つまり、お釈迦さまの功徳のすべては『法華経』そのものであるということから、日蓮は「南無妙法蓮華経」ととなえたのである。

　唱題とは、本尊である十界勧請《じっかいかんじょう》の大曼荼羅に向かって合掌し、大曼荼羅にあらわされた諸仏とともに題目をとなえることであり、我々が仏と一つになる、つまり成仏することでもあるのだ。

　題目を受持しつづけるには、いつも新たな心をもち、たゆむことなく、絶えることなく唱題することが大切だ。一時的に懸命になって題目をとなえても、長続きせずにすぐやめてしまったのでは意味がない。絶え間なく続けるために、もっとも必要なのは「信これ成仏の母」ともいうように、強く信じる心である。

　唱題には、地位や名誉、財産といったことはもちろん、年齢や性別などの差別はまったくない。『法華経』の救いを信じて、心から題目をとなえてこそ、功徳を受けることができるのである。

　重要なのは、真心から唱題することだ。そうすれば、たとえ一度だけ題目をとなえるのであっても、功徳を得られる。この真心をもって、繰り返し題目をとなえつづけることが、なによりも大切だ。

　唱題行は、唱題の精神を心に刻みこみ、口からはなさず、身体に教えこむ修行であるから、身と口と心の三つを一体にして唱題に励むことである。

おつとめの作法

日蓮宗のおつとめ

おつとめとは正式には勤行《ごんぎょう》というが、梵語ではビーリヤ＝パーラミターといって、つとめて善法を行う意味だ。

日蓮宗の檀信徒の毎日のおつとめは、『日蓮宗勤行要典』などの経本に基づいて、奉請《ぶじょう》（あるいは勧請《かんじょう》）、開経偈《かいきょうげ》、読経《どきょう》（『法華経《ほけきょう》』方便品《ほうべんぽん》・如来寿量品《にょらいじゅりょうほん》・如来神力品《にょらいじんりきほん》・観世音菩薩普門品《かんぜおんぼさつふもんぼん》など）、御妙判《ごみょうはん》、唱題《しょうだい》、宝塔偈《ほうとうげ》、一般回向《えこう》、四誓《しせい》の順に行われる。

以下に日蓮宗のおつとめの一例を参考としてあげておく。

一、奉請《ぶじょう》

十界勧請《じっかいかんじょう》の大曼荼羅本尊の前に座り合掌すると、そこは仏さまのいる道場となる。灯明《とうみょう》や香、花などの供物によって荘厳され、香の香りは道場全体に行き渡っている。そんな道場のなかに自分が置かれている気持ちでとなえることが大切である。

二、開経偈《かいきょうげ》

『法華経』をとなえられる幸せに感謝をして、無量の功徳を心から信じてとなえる。

三、読経《どきょう》

●『法華経』方便品第二

方便品は『法華経』の本門に入る前段階として重要な章である。最初に方便品からとなえる。

●『法華経』如来寿量品第十六

如来寿量品はお釈迦さまは永遠不滅の仏さまであることを示している『法華経』の真髄といえる教えであるから、そのことをしっかりと心に刻んでとなえなければならない。経典は散文と偈文でなりたっているが、ここでは如来寿量品の自我偈だけをとなえる。

四、御妙判《ごみょうはん》（御遺文抄《ごいぶんしょう》）

日蓮聖人の手紙のなかには、著述と同じように、重要な教訓をしたためたものも数多くある。そのため、手紙や著述をあわせて、すべてを御《ご》遺文《いぶん》と呼んでいる。

ここではそれらのなかから代表的なものの一節をとなえる。

五、唱題《しょうだい》

「南無妙法蓮華経《なむみょうほうれんげきょう》」と題目をとなえて『法華経』の救いを念じることであり、信心を励みつづけることである。その結果として、仏さまと一つになることができるのである。

日蓮聖人が説いた教えであり、『法華経』の行者が行わなければならない修行の基本であるから、何回も、となえられるだけとなえるよう

日蓮宗の日常のおつとめ

合掌・礼拝

三宝諸尊の来臨を請う

一、奉請《ぶじょう》

二、開経偈《かいきょうげ》

三、読経《どきょう》

『法華経』方便品《ほうべんぼん》・如来寿量品《にょらいじゅりょうほん》・如来神力品《にょらいじんりきほん》・観世音菩薩普門品《かんぜおんぼさつふもんぼん》など

四、御妙判《ごみょうはん》（御遺文抄）

五、唱題《しょうだい》

六、宝塔偈《ほうとうげ》

七、一般回向《えこう》

八、四誓《しせい》

合掌・礼拝

三宝諸尊が浄土に帰られることを念じる

＊なお、簡単には自我偈《じがげ》と唱題だけでもよいが、ていねいに行う場合は、欲令衆《よくりょうしゅう》、神力偈《じんりきげ》などを加える。

にする。

となえるときは、口先だけではなく、常に仏さまと一緒にとなえているることを忘れずに、自分の声が仏さまの声だというつもりで、心のなかから声を出すような気持ちをもつ。

唱題をしているときは、自分だけがとなえているのではない。仏さまもまた、ともにとなえていてくれるのである。そのことを忘れ、自分の欲望をかなえるために、打算、利益などを求めて唱題してはならない。

唱題は自らも救われ、他をも救おうという菩薩行《ぼさつぎょう》だ。一人よがりにならずに、人々の幸せや社会の平和などを望み、そのためにつとめようという気持ちをもつことが大事である。

六、宝塔偈《ほうとうげ》

『法華経』見宝塔品《けんほうとうほん》のなかに出てくる偈文が宝塔偈である。

見宝塔品は迹門《しゃくもん》のなかでは、本門である仏寿無量の説法に移るための序章ともいえる、法華信仰をすすめる大切な章である。それだけに、自分自身の信仰をいっそう深めるような気持ちをもって、となえることが大切だ。

七、一般回向《えこう》

これまでに読誦《どくじゅ》してきた『法華経』と題目の功徳を本尊に報告して、諸仏諸天に祈りをささげる。

また、信行に励むことを誓い、先祖の菩提《ぼだい》、『法華経』の広宣流布、国土・社会・家庭の安穏を祈る。

一語一語をはっきり、ゆっくりと心をこめて、念じながらとなえるようにする。

八、四誓《しせい》

『法華経』を信じ、学び、実践し、さらにひろめるという四つのことを誓うのが四誓である。

最後に、おつとめができたことへの感謝の気持ちをこめ、本尊を心に念じながらゆっくりととなえる。

葬儀のしきたり

日蓮宗の葬儀の意味

日蓮聖人は、『法華経《ほけきょう》』を信仰し、「南無妙法蓮華経《なむみょうほうれんげきょう》」と題目《だいもく》をとなえる者は、死後、霊山浄土《りょうぜんじょうど》におもむき、お釈迦《しゃか》さまとともに生きることができるといった。日蓮宗の葬儀は、故人の霊を霊山浄土《りょうぜんじょうど》へ送り、追善、追福する儀式である。同時に、故人を送る者たちが死と直面することによって、生きていることの本質をみきわめるための大切な場でもある。

臨終

●末期の水

本来、末期《まつご》の水とは死にゆく人に最期の水を飲ませること。現在では臨終確認後に、葬儀社の用意した先端に脱脂綿のついた割り箸で口を湿らせる。樒《しきみ》の葉を使う地方もある。

●湯灌・死化粧・死装束

仏弟子となる儀式を受けるために全身をふいて心身を清めることを湯《ゆ》灌《かん》という。死化粧《しにげしょう》は、男性なら髭《ひげ》をそり、女性は薄化粧をして、美しい死に顔に整えてあげる。

死装束《しにしょうぞく》は、俗に真の安楽土への旅の衣装とされるが、正しくは仏弟子となる儀式を受けるための衣装である。日蓮宗では、背に大曼荼羅《だいまんだら》を書写した経帷子《きょうかたびら》を着用し、一〇〇〇カ寺参詣、寒修行などを行い、死後はそれを着て送られることを喜びとした歴史がある。そのため、経帷子に大曼荼羅や『法華経《ほけきょう》』の経文を書いてもらうこともある。

死装束をつけないときには、愛用していた服または浴衣《ゆかた》を着せる。

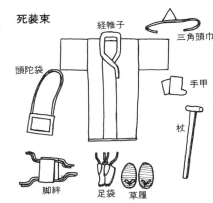

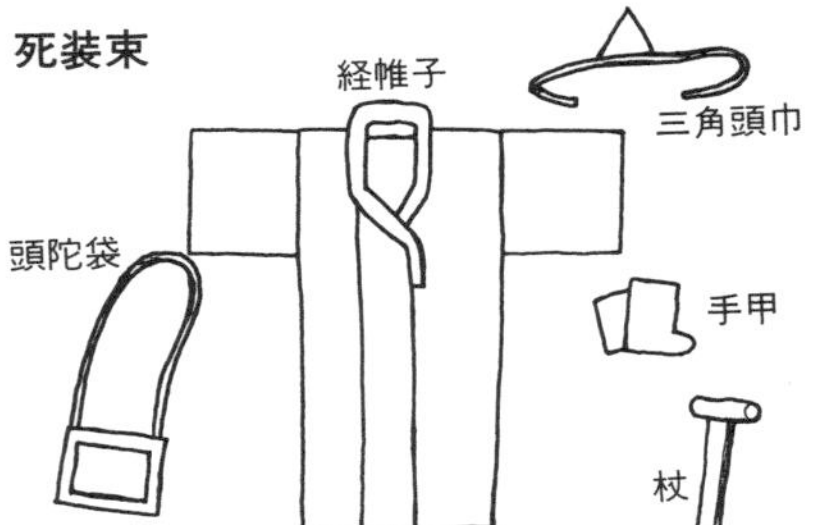

●遺体の安置

仏間または座敷などに頭を北に向けて寝かせ(北枕)、枕頭の壁に大曼《だいまん》荼羅《だら》本尊をかけて、顔は白布で覆い、枕元か胸元に守り刀を置く。

●枕飾りと枕経

故人の枕元に供養のための壇を設けるのが枕飾りだ。小さな机に白い布をかけ、右から燭台《しょくだい》・香炉・華瓶《けびょう》の三具足《みつぐそく》を置く。ロウソクの火と線香は絶やさないようにする。

枕飾り

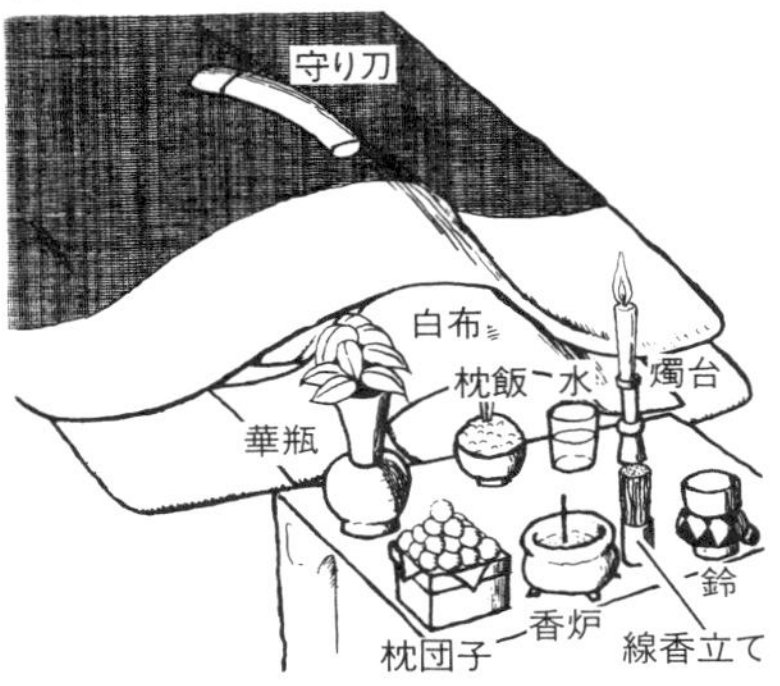

枕飾りを整えたら、菩提寺《ぼだいじ》の住職を招いて、読経してもらう。このときのお経は方便品《ほうべんぼん》、自我偈《じがげ》を中心に題目をとなえる。

●戒名（法号）

戒名は法号、法名《ほうみょう》ともいい、日蓮聖人の教えに導かれて、法華信仰に入った者に授与される仏弟子としての名前である。本来は生前に受けておくものだが、故人となってから授与されることも多い。

まだ、法号を受けていないときには、枕経が終わったときに、菩提寺の住職にお願いするとよいだろう。

通夜

通夜とは、親族や知人が夜を徹して遺体のそばで過ごし、霊を慰めること。

以前は近親者だけが出席するものだったが、最近は葬儀に出席できない人が出席するようになったこともあって、半通夜《はんつや》といって、午後六時ころから二〜三時間で終わることが多くなっている。しかし、午前〇時を過ぎるまでは交代でだれか起きていて、灯明や線香を絶やさないようにしたほうがよいだろう。

死亡から葬式まで二日おく場合は、死亡当日は枕経、二日目に通夜《つや》が営まれる。枕経では喪服でなくてもかまわないが、通夜のときには遺族は喪服を着用するのが礼儀である。

通夜の進行例

一、一同着座

二、導師（僧侶）入堂

三、道場偈

四、勧請《かんじょう》

五、読経・焼香

焼香は、喪主、遺族、親戚、弔問客の順に行う。部屋が狭い場合は、回し焼香にすることもある。

六、祖訓《そくん》

七、宝塔偈《ほうとうげ》

八、回向《えこう》

九、四誓《しせい》

一〇、奉送《ぶそう》

一一、法話

一二、導師（僧侶）退堂

一三、喪主あいさつ

故人にかわって感謝の気持ちを伝える。通夜ぶるまいの準備があるときは、その旨を知らせる。

一四、通夜ぶるまい

僧侶が辞退されたときは、折詰をお寺に持参するか「御膳料」を包む。

葬儀・告別式

日蓮宗の葬儀は、「南無妙法蓮華経」と題目をとなえることによって、故人を霊山浄土へと旅立たせる儀式である。

遺族、参列者は、時間前に席について僧侶を迎えるのが礼儀である。

霊前に合掌黙祷《もくとう》してから式を開始するが、読経が知っているお経であれば、僧侶に和してとなえる。また、『法華経』の信仰者は死後、霊山浄土でお釈迦さまとともに生きることができるとされているので、題目は参列者全員で故人の霊山往詣を念じながらとなえるようにする。

なお告別式とは、故人の友人や知人が最後の別れをする儀式である。葬儀と告別式は本来違う意味の儀式であるため、別々に行うものであったが、最近は葬儀と告別式を兼ねることも多い。

日蓮宗の葬儀の進行例

一、一同着座
二、導師《どうじ》(僧侶)入堂
三、道場偈《どうじょうげ》
四、三宝礼《さんぼうらい》
五、勧請《かんじょう》(諸仏諸天の来臨を請う)
六、開経偈《かいきょうげ》
七、読経
八、呪讃《しゅさん》
九、鐃鈸《にょうはち》
一〇、開棺
一一、献供《けんく》(霊供膳をそなえる)
一二、献水(水をそなえる)
一三、引導文《いんどうもん》
一四、導師焼香
一五、読経
一六、遺族焼香
一七、御妙判《ごみょうはん》
一八、唱題
一九、宝塔偈《ほうとうげ》
二〇、回向《えこう》
二一、四誓《しせい》
二二、三帰《さんき》
二三、奉送《ぶそう》(諸仏諸天を送る)
二四、導師(僧侶)退堂

日蓮宗の告別式の進行例

一、参列者入場着席
遺族は一般の会葬者よりも早めに席についておく。
二、導師(僧侶)入堂
会葬者は正座か、椅子席の場合は起立して僧侶を迎える。
三、開式の辞
四、道場偈《どうじょうげ》
五、三宝礼《さんぼうらい》
六、勧請《かんじょう》
七、読経
八、引導文《いんどうもん》
九、弔電披露
読み終えた弔電と弔辞は、必ず祭壇にそなえる。
一〇、会葬者焼香(読経)
喪主、遺族は会葬者のほうを向いて座り直し、一人ひとりに黙礼する。
一一、祖訓《そくん》・唱題・回向《えこう》・四誓《しせい》・三帰《さんき》
一二、奉送《ぶそう》
一三、導師(僧侶)退堂
一四、喪主あいさつ
会葬者に参列、焼香のお礼を述べる。
一五、閉会の辞

焼香の作法

葬儀や法要の焼香には、数種類の香木を刻んで調合した抹香《まっこう》が使われる。日常使われる線香は、長持ちすることからお墓参りなどで使われるようになった略式のものだ。

焼香の作法は、通夜も葬儀のときも変わらない。僧侶から合図があったら、喪主を先頭に血縁の順番に焼香を行っていく。親族のあと、知人、一般会葬者となる。

日蓮宗における焼香の回数については、仏・法・僧の三宝に供養するという意味から、三回といわれているが、必ずしも三回でなければいけないというわけではなく、会葬者の人数により一回で済ませてもかまわない。

香炉を順送りして自分の席で焼香する回し焼香の場合も、基本は同じである。

①数珠を左手に持って
祭壇の前に進み、
僧侶に一礼、仏前に
合掌礼拝する。

②抹香を右手の親指と
人差し指で軽くつまむ。

③左手をそえて、抹香を
額の前に軽くささげる。

④香炉に入れる。
３回焼香するときは、
②〜④を繰り返す。

⑤もう一度、
仏前に合掌礼拝する。

⑥僧侶に一礼し、
自分の席に静かに戻る。

出棺・火葬

葬儀が終わると、棺《ひつぎ》が祭壇からおろされ、近親者や親しい友人が遺体を花で飾る。これが遺体との最後の対面となり、棺は親族によって運ばれ、霊柩車《れいきゅうしゃ》で火葬場へ向かう。

火葬場に行くのは原則として、遺族、親族、親しい友人だが、同行してもらいたい人には、まえもってその旨を伝えておくべきである。また、僧侶にもまえもって依頼しておいて、同行してもらい、読経してもらうとよい。

火葬場に持っていかなければならないものは、火葬許可書、白木の位牌、遺影などである。火葬証明書は火葬が済むと執行済みの印が押され、これが埋葬許可書となる。

火葬場につくと、棺はかまどに安置され、その前の小机に位牌、遺影、香炉、燭台、花などが飾られて、一同焼香して最後の別れをする。

火葬が終わると拾骨《しゅうこつ》となる。拾骨は箸渡《はしわた》しといって、長い竹の箸でお骨を拾い、順にはさんで渡し、最後の人が骨壺《こつつぼ》に入れる。地方によっては、男女一組で竹と木の箸で骨を拾って骨壺に納めていく方法もある。

骨壺は白木の箱に入れ、白布で包んで自宅に持ち帰るが、分骨する予定があれば、このとき一部を小さな骨壺に分け入れ、錦の袋に入れて持ち帰る。

遺骨を迎える

出棺後にも弔問者の応対と遺骨を迎える準備のために、遺族のなかからも留守番を残しておかなければならない。留守番の人は葬儀社の人に依頼し、四十九日の忌明《きあ》けまでまつる中陰壇《ちゅういんだん》の準備をするとともに、玄関や門口に小皿に盛った清めの塩と手を洗う水を用意しておく。

火葬場から帰った人は、清めの塩で身を清め、水で手を洗う。お清めが済んだら、遺骨を中陰壇に安置して、僧侶にお経をあげてもらう。最近では、続けて初七日《しょなのか》の法要を行うことも多い。

そのあと、精進落《しょうじんお》としといって、会葬者に酒食の接待をする。あくまで僧侶や手伝ってくれた人たちを接待する席であるから、喪主・遺族は末席に座り、喪主は葬儀がぶじ終了したことのお礼のあいさつをする。

中陰檀

忌明けと納骨

故人が亡くなった日から四十九日めまでを忌中《きちゅう》といい、四十九日の法要で忌明《きあ》けとなる。

納骨は、四十九日の法要とあわせて行われることが多い。しかし、地方によっては、火葬のあとすぐに納骨するところもあるし、拾骨のあとお骨をそのままお寺に預けてそれから納骨するところもある。

墓地をまだ用意していない場合は、お寺や霊園などの納骨堂に一時的に預かってもらい、一周忌から三周忌をめどとしてお墓を建て納骨する。

近年は、墓地の相続が大変なことからお寺や霊園が一定期間管理・供養してくれる永代供養墓や合祀墓《ごうしぼ》の選択肢もある。

墓地に埋葬するときには、菩提寺または自宅で納骨法要をしていただいてから、墓地に移動して納骨式を行う。

また、そのとき墓地に立てる卒塔《そとう》婆《ば》は、まえもって菩提寺に頼み、法号(戒名)を書いておいてもらう。

忌明けとともにしなければならないことが香典返しだ。

香典返しはもともと忌明けの知らせであり、香典をもらったすべての人に会葬礼状と品物を送る。ふつう、半返し、三分の一返しといい、もらった香典の半額から三分の一の金額の品物を返すのが目安となっている。表書きは「志」または「粗供養」とし、黒白の水引を使う。

お布施・謝礼

葬儀をつとめていただいた僧侶への謝礼は、葬儀の翌日あらためてお寺へ出向いて渡す。

正式には奉書紙で中包みしてさらに奉書で上包みし、筆で「御布施」と表書きするが、一般の不祝儀袋を使ってもかまわない。水引は黒白のものにする。

お布施を渡すときは、直接手渡すよりも、小さなお盆などにのせて差しだすと、よりていねいになる。

また、お車代や御膳料は、お布施とは別にそのつど渡すようにする。

香典と表書き

香典は薄墨で「御香資《ごこうし》」と表書きし、遅くとも四十九日までに届くようにする。連名で包むときには、表に姓名を書くのは三名まで。それ以上のときには「○○一同」「○○有志」などと記して、別紙に全員の名前を書いて、中包みに入れておくようにする。

市販の不祝儀袋を用いる場合は「御霊前」とし、「御仏前」は法事の際に用いる。

法要のしきたり

法要とは

一般的には法事と呼ばれ、この世に残ったものが故人が霊山《りょうぜん》浄土で安楽になるようにと行う追善供養である。また、故人を供養することを通して、祖先たちの恩をしのび、自分たちがいまあることに感謝するという意味もある。

死亡から四十九日までは中陰《ちゅういん》または中有《ちゅうう》といわれる。これはインドの輪廻《りんね》転生《てんしょう》の考え方からきているもので、死から次に生まれ変わるまでの期間と考えられている。七日ごとに七人の仏さまに守護を願って、追善法要をするようになった。これが中陰忌法要で、初七日《しょなのか》、三十五日（五《いつ》七日《なのか》）、満中陰の四十九日（七七日《なななのか》）は親戚を招いて行われる。

地方によっては、四十九日が三カ月めにあたる場合は「始終苦《しじゅうく》が身《み》につく」といわれ、三十五日できりあげる習慣がある。また関西などでは逮夜《たいや》といって、前夜にこれらの法要が営まれるところもある。

次が百カ日法要で、四十九日まではあわただしく、悲しみのなかで過ごした遺族も、このころになると落ちつきや気持ちのゆとりもでてくるということから、悲しみの終わる日として供養する。卒哭忌《そっこくき》ともいわれる。

毎月の命日に故人の好物を仏壇にそなえ、家族でお参りするのを月忌《がっき》法要という。死亡した日と同月同日は祥月命日《しょうつきめいにち》と呼ばれ、年忌法要が行われる。

年忌法要は、一周忌、三回忌、七回忌、十三回忌、十七回忌、二十三回忌、（二十五回忌）、二十七回忌、三十三回忌、三十七回忌、五十回忌、そのあとは五〇年ごととなる。

一般的には、三十三回忌をもって弔《とむら》い上《あ》げとし、祖先の霊に合祀《ごうし》される。

一周忌は親族はもちろん、友人、知人などにも参列してもらって盛大に営まれることが多いが、三回忌以降は故人と血縁の濃い親族やとくに親しかった人を招くか、家族だけで営まれる。

年忌法要がたまたま同じ年に重なるときには、あわせて行うこともある。これを併修《へいしゅう》または合斎《がっさい》という。

しかし、併修ができるといっても、七回忌までは、できるだけ故人一人について行いたいものである。

また、中陰忌法要と年忌法要は、同時に行わないのが昔からの習わしだ。

お斎《とき》の席次

正客となる僧侶は必ず祭壇の前に座っていただき、施主は下座に座る

法事の準備

法事はどの程度の規模で執り行うのかによっても違ってくるが、早めに準備をしておくことが大切だ。お寺や僧侶、招待者の都合もあるから、できれば半年前、最低でも三カ月前には準備を始めたい。

法事の日取りは、故人の祥月命日にあわせて行うのがいちばんだが、休日などとの兼ね合いもあって、多少日をずらすこともある。ただ、その場合は命日よりも遅らせずに、早めるようにする。

実際に日取りを決める際には、菩提寺に相談するのが最初である。会場の決定と予約、招待客への案内状、料理、引き物、供物など、準備は数多くある。料理や引き物の手配をするためにも、早めに招待者を決定し、案内状に返信用の葉書を同封するなど出席の有無をあらかじめ知らせて

法事の進行例

一、導師（僧侶）を出迎える
施主が玄関まで必ず迎えにでて、控室まで案内する。

二、一同着座
故人と血縁の深い人から順に着席する。

三、導師（僧侶）入堂

四、施主のあいさつ
省略することもある。

五、読経
僧侶の礼拝《らいはい》にあわせて、参会者一同が合掌礼拝する。経本があるときは、参会者もあわせて読経する。

六、焼香

七、法話

八、施主のあいさつ
お墓参りも行う場合は、施主から説明し、お墓へ向かう。

九、お墓参り・塔婆供養

一〇、お斎《とき》
会食が終わったら参会者に引き物を渡す。

もらうようにしたい。

会場は、家族だけで営むような場合は自宅で、多人数のときにはお寺や斎場を借りて行う。菩提寺にお墓がある場合には、お墓参りのことも考えて、お寺にお願いすることが多いようだ。

また、忘れてはならないのは経費である。確実に計算にいれておかなければならないのは、会場費、会食費、引き物、供物代、お布施、案内状の印刷費などだ。このほかにも、招待客の送迎の車代や場合によっては宿泊費なども考えなければならないこともある。

基本的に法事の費用は施主が負担することになるが、最近では、兄弟などで分担するということも多くなっている。

お墓参りと卒塔婆供養

法事が終わったら、お墓参りをする。法事の前にはあらかじめお墓の掃除をしておくことが大切だ。

年忌法要の際には、板塔婆をあげて供養する。この塔婆供養は、一切の不浄を除いてその場を浄土とし、霊の安住地とする意味があり、必ず行われる。お釈迦さまの入滅後、弟子たちが遺骨を分骨して、塔を建てて供養したのがはじまりで、この塔をインドではストゥーパといい、それが日本語の卒塔婆《そとうば》となって三重塔や五重塔を意味するようになった。

そののち、五重塔を模して五輪塔が建てられるようになり、さらにその形をまねて板塔婆がつくられ、お墓の後ろに立てられるようになった。板塔婆には、題目を書いて、その下に法号(戒名)を記して供養する。

塔婆は、まえもってお寺に依頼しておけば、法要当日までに用意してくれる。依頼するときには、電話連絡で済ませるのではなく、建立者の名前などが間違わないように、必ず紙に書いて渡すようにする。

塔婆料はお寺によって決まっているので、依頼のときにたずねてかまわない。

『法華経』には起塔供養をすすめ、その功徳をたたえる一文がある。年忌法要にかぎらず、卒塔婆を立てて先祖の霊を供養することの功徳は、お釈迦さまに拝して供養をささげる功徳と同じなのである。

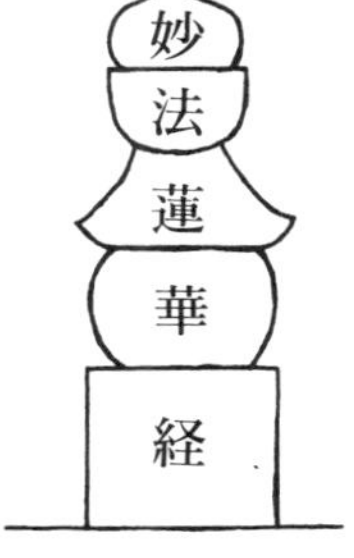

五輪塔

板塔婆

お斎と引き物

お墓参りが終わったら、僧侶や参会者に食事をふるまうが、これをお斎《とき》と呼ぶ。

自宅か、お寺の一室を借りて、仕出し料理をとる場合もあるが、料理屋やレストランなどを借りることも多い。料理は精進料理が望ましいといわれているが、鯛など慶事に出されるようなものを除けば、精進料理にこだわる必要はない。

施主および家族は末席に座り、施主は下座から参会者へのお礼を述べ、あいさつする。お斎の正客は僧侶であるから上座に座っていただき、お膳やお酒などは、必ず僧侶から先にだすようにする。

参会者へのお礼と記念として、引き物の用意も大切だ。遠来の人のことも考え、かさばるもの、重いものは避ける。以前は菓子、海苔、お茶などが一般的だったが、最近ではブランドもののハンカチ、プリペイドカードなど多様化してきた。

引き物の表書きは「粗供養」または「志」とする。

また、都合でお斎をしないときは、引き物と一緒に料理の折詰やお酒の小瓶を用意して手渡す。

僧侶への謝礼

法事の際の僧侶への謝礼は、お布施として渡す。

不祝儀袋に「御布施」と表書きし、施主の名前、もしくは「〇〇家」と記せばよい。読経が終わったあと、別室で渡すようにする。

金額は地域、お寺の格式、僧侶の人数、故人の戒名などによって違ってくる。

僧侶に自宅などに出向いてもらったときには、送迎の有無にかかわらずお車代を用意する。また、お斎を省略したときや僧侶が列席されないときには御膳料を包む。

供物料と表書き

法事に招かれたときには、供物料を持参する。不祝儀袋に「御仏前」「御花料」「御供物料」などと表書きし、水引の色は黒白よりも銀、白と水色などのほうがよい。

または、生花、菓子、果物、線香などのお供物を持参してもよい。

卒《そ》塔《とう》婆《ば》供養をしたいときは、法事の案内状の返事をするときにその旨を伝え、当日、供物料とは別に「御塔婆料」と書いて施主に渡す。

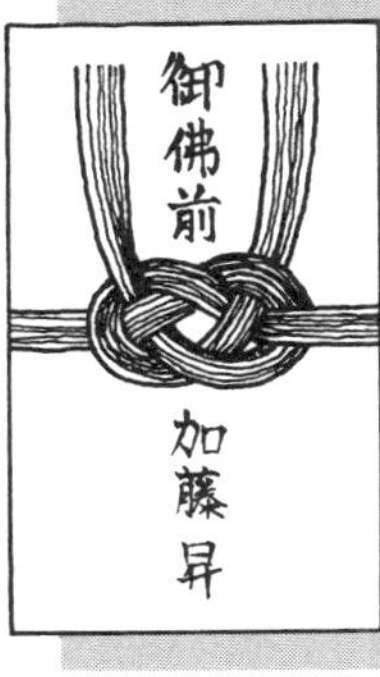

お墓のまつり方

お墓とは

日頃、我々は深く考えずに遺骨を埋葬するところという意味で「お墓」といっている。お墓というと土地がつきものというイメージもある。しかし最近、大都市圏などでは、マンションのような土地つきでないお墓も増えている。

また、お墓について誤解されやすいのが、「お墓を買う」という言い方だ。お墓を建てる土地を買うかのように聞こえるが、実際には半永久的に借りるのだ。つまり、墓地の永《えい》代《たい》使用料を一度に払うのである。

墓地と納骨堂

墓地にも、経営形態の違いなどによって、いろいろな種類がある。

●寺院墓地

お寺の境内にある墓地で、もともとそのお寺の檀家のためにあるものだ。寺院墓地をもとうとすれば、そのお寺の檀家にならなければならない。当然、法要などはそのお寺の宗派のやり方に則って行われるから、故人や家の宗派と同じお寺を見つけなければならない。

●公営墓地

都道府県、市町村などの自治体が経営している墓地である。宗派に関係ないうえに、永代使用料が安く、管理もしっかりしているので、人気が高い。公営墓地の有無や申込方法などは、住んでいる自治体に問い合わせてみるとよい。

●民営墓地

財団法人や宗教法人が経営し、郊外に大規模な墓地を造成しているケースが多い。公営墓地と同じく、宗派に関係のないところがほとんどである。

●納骨堂

もともとは墓地に埋葬するまで遺骨を一時預かりする目的でつくられたものだったが、最近は永代使用ができるものも増えてきた。ロッカー形式のものと、仏壇があってその下に遺骨を納めるスペースが設けられたものと二タイプある。経営も寺院・民営・公営といろいろだ。

納骨堂

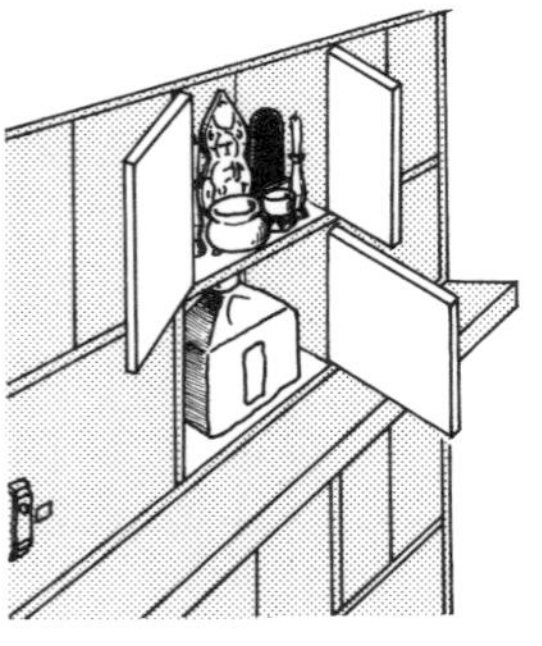

逆修と永代供養

生きているうちに自分で自分のお墓を建てることを逆修《ぎゃくしゅ》といい、長生きできるといわれている。

こうした生前墓を逆修墓《ぎゃくしゅぼ》あるいは寿墓《じゅぼ》などという。墓石に刻んだ自分の名前や戒名は、朱色に塗っておく。そして、亡くなったときに朱色を取りのぞく。

お墓のことで家族に迷惑をかけたくない、自分の眠るお墓は自分の手で建てたいなどの理由から、このごろではこうしたケースも珍しくなくなっている。

また、あとを継ぐ子供がいない、海外で暮らすからなどの理由で、寺院や霊園に永代供養を頼む人も増えてきているようだ。三回忌や七回忌を機に規定の金額を支払って依頼するが、できるかぎりは施主が供養するほうがよい。

お墓の種類

●家墓《いえばか》

現在、もっとも多いのがこの形式のお墓で、一つの墓石に「○○家代々之墓」または「南無妙法蓮華経」などと刻まれている。一族が一つのお墓に入り、子孫へと代々受け継がれていくものである。

●個人墓《こじんばか》

一人に一つずつ墓石を立てていくもの。正面に戒名を刻み、側面または裏面に俗名、没年月日、業績などを刻む。かつてはよく見られたが、最近は土地不足などから減っており、とくに功績のあった人など、限られたケースのみになっている。

●比翼墓《ひよくぼ》

夫婦二人のためのお墓で、ふつうはどちらかが亡くなったときに建てる。戒名を刻む場合は、残された人も戒名を授けてもらい、逆修のときと同様に朱色に塗っておく。

●合祀墓《ごうしぼ》

事故や災害などで一度に大勢の人が亡くなったときに建てる。慰霊碑的色彩が強く、石碑に名前を刻み、名簿を納めたりする。

●一墓制《いちぼせい》

お寺に一基だけお墓があって、檀家の人が亡くなると、すべてそのお墓に入るというもの。ごく少数派であったが、最近では地縁血縁をこえた仲間同士による、新しいかたちの一墓制が生まれつつある。

お墓の構成

お墓には最低限、墓石とその前に花立て、線香立て、水鉢が必要だ。墓石の下には、遺骨を納めるカロート(納骨室)がある。

家墓では、埋葬者が多くなると戒名や没年月日などを墓石に刻みきれなくなってしまうため、墓誌を立て

一般的なお墓のつくり

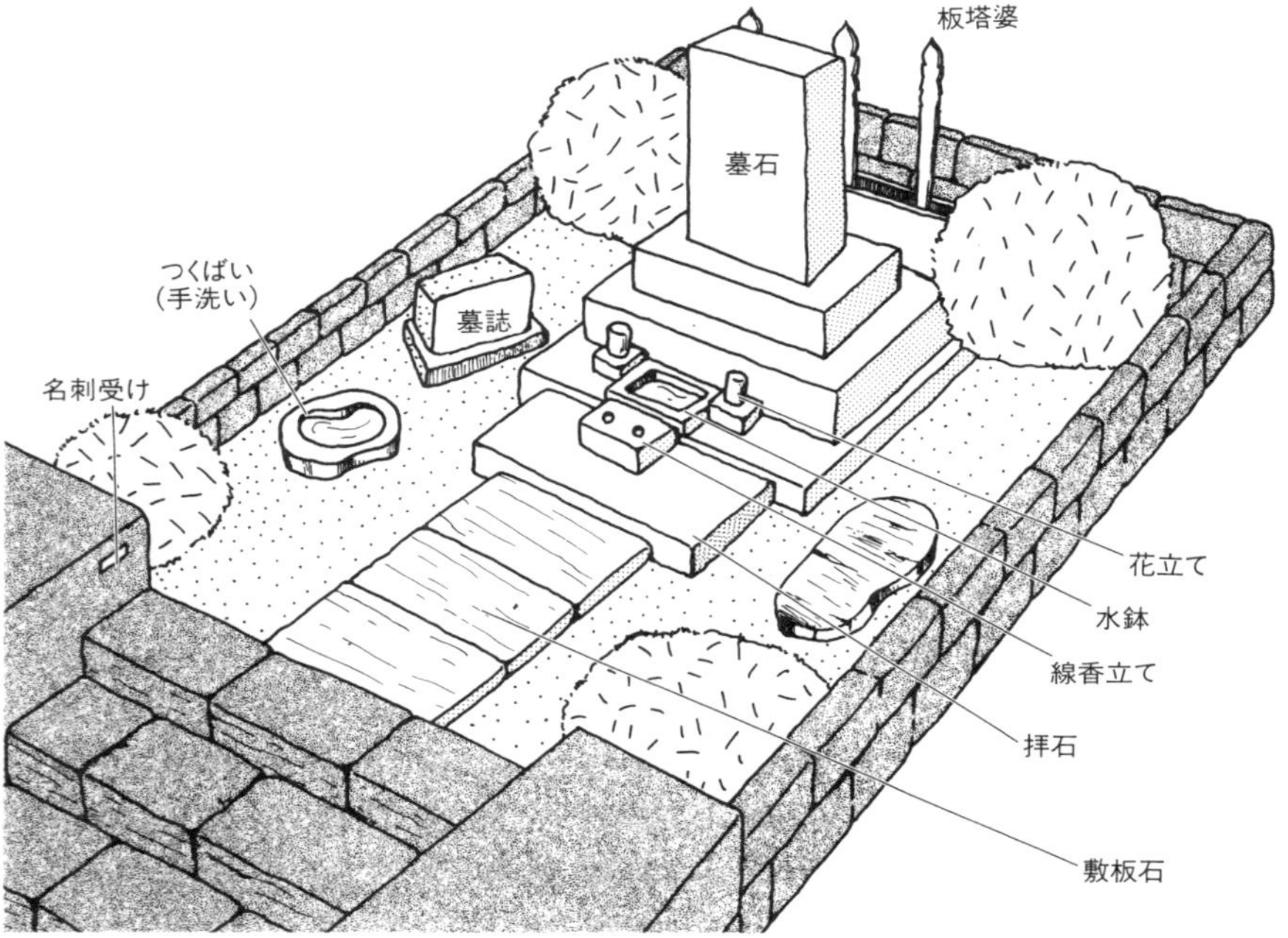

ることが多い。

また、墓石はふつう角石塔が多いが、そのほかにも、自然石型、五輪塔型など、いろいろな形がある。

墓石の文字は「○○家先祖代々之墓」などが多いが、日蓮宗の檀信徒であるなら、「南無妙法蓮華経」と題目を刻むか「妙法○○家之墓」とするほうがよい。そして、側面に建立年月日・建立者・戒名などを刻む。

家紋を入れる場合は、花立てや水鉢などに刻むのがよいだろう。

なお、墓石に刻む文字は略字は使わず、旧字体のほうがよいといわれている。家紋なども間違いのないようように石材店に正確に注文することが大切だ。

建墓と改葬

お墓を建てたり、墓石を新しくしたときには、開眼《かいげん》法要をしなければならない。

また、個人墓を整理して家墓にしたり、故郷から離れて暮らしているため、お墓を近くに移したいなどの理由から改葬することがある。古い墓石はお寺や霊園に頼んで処分していただくが、その前に御霊《みたま》(魂)抜きの儀式が必要である。

それぞれの儀式の行い方については、菩提寺《ぼだいじ》の住職に相談すれば教えてくれる。

お墓参りの作法

故人の命日や年忌法要、お盆、お彼岸などにでかけることが多いが、入学、進学、就職、結婚など、人生の節目に報告を兼ねて、お墓参りをするのもよい。

お墓参りのときに注意しなければならないのは、お供物を必ず持って帰ることだ。そのままにしておくと、腐ったり、動物や鳥が食い荒らし、汚れの原因になる。

お墓参りの手順

①お寺の住職または霊園の管理事務所にあいさつし、必要なものを借りる。
②手を洗い清め、手桶に水をくんでお墓に向かう。
③合掌礼拝してから、お墓の掃除をする。落ち葉やゴミを拾い、雑草を抜き、墓石を洗う。花立てのなかのゴミ、香炉の灰も始末する。
④花立てに生花を飾り、お供物をそなえる。菓子や果物は二つ折りの半紙の上にのせる。
⑤線香をあげる。
⑥墓石に水をかけるときは、線香を消さないように注意する。
⑦合掌礼拝し、数珠を持って１人ずつ手を合わせ、題目をとなえる。
⑧お花以外のお供物は持ち帰る。

●墓参りに持っていくもの

ほうき、たわし、雑巾、バケツ、ひしゃく、手桶、マッチ、ロウソク、線香、半紙、数珠、お供物の花・果物・菓子など
＊掃除用具などは、お寺や霊園事務所で借りられるところもある。

仏前結婚式のしきたり

仏前結婚式とは

結婚は、他人であった男女が縁によって結ばれ、夫婦となって家庭を築いていく、人生の大事な節目であり、門出である。

幾多の男女のなかから夫婦になるということを「縁」でいいあらわすが、縁とはもともと仏教の考え方である。

結婚は誕生につながるものであるだけに、先祖の供養、孝行、正法《しょうぼう》(仏さまの正しい教え)の継承など、さまざまなことが結婚によって始まるといってもいいだろう。その結婚の儀式を仏前で行うことは、檀信徒にとって、非常に意味のあることであると同時に、一生忘れられない思い出ともなる。

御宝前の荘厳と供物

結婚式の御宝前の荘厳《しょうごん》は、三具足、五具足のいずれでもかまわない。お供物、供花《くげ》などはまえもって、式をあげるお寺の住職に相談して、打ち合わせておくことが大切だ。

一般的に供花は、松の立華《りっか》など、祝いの席にふさわしいものが用意される。

供物については、紅白餅一重、御酒、菓子、果物、五穀に加えて、勝栗、椎茸、かんぴょう、昆布、鰹節など、海の幸、山の幸をそなえることが多いようである。

仏前結婚式の座配

仏前結婚式では、本尊の前に、手前から、五具足あるいは三具足、五穀を中央に、右に海の幸、左に山の幸、そしていちばん奥の中央に餅を、その左右に菓子、果物をそなえるのがふつうとなっている。

さらに、お供物の手前に、右から銚子、瓶子《へいじ》、土器の順に並べられる。

これらの荘厳の前に、僧侶(式長・侍者)が並んで、新郎新婦、その後ろに媒酌人が控え、司会(式監)は媒酌人の斜め後ろに位置する。

参列者の席は、本尊に向かって右側が新郎側、左側が新婦側となっている。

仏前結婚式の進行

正式には、日蓮宗法要式に定められた式次第に則って行われる。しかし、それでは時間がかかるために、最近では簡略化したかたちで行われることが多くなっている。

ここでは、仏前結婚式の進行の一例を紹介しておく。

仏前結婚式の進行の一例

一、一同着席

二、初楽

　雅楽が流れるなかを介添人が新郎新婦と媒酌人を案内、着席したあと、式長・侍者らが入堂する。

三、開式の詞《ことば》（式監）

四、勧請《かんじょう》（式長）

五、久遠偈《くおんげ》（式長・侍者）

六、奉告文《ぶこくぶん》（式長）

　三宝に対し、夫婦円満を祈願する。

七、中楽

八、盃礼

　二人の侍者がそれぞれ数珠と祖訓の三方と盃などの三方をもって式長に随行し、新郎新婦の前に進み、式監が盃の合図をして、侍者が注ぐ。

九、数珠授与

　侍者が数珠を式長に渡し、式長がそれを新郎新婦の左手首にかける。これ以降、新郎新婦は合掌する。

（この数珠授与が終わると中楽が止まる）

一〇、祖訓《そくん》（式長）

一一、献華（新郎新婦）

一二、指輪交換

一三、誓いの詞《ことば》（新郎新婦）

　私たち二人は、今日のよき日に結婚の式典をあげました。み仏の教えに従い、お互いに深い愛情と理解をもって、末永く苦楽をともにし、幸せな家庭を築くことを誓います。

　日付　夫の名・妻の名

一四、中楽

一五、親族固めの盃

一六、授証（式長）

新郎新婦に正婚允可証《いんかしょう》が授けられる。

一七、証明（式長・侍者）

一八、玄題《げんだい》三唱（全員）

一九、祝祷《しゅくとう》（式長）

二〇、納楽

二一、納式の詞（式監）

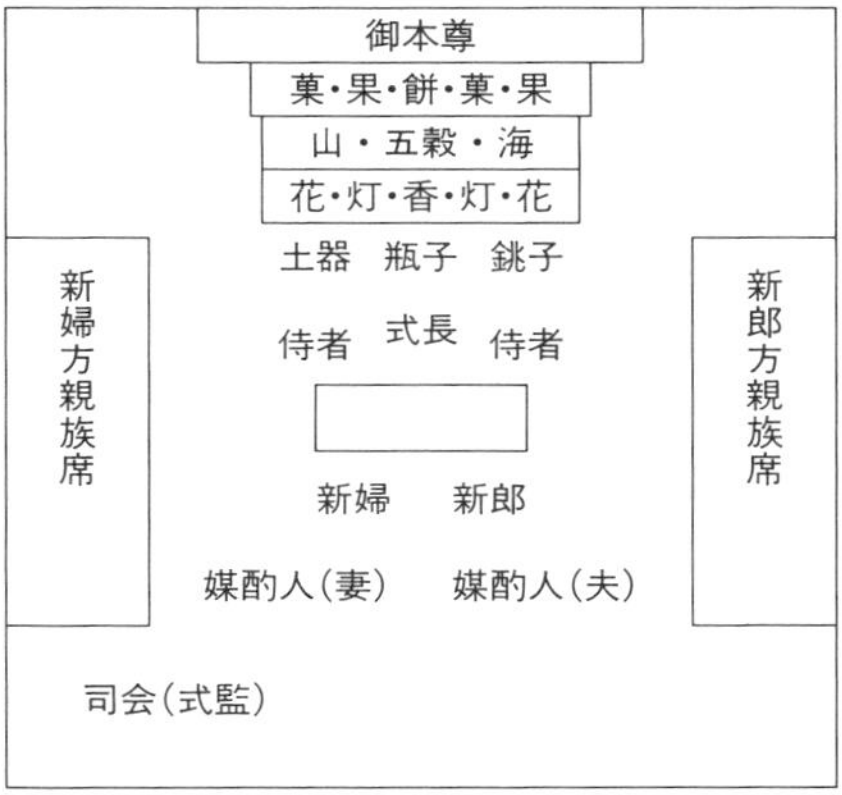

お寺とのつきあい方

菩提寺とは

死者の冥福を祈って、追善供養を行うことを「菩提《ぼだい》を弔《とむら》う」というが、菩提寺とは、祖先の霊の安住地であり、供養するところである。

檀那寺《だんなでら》ともいい、それに対し、お寺を守っていくのが檀家《だんか》である。檀那という言葉は、梵語のダーナに由来し、施しをする人という意味だ。

檀家はお寺や僧侶に衣食を布施し、僧侶は檀家の人たちに仏法を説き、法を施す関係にある。

お布施には法施《ほうせ》・財施《ざいせ》・無畏施《むいせ》の三つがあるといわれている。

法施とは、人間が正しい生き方をするための教えを伝える精神的な施しであり、僧侶のつとめである。

財施とは、僧侶の法施に対して感謝の気持ちをあらわすために金品を施すことをいう。

無畏施というのは、不安や恐れを抱いている人々に対して、広く慈悲を行うことである。これは僧侶でなくても一般の人でもできることだ。

このようにお布施というのは、まわりまわって功徳をお互いに施すということに意義がある。

また、お寺には檀家すべての過去帳がしまわれている。その多くの檀家をまとめるためには、お寺と檀家のパイプ役となる世話役が必要である。世話役が行事の連絡や役割分担など、こまごました仕事を行う。

檀家を代表するのが総代である。総代は檀家を代表する篤志家であるから、戦前までは経済力のある地主や資産家が総代をつとめていた。

現在のような檀家制度が確立したのは、江戸時代初期のことである。

いまでいえば、住民票や戸籍に該当する宗門人別帳《しゅうもんにんべつちょう》を提出させることによって、江戸幕府は住民の把握を行っていたのである。

現在はお寺と檀家の関係が、葬儀や法事のみのつきあいとなっている場合が多い。かつてのように菩提寺とのあいだに精神的な絆など強いつながりがなくなりつつある。その意味では、葬儀や法事だけでなく、もっと日常的なつながりをもつように、お寺の行事に積極的に参加することが必要だろう。

菩提寺を探す

独立して一家をかまえたり、郷里を離れて暮らしている場合など、菩提寺を新たに探すことも必要となってくる。

かつては、結婚すると嫁ぎ先の宗

派になるのが常識だったが、現在では長男長女同士の結婚や信仰の自由から、夫婦で別々の宗教、宗派になることもある。

その場合は、葬儀やお墓について、生前に夫婦で十分話しあっておきたいものである。

特定の宗教、宗派の信仰をもっていないときは、実家の菩提寺と同じ宗派で、家から近いところにあるお寺を探すのがいちばんである。

しかし日蓮宗は、いくつもに分かれているので、見つけたお寺が実家の菩提寺と同じ派とは限らない。まず、実家の菩提寺や本山にたずねてみるとよい。菩提寺や本山に紹介してもらえば、そうした間違いを防ぐこともできる。

また、近所の人の話を聞いたり、お寺の行事を見学してみれば、だいたい様子がわかってくるものだ。

不幸があってから、あわてて菩提寺を探そうとしても間に合わない。何もない平穏なときこそ、菩提寺を見つけるチャンスなのである。

新たに檀家になる

ここだというお寺が見つかり、そこを菩提寺にするには、そのお寺の檀家として認められなければならない。一般的には、そのお寺が管理する墓地にお墓をもつと檀家として認められる。しかし、墓地をもたなくても、事情を説明して、お寺の許可がもらえれば檀家になることができる。

檀家として認められたら、お寺で開催される年中行事には、なるべく家族で参加することだ。

その際には、お布施を包む。年中行事、建物の修繕など、お寺の運営費は檀家からのお布施に負っている部分も大きい。もし、都合で参加できないことがたび重なるときは、年末にまとめて志《こころざし》を届けるように心がけておくとよいだろう。

お寺とのつきあいで頭を悩ますのがお布施の金額だろう。

お布施は本来、金銭に限らず、自分が精一杯できるものなら、なんでもよかったのである。それぞれの人が自分の能力に応じて、できる範囲の金額を包めばよい。

多くのお寺で説法会などが開かれているので、毎回は無理でも、ときどきは参加して、宗派の教えに日頃から親しんでおきたいものだ。そうすれば、数多くの檀家の人と知り合うこともできるし、僧侶との絆《きずな》も深くなる。

いろいろな機会をとらえてお寺とのつながりを深め、檀家の人たちとも親しくなっておけば、いざというときに、僧侶はもちろん、檀家の人たちもいろいろな面で力になってくれるはずである。

題目講

講とは、もともと経典の講義を聞くための集まりであったが、修養会《しゅうようえ》なども講といわれるようになっていった。

日蓮宗には題目講と呼ばれる有名な講がある。これはそれぞれの地域で法華信仰のグループをつくって、日を決めて『法華経』を読誦《どくじゅ》し、題目をとなえるという集まりである。

こうした題目講は日蓮聖人の時代から、集会《しゅえ》などと呼ばれて各地で行われていたが、聖人入滅後は、その入滅の日を記念して行われる十三日講をはじめ、数多くの講が開かれるようになって、教えをひろめる力となった。

現在でも、題目講は各地で開かれ、なかでも日蓮聖人入滅の日を期して開かれる十三日講は数百年の歴史をもち、広く行われている。

日蓮聖人生誕の地である千葉や、日像上人ゆかりの京都のように、各地の題目講中を集め、盛大な大題目講を行っているところもある。

題目講と関係のあるものとしては、日蓮宗和讃《わさん》と題目踊りがある。日蓮聖人の生涯を団扇太鼓《うちわだいこ》のリズムにのせて歌い伝える歌題目も日蓮宗和讃のひとつだ。

千葉県勝浦市には、四七〇年以上続く上総《かずさ》五十座説法会《せっぽうえ》があり、現在は七カ寺が持ち回りで行っている。そこで高座にのぼる説法者をたたえて歌題目踊りが披露される。

また、石塔寺《せきとうじ》（京都府向日市《むこうし》）では、毎年五月三日の花まつりに鶏冠井《かいで》題目踊りが奉納される。そして、八月一六日の京都五山送り火のひとつ「妙法《みょうほう》」の大文字焼にあわせて行われる涌泉寺《ゆうせんじ》（京都市左京区松ヶ崎）の題目踊りは、盆踊りのはじまりといわれている。

霊跡参詣

檀信徒にとって、日蓮聖人の霊跡を訪ね歩くことは、信仰を深めるためにも重要なことである。

生涯を旅に暮らし、何度も法難にあった日蓮聖人の霊跡は各地に数多くあり、それをすべて訪ね歩くことはたいへんなことではあるが、その教えに導かれて生きる信徒にとっては願いともいえる。

いまほど旅が容易でなかった昔から、多くの信徒が苦難をいとわず霊跡参詣を続けてきたのは、霊跡を訪ねることで、日蓮聖人の心と対面し、その息吹に触れることで、日蓮聖人のなかに自己を見いだし、信仰を深めていきたいという思いがあったからなのだ。

撃鼓唱題

太鼓を撃ちながら題目をとなえて

在家の誓い

私は日蓮宗の宗徒として、
左の条々を実践することを、
ご本尊とわが心に固く誓います。

一、戒めと本分

日蓮聖人のみ教えに従い、その戒めを固く守り、宗徒としての本分を尽くします。

一、信仰と職業

信仰の心をもって今日の仕事に励み、少しでも世のためになるように努力いたします。

一、崇祖《すうそ》と信仰

常に仏壇を清め、墓参を怠らず、心から先祖の追善供養をつとめます。

一、朝夕の信行

朝夕に信行に励み、今日一日を清らかに信仰の心をもって生活いたします。

一、明るく楽しい家庭

一家互いに相敬愛し、ともに心をあわせ、明るく楽しい家庭を築くよう心がけます。

行進することを撃鼓《ぎゃっく》唱題といい、檀信徒にとって大切な修行となっている。

僧侶と多くの信徒が団扇太鼓《うちわだいこ》を撃ち、唱題の修行をするさまは壮観であり、修行に参加した信徒は忘れられない興奮と感動を味わうことができる。

最近は、交通事情などもあって撃鼓唱題の修行が少なくなったようではあるが、東京・池上本門寺のお会式や各地のお会式では、伝統の行事として撃鼓唱題が行われている。

得度式

僧侶になるための儀式が得度式である。得度の「度」は、出家することを許可する度牒《どちょう》という認定書のことで、出家者は、この度牒を受ける前は袈裟《けさ》・法衣《ほうえ》をつけることは許されない。

得度式は、師僧のもとで行われ、その後、日時を定めて、日蓮聖人が出家した霊場である千葉県の清澄寺《せいちょうじ》で度牒下附《かふ》式が行われる。

得度式では、戒師が二名の阿闍梨《あじゃり》の補佐を受けて、得度の趣旨を本尊の前に奉告《ほうこく》し、日蓮聖人の祖訓を朗唱する。そして、剃髪《ていはつ》し白衣《はくえ》をつけた出家者に戒を授けて、出家の誓いを確かめ、『法華経』と日蓮聖人の遺文を手渡す。

帰正式

帰正式《きしょうしき》は一般の人が『法華経』の信仰に入ることを誓う儀式である。得度式にならって、入信する趣旨を本尊の前に奉告し、信仰の誓いを確かめて(上段参照)、日常の礼拝《らいはい》のために本尊を受ける。

父母の信仰を継承するという場合には、帰正式を行わないこともあるが、毎月日を定め、あるいは随時帰正式を行っているお寺もある。

日蓮宗の年中行事

日蓮宗の年中行事には、各宗に共通したお釈迦《しゃか》さまに縁のある行事や季節の行事のほかにも、日蓮聖人の記念行事や四大法難を記念する行事などがある。

とくに、記念行事では、日蓮聖人ゆかりの霊跡に多くの参詣者が集まり、にぎわいをみせる。

修正会（一月）

修正《しゅしょう》とは、過ちを改め、正しきを修めるということであるから、年のはじめに去っていった年の反省をし、新たな年の決意をする新年初頭の法要をいう。

修正会《しゅしょうえ》は宗派を問わず行われ、世界の平和、人類の幸福、仏教の興隆などを祈る。

日蓮宗では新年祝祷会《しゅくとうえ》ともいい、社会の平和、家内安全を祈祷する。初詣《はつもうで》客でにぎわうが、とくに池上本門寺《いけがみほんもんじ》が有名。

節分会（二月立春の前日）

節分会《せつぶんえ》は、豆をまいて諸厄を払い、福を招く追儺《ついな》の行事。

身延山久遠寺《みのぶさんくおんじ》や池上本門寺《いけがみほんもんじ》などで年男年女による豆まきが行われるほか、中山法華経寺《なかやまほけきょうじ》では荒行僧による法楽加持も行われる。

節分会　千葉・中山法華経寺

釈尊涅槃会（二月一五日）

二月一五日は、お釈迦《しゃか》さまの入滅の日である。

最後の説法の旅に出たお釈迦さまは、クシナガラ郊外でついに動けな

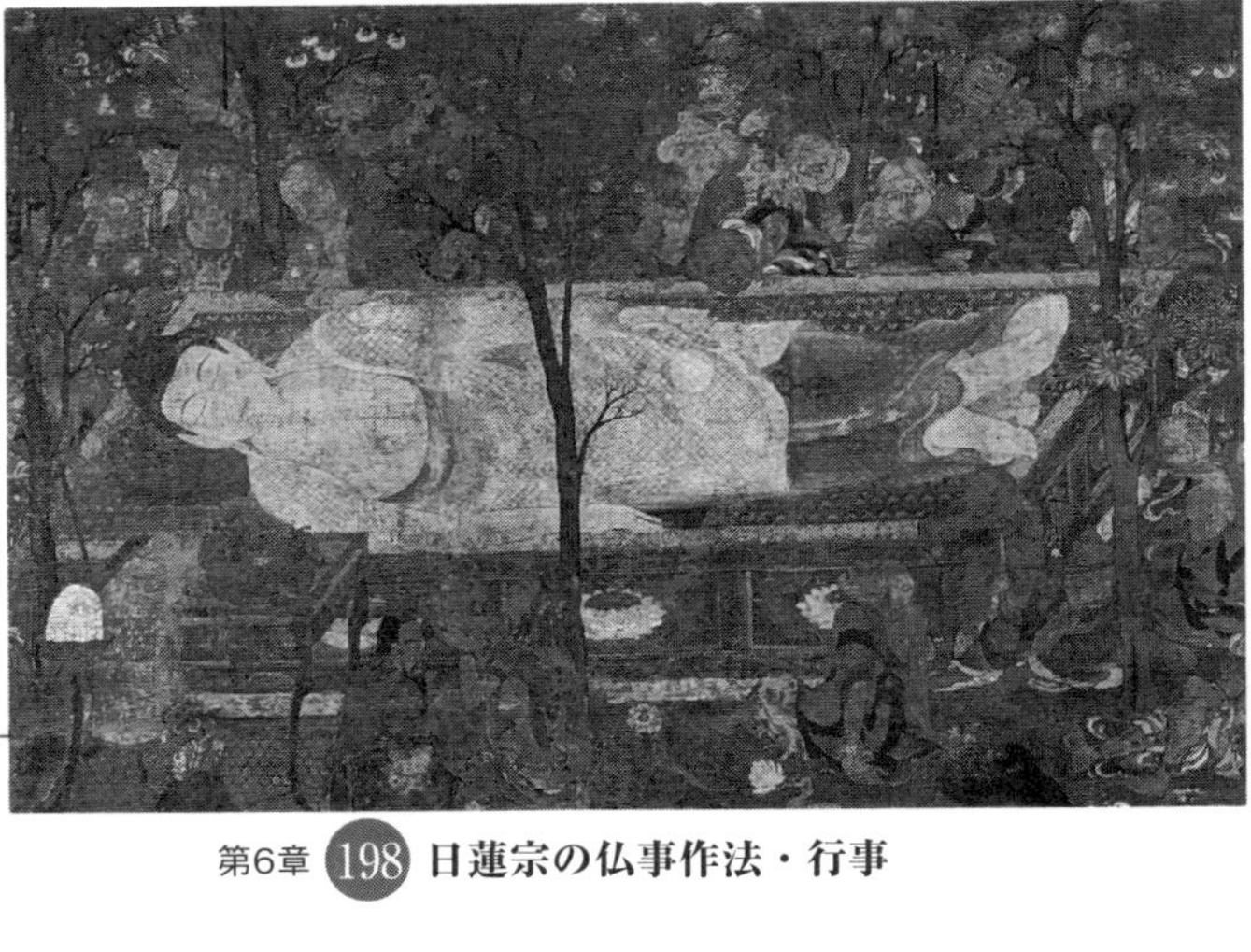

仏涅槃図　東京国立博物館蔵

くなり、弟子に沙羅双樹《さらそうじゅ》のあいだに床を敷かせ、そこに頭を北にして、西向きに横たわった。そして、弟子や集まった人たちが嘆き悲しむのを慰めながら、その夜半に静かに涅槃《ねはん》に入ったといわれる。

その光景を描いた涅槃図を掲げ、お釈迦さまの業績をたたえ、追慕、感謝するので釈尊涅槃会《しゃくそんねはんえ》という。

宗祖降誕会（二月一六日）

宗祖降誕会《ごうたんえ》は、日蓮聖人の誕生を祝う法会《ほうえ》。一二二二（承久《じょうきゅう》四）年二月一六日、日蓮聖人は漁師の子として生まれたが、そのとき、庭先で泉が湧きだす、浜辺に白い蓮《はす》の華が咲く、深海の鯛《たい》が岸辺に群れよってくるという三つの不思議が起こったといわれる。

日蓮聖人の誕生地といわれる千葉県の鯛ノ浦では、鯛が群れよってきたという逸話から、鯛は日蓮聖人の生まれ変わりとして、捕獲が禁じられてきた。

また、日蓮聖人の生誕地の近くには誕生寺《たんじょうじ》があって、この日には誕生会《たんじょうえ》といって、聖人の稚児像を安置して法要を行う。

釈尊降誕会（四月八日）

釈尊降誕会《しゃくそんごうたんえ》は、お釈迦さまの誕生した日を記念する法会。花で飾られた花御堂《はなみどう》に誕生仏がまつられ、甘茶をそそぎながら祝うので、またの名を「花まつり」という。

白象に花御堂を乗せて稚児行列をする子供のための行事や、講演会なども開かれている。

立教開宗会（四月二八日）

一二五三（建長《けんちょう》五）年四月二八日、日蓮聖人が清澄寺《せいちょうじ》で「南無妙法蓮華経《なむみょうほうれんげきょう》」の題目こそが末法《まっぽう》の世の人々を救うことができる唯一の教えであると宣言したことを記念する法会。

清澄寺では二七日から二八日にかけて、盛大に立教開宗会《りっきょうかいしゅうえ》が営まれる。

各地の寺院でも、法要が行われるが、寺院によっては大勢の人が『法華経』を一〇〇〇部読誦《どくじゅ》する千部会《せんぶえ》を行うところもある。

伊豆法難会（五月一二日）

伊豆法難会《いずほうなんえ》は、一二六一（弘長《こうちょう》元）年に日蓮聖人が伊豆に流された日を記念した法会。

聖人は、『立正安国論《りっしょうあんこくろん》』を鎌倉幕府前執権北条時頼《ほうじょうときより》に献上、念仏をやめ、『法華経』に帰依《きえ》するよう進言したことから、念仏信徒が怒り、追放処分となった。聖人が伊豆での生活を送った伊東には、霊跡寺院として佛現寺《ぶつげんじ》がある。

施餓鬼会（随時）

施餓鬼会《せがきえ》は、六道のひとつ餓鬼道

に堕《お》ちて苦しんでいる無縁仏を供養する法会である。

お釈迦さまの弟子の一人、多聞《たもん》第一の阿難《あなん》は餓鬼に死を予言されたが、お釈迦さまに教えられたありがたい陀羅尼《だらに》をとなえながら餓鬼に食を施したところ、福徳の寿命を増したという『救抜焔口餓鬼陀羅尼神呪経《くばつえんくがきだらにしんじゅきょう》』に由来する。

鎌倉時代に地獄思想が普及するにつれて、百カ日法要や先祖の霊を供養するお盆の行事の一環として行われることも多くなった。

松葉谷法難会（八月二七日）

日蓮聖人がはじめてあった法難が松葉谷《まつばがやつ》法難で、伊豆法難の前年のこと。一二六〇（文応《ぶんおう》元）年八月二七日、鎌倉松葉谷の聖人の草庵《そうあん》に念仏信徒が夜襲をかけ、焼き討ちした。

聖人はからくも、弟子や信徒の助けによって脱出し、下総《しもうさ》（千葉県）の富木常忍《ときじょうにん》のもとに身を寄せた。

これを記念して営まれるのが、松葉谷法難会《まつばがやつほうなんえ》である。

龍口法難会（九月一二日）

一二七一（文永《ぶんえい》八）年は日蓮聖人や弟子、信徒たちへの弾圧が強まった年だったが、九月一二日は鎌倉龍口《たつのくち》の刑場で聖人があやうく打ち首になりそうになった日で、聖人最大の危機ともいわれる。

この日、刑場に向かう聖人に老婆がぼたもちをふるまったという逸話から、龍口寺《りゅうこうじ》では龍口法難会《りゅうこうほうなんえ》といって、ぼたもち供養が行われる。

佐渡法難会（一〇月一〇日）

鎌倉龍口《たつのくち》の刑場で処刑寸前、九死に一生を得た日蓮聖人は、相模国《さがみのくに》依智《えち》（神奈川県厚木市依知《えち》）の佐渡国《さどのくに》守護代に預けられ、その年の一〇月一〇日に依智を発ち、二八日に佐渡に着く。佐渡で、聖人は『開目抄《かいもくしょう》』『観心本尊抄《かんじんほんぞんしょう》』などを著した。

佐渡へ流された日を記念して営まれる法会だが、龍口法難と一連の事件であるため、龍口佐渡法難会《ほうなんえ》と称し、九月一二日に合同して行われることもある。

お会式（一〇月一三日）

日蓮聖人入滅の日を記念して行わ

龍口法難会　神奈川・龍口寺

れる法会で、各寺院で盛大に営まれる。日蓮聖人像を掲げて遺徳をしのび、報恩の法要を行う。

　聖人がなくなった日、入滅の地、池上では庭の桜が花をつけたという故事から、桜の花になぞらえた万灯《まんどう》がともされる。池上本門寺の一二日の夜に行われる万灯練供養《ねりくよう》が有名で、多くの人がつめかける。

万灯練供養　東京・池上本門寺

小松原法難会（一一月一一日）

　佐渡から戻った日蓮聖人は、父の墓参と母の病気見舞いのために故郷に帰っていたが、一二六四（文永元）年一一月一一日、檀越《だんのつ》工藤吉隆《くどうよしたか》の招きに応じ、邸を訪れようとしていた聖人一行は安房《あわ》小松原で地頭東条景《とうじょうかげ》信《のぶ》に襲われ、弟子鏡忍房《きょうにんぼう》など数人が殉死した。この受難の日を記念して小松原法難会《こまつばらほうなんえ》が営まれる。

　この小松原法難会、伊豆法難会、松葉谷法難会、龍口法難会をあわせて、四大法難会という。

　小松原法難の地には、殉死した鏡忍房の名をとった鏡忍寺《きょうにんじ》が建っている。

成道会（一二月八日）

　お釈迦さまが悟りを開き、仏陀《ぶっだ》となられた日を記念して行われる。

　お釈迦さまはもろもろの教えを説き、その教えは『法華経』によって完成した。そのお釈迦さまの徳を慕い、たたえ、教えに感謝するのが成《じょう》道会《どうえ》である。

コラム　縁日

鬼子母神の縁日（毎月八日）

　安産や子育ての神として、古くから信仰を集めてきた鬼子母神《きしもじん》を『法華経《ほけきょう》』行者《ぎょうじゃ》の守護神としたのは日蓮聖人である。祈祷《きとう》道場として知られる千葉の中山法華経寺《なかやまほけきょうじ》には、日蓮聖人自らが彫ったと伝えられる鬼子母神像がまつられている。

　毎月八のつく日が縁日で、東京雑司が谷《ぞうしがや》の法明寺《ほうみょうじ》では、毎年一〇月一六日から一八日に大祭も行われる。また、朝顔市で有名な東京入谷《いりや》の真源寺《しんげんじ》も鬼子母神の霊場だ。

帝釈天の縁日（庚申の日）

　江戸時代、庚申《かのえさる》の日には酒宴を行って徹夜するという庚申《こうしん》信仰が流行した。そのころ、長く行方不明であった柴又《しばまた》帝釈天《たいしゃくてん》の本尊である日蓮聖人自刻の板本尊が、偶然庚申の日に発見されたことから、時の住職が庚申の日を帝釈天の縁日と定めたことに始まる。

　いまでは「寅さん」人気もあって、往時の活気を思わせるようなにぎわいを見せ、東京名所としても復活している。

お彼岸とお盆のしきたり

日本の国民的な行事であるお彼岸とお盆は、正式には「彼岸会《ひがんえ》」「盂《う》蘭盆会《らぼんえ》」と呼ばれる仏教行事がもとになっている。

彼岸会（三月・九月）

お彼岸は、春分の日と秋分の日を中日とする前後三日間の合計七日間をいう。

国民の祝日に関する法律によれば、春分の日は自然をたたえ、生物を慈しむ日、秋分の日は祖先を敬い、亡くなった人をしのぶ日と定められている。

お彼岸に法要するのは、昼夜等分の日であるところから仏教の中道《ちゅうどう》の教えにちなんで行うという説ほか諸説ある。

彼岸は、梵語のパーラミター（波《は》羅蜜多《らみた》）の漢訳「到彼岸《とうひがん》」からきた言葉で、「迷いの世界から、悟りの世界にいたる」という意味である。

仏教では悟りへの道として、布施・持戒《じかい》・忍辱《にんにく》・精進《しょうじん》・禅定《ぜんじょう》・知恵の六《ろく》波羅蜜《はらみつ》がいわれる。

布施は人に施すこと、持戒は戒めを守ること、忍辱は耐えること、精進は努力すること、禅定は心を落ち着けること、知恵は真理にもとづく考え方や生き方をすることである。

お彼岸は、こうした仏教の教えを実践する仏教週間ともいえる。先祖をしのび、自分がいまあることを感謝して、先祖の供養をするとともに、自らも極楽往生できるよう精進するものである。

彼岸の入りには、家の仏壇をきれいにし、季節の花、初物、彼岸団子、春にはぼたもち、秋にはおはぎなどをそなえる。

中日には、家族そろってお墓参りをし、お寺で開かれる彼岸会《ひがんえ》にも参加したいものである。

盂蘭盆会（七月または八月）

盂蘭盆《うらぼん》とは梵語のウランバンナを音訳したもので、「逆さ吊りの苦しみを救う」という意味である。

お釈迦《しゃか》さまの弟子で神通力《じんづうりき》第一といわれた目連《もくれん》がその神通力で母親の姿を見たところ、亡くなって餓鬼道《がきどう》に堕《お》ちていることがわかり、目連は母親を救うため、お釈迦さまに教えられたとおり、僧たちをもてなし、その功徳《くどく》によって母親を餓鬼道から救いだすことができたという『盂《う》蘭《ら》盆経《ぼんきょう》』の故事に由来している。

お盆は七月一三日から一五日または一六日だが、新暦、月遅れ、旧暦と地域によってさまざまである。

古くは精霊棚《しょうりょうだな》をつくり、蓮《はす》の葉の上に少量の水をたらした閼伽《あか》水や、刻んだナスと洗米《せんまい》をまぜ清水に浸した水《みず》の子《こ》、十三仏にちなみ一三個の迎え団子、キュウリやナスでつくった馬や牛などをそなえ、先祖の霊を迎えた。

お盆の入りには迎え火を焚いて、先祖が帰ってくるときの目印に盆提灯をともす。そしてお盆のあいだは、家族と同様に一日三回、仏壇あるいは精霊棚に膳《ぜん》をそなえる。

精霊棚《しょうりょうだな》

また、棚経《たなぎょう》といって菩提寺《ぼだいじ》の僧侶が檀家《だんか》を訪問し、読経する。いつ来訪しても困らないようお布施をまえもって用意しておくとよい。読経中は、できるだけ家族そろって僧侶の後ろに座るようにしたい。

お盆の明けには、再び先祖の霊を浄土に送る道しるべとして送り火を焚《た》く。

お盆には、各地で盆踊りが行われるが、京都市松ヶ崎にある涌泉寺《ゆうせんじ》では、八月一五・一六日に題目歌と太鼓の拍子で盆踊りが踊られる。

また先祖の霊を供養するお盆の行事の一環としてお寺では、施餓鬼会《せがきえ》が営まれ、三世十方法界《さんぜじっぽうほうかい》の万霊《ばんれい》を供養する。いまでは餓鬼棚《がきだな》をつくって施餓鬼供養をする家庭は多くないが、お盆の精霊棚にそなえる水の子は餓鬼へのお供えといわれている。

●新盆

四十九日の忌明け後、はじめて迎えるお盆は新盆《にいぼん》または初盆《はつぼん》といって供養が営まれる。新盆には故人の好物をそなえ、白い提灯をともす風習があり、場所によっては白い提灯はお盆が明けたら菩提寺に納める。

忌明《きあ》けが済まないうちにお盆を迎えたときは、次の年が新盆となる。

年忌早見表

回忌 / 没年	一周忌	三回忌	七回忌	十三回忌	十七回忌	二十三回忌	(二十五回忌)	二十七回忌	三十三回忌
1992(平成4)年	1993	1994	1998	2004	2008	2014	2016	2018	2024
1993(平成5)年	1994	1995	1999	2005	2009	2015	2017	2019	2025
1994(平成6)年	1995	1996	2000	2006	2010	2016	2018	2020	2026
1995(平成7)年	1996	1997	2001	2007	2011	2017	2019	2021	2027
1996(平成8)年	1997	1998	2002	2008	2012	2018	2020	2022	2028
1997(平成9)年	1998	1999	2003	2009	2013	2019	2021	2023	2029
1998(平成10)年	1999	2000	2004	2010	2014	2020	2022	2024	2030
1999(平成11)年	2000	2001	2005	2011	2015	2021	2023	2025	2031
2000(平成12)年	2001	2002	2006	2012	2016	2022	2024	2026	2032
2001(平成13)年	2002	2003	2007	2013	2017	2023	2025	2027	2033
2002(平成14)年	2003	2004	2008	2014	2018	2024	2026	2028	2034
2003(平成15)年	2004	2005	2009	2015	2019	2025	2027	2029	2035
2004(平成16)年	2005	2006	2010	2016	2020	2026	2028	2030	2036
2005(平成17)年	2006	2007	2011	2017	2021	2027	2029	2031	2037
2006(平成18)年	2007	2008	2012	2018	2022	2028	2030	2032	2038
2007(平成19)年	2008	2009	2013	2019	2023	2029	2031	2033	2039
2008(平成20)年	2009	2010	2014	2020	2024	2030	2032	2034	2040
2009(平成21)年	2010	2011	2015	2021	2025	2031	2033	2035	2041
2010(平成22)年	2011	2012	2016	2022	2026	2032	2034	2036	2042
2011(平成23)年	2012	2013	2017	2023	2027	2033	2035	2037	2043
2012(平成24)年	2013	2014	2018	2024	2028	2034	2036	2038	2044
2013(平成25)年	2014	2015	2019	2025	2029	2035	2037	2039	2045
2014(平成26)年	2015	2016	2020	2026	2030	2036	2038	2040	2046
2015(平成27)年	2016	2017	2021	2027	2031	2037	2039	2041	2047
2016(平成28)年	2017	2018	2022	2028	2032	2038	2040	2042	2048
2017(平成29)年	2018	2019	2023	2029	2033	2039	2041	2043	2049
2018(平成30)年	2019	2020	2024	2030	2034	2040	2042	2044	2050
2019(平成31/令和元)年	2020	2021	2025	2031	2035	2041	2043	2045	2051
2020(令和2)年	2021	2022	2026	2032	2036	2042	2044	2046	2052
2021(令和3)年	2022	2023	2027	2033	2037	2043	2045	2047	2053
2022(令和4)年	2023	2024	2028	2034	2038	2044	2046	2048	2054
2023(令和5)年	2024	2025	2029	2035	2039	2045	2047	2049	2055
2024(令和6)年	2025	2026	2030	2036	2040	2046	2048	2050	2056
2025(令和7)年	2026	2027	2031	2037	2041	2047	2049	2051	2057
2026(令和8)年	2027	2028	2032	2038	2042	2048	2050	2052	2058
2027(令和9)年	2028	2029	2033	2039	2043	2049	2051	2053	2059
2028(令和10)年	2029	2030	2034	2040	2044	2050	2052	2054	2060
2029(令和11)年	2030	2031	2035	2041	2045	2051	2053	2055	2061
2030(令和12)年	2031	2032	2036	2042	2046	2052	2054	2056	2062
2031(令和13)年	2032	2033	2037	2043	2047	2053	2055	2057	2063
2032(令和14)年	2033	2034	2038	2044	2048	2054	2056	2058	2064
2033(令和15)年	2034	2035	2039	2045	2049	2055	2057	2059	2065
2034(令和16)年	2035	2036	2040	2046	2050	2056	2058	2060	2066

日蓮宗年表

時代	西暦	年号	天皇	宗教関係	一般事項
平安時代	七九四	延暦一三	桓武		平安京遷都
	八〇一	延暦二〇	桓武		坂上田村麻呂、蝦夷を討伐
	八〇四	延暦二三	桓武	最澄・空海、入唐	
	八〇五	延暦二四	桓武	最澄、唐より帰国（翌年、天台宗を開く）	
	八〇六	大同元	平城	空海、唐より帰国（真言宗を開く）	
	八一六	弘仁七	嵯峨	空海、高野山（和歌山県）を開創	
	八二二	弘仁一三	嵯峨	最澄没（七六六〜）	
	八三五	承和二	仁明	空海没（七七四〜）	
	八九四	寛平六	宇多		菅原道真により遣唐使廃止
	九〇五	延喜五	醍醐		『古今和歌集』なる
	九三五	承平五	朱雀		承平・天慶の乱（〜九四一）：平将門、東国で反乱。藤原純友、西海で反乱 このころ『土佐日記』なる
	九三八	天慶元	朱雀	空也、京都で念仏行脚。浄土教の流行	
	九七二	天禄三	円融	空也没（九〇三〜）	
	九八五	寛和元	花山	源信（恵心僧都）『往生要集』を著す	
	一〇〇〇	長保二	一条		このころ『枕草子』なる
	一〇〇六	寛弘三	一条	南都興福寺の僧徒強訴	
	一〇一〇	寛弘七	一条		このころ『源氏物語』なる
	一〇一七	寛仁元	後一条	源信没（九四二〜）	藤原道真、太政大臣となる。頼通、摂政となる
	一〇五一	永承六	後冷泉		前九年の役：安倍頼時の反乱（〜一〇六二）

平安時代

西暦	年号	天皇	院	将軍	宗教関係	一般事項
一〇五二	永承七	後冷泉			末法第一年といわれ、末法思想流行	
一〇五三	天喜元	後冷泉			藤原頼通、平等院鳳凰堂(京都宇治)を建立	
一〇八三	永保三	白河				後三年の役：清原家衡の反乱(～一〇八七)
一〇八六	応徳三	堀河	白河			白河天皇、院政を開始。上皇となる
一一〇一	康和三	堀河	白河			このころ『栄花(華)物語』なる
一一〇七	嘉承二	鳥羽	白河			このころ『今昔物語集』なる
一一二四	天治元	崇徳	白河		良忍、融通念仏宗を開く 藤原清衡、中尊寺金色堂(岩手平泉)を建立	
一一三一	天承元	崇徳	鳥羽			このころ『大鏡』なる
一一三二	天承二	崇徳	鳥羽		良忍没(一〇七三～)	
一一五六	保元元	後白河				保元の乱：皇位継承争い。後白河天皇が勝利、上皇となる
一一五九	平治元	二条	後白河			平治の乱：後白河上皇の近臣間(源義朝 vs. 平清盛)の対立
一一六四	長寛二	二条	後白河		このころ平家納経がさかんに行われる	
一一六七	仁安二	六条	後白河			平清盛、太政大臣となる。平氏全盛
一一六八	仁安三	高倉	後白河		栄西、入宋・帰国(第一回)	
一一七五	承安五	高倉	後白河		法然、浄土宗を開く	
一一七九	治承三	高倉				清盛、後白河法皇を幽閉する
一一八〇	治承四	安徳	高倉		平重衡、南都を焼き討ちし、東大寺・興福寺など焼失	源頼朝・源義仲の挙兵。源平の争乱始まる
一一八五	元暦二	後鳥羽	後白河			平氏、壇の浦に滅亡
一一八七	文治三	後鳥羽	後白河		栄西、入宋(第二回)	
一一九一	建久二	後鳥羽	後白河		栄西、宋より帰国(臨済宗を伝える)	
一一九二	建久三	後鳥羽		源頼朝		頼朝、征夷大将軍となる(鎌倉幕府の成立)
一一九五	建久六	後鳥羽		源頼朝	東大寺大仏殿再建	
一一九八	建久九	土御門	後鳥羽	源頼朝	法然、『選択本願念仏集』を著す 栄西、『興禅護国論』を著す	

鎌倉時代

西暦	年号	日蓮宗関係	一般事項
一一九九	建久一〇		源頼朝没。頼家、家督相続
一二〇一	建仁元		このころ『平家物語』なる
一二〇三	建仁三		頼家、修禅寺に幽閉される
一二〇五	元久二		このころ『新古今和歌集』なる
一二一二	建暦二	法然没(一一三三〜)	
一二一五	建保三	栄西没(一一四一〜)	
一二二一	承久三	**日昭誕生**	承久の乱：討幕計画に失敗した後鳥羽上皇ら三上皇流罪となる
一二二二	承久四	**日蓮誕生**	
一二二三	貞応二	道元、入宋	
一二二四	元仁元	親鸞、『教行信証』を著す(浄土真宗を開く)	
一二二五	嘉禄元		頼朝の妻北条政子没
一二二七	嘉禄三	道元、宋より帰国(曹洞宗を伝える)	
一二三三	天福元	**日蓮、清澄寺にのぼる**	
一二三七	嘉禎三	**日蓮、出家得度**	
一二三九	延応元	**日蓮、鎌倉に遊学**	
一二四二	仁治三	**日蓮、比叡山に遊学**	
一二四五	寛元三	**日蓮、『法華経』こそ真実の仏語とみきわめる** **日朗誕生**	
一二四六	寛元四	**日興誕生**	
一二五〇	建長二	**日持誕生**	
一二五二	建長四	**日頂誕生**	
一二五三	建長五	**日蓮、立教開宗宣言。日昭、日蓮の門に入る** **日蓮、このころから鎌倉で辻説法を行う** **日向誕生。**道元没(一二〇〇〜)	
一二五四	建長六	**日朗、日蓮の門に入る**	
一二五八	正嘉二	**日興、日蓮の門に入る**	
一二六〇	文応元	**日蓮、幕府に『立正安国論』を献上。松葉谷法難**	

天皇：土御門／順徳／仲恭／後堀河／四条／後嵯峨／後深草／亀山

上皇：後鳥羽／後高倉院／後堀河／後嵯峨

将軍：源実朝／(北条政子)／藤原頼経／藤原頼嗣／宗尊親王

執権：北条時政／北条義時／北条泰時／北条経時／北条時頼／北条長時

時代	西暦	年号	天皇	院	執権	宗教関係	一般事項
鎌倉時代	一二六一	弘長元	亀山	後嵯峨	北条長時	日蓮、伊東に流罪（伊豆法難）	
	一二六二	弘長二				親鸞没（一一七三〜）	
	一二六三	弘長三				日蓮、伊豆配流を赦される	
	一二六四	文永元			北条政村	日蓮、念仏信徒の襲撃に遭う（小松原法難）	
	一二六五	文永二				日向、日蓮の門に入る	
	一二六七	文永四				日頂、日蓮の門に入る	
	一二六八	文永五			北条時宗	日蓮、再び幕府に『立正安国論』を献上	
	一二六九	文永六				日像誕生	
	一二七〇	文永七				日持、日蓮の門に入る	
	一二七一	文永八				日蓮、龍口法難、佐渡に流罪となる（佐渡法難）	
	一二七二	文永九				日蓮『開目抄』を著す	
	一二七三	文永一〇				日蓮『観心本尊抄』を著し、大曼荼羅本尊を書く	
	一二七四	文永一一				日蓮、佐渡配流を赦され鎌倉に帰る。身延山に隠棲 一遍、念仏をひろめる（時宗を開く）	文永の役：元軍、九州に来襲
	一二七五	建治元	後宇多	亀山		日蓮『撰時抄』を著す。日像、日朗の門に入る	
	一二七六	建治二				日蓮『報恩抄』を著す	
	一二八一	弘安四				身延山に大坊が完成（久遠寺のはじまり）	弘安の役：元軍、九州に再度来襲
	一二八二	弘安五				日蓮没（一二二二〜）	
	一二八八	正応元	伏見	後深草	北条貞時	日持、池上本門寺に日蓮像を造立	
	一二八九	正応二				一遍没（一二三九〜）	
	一二九〇	正応三				日興、大石寺（静岡県富士宮市）を建立	
	一二九四	永仁二				日像、京都で布教開始	
	一二九五	永仁三				日持、日本最初の海外伝道者として旅に出る	
	一二九八	永仁六	後伏見	伏見		日興、本門寺（静岡県富士宮市）を建立 日興『本尊分与帳』を記す	
	一三〇〇	正安二					このころ『吾妻鏡』なる
	一三一四	正和三	花園	後伏見	北条熙時	日向没（一二五三〜）	

西暦	年号	天皇	—	執権	日蓮宗	一般
一三一七	文保元	花園	後伏見	北条高時	日頂没（一二五二～）	
一三二〇	元応二	後醍醐	後宇多	北条高時	日朗没（一二四五～）	
一三二一	元亨元	後醍醐		北条高時	日像、京都妙顕寺を建立	
一三二三	元亨三	後醍醐		北条高時	日昭没（一二二一～）	
一三二四	正中元	後醍醐		北条高時		正中の変：後醍醐天皇の討幕計画、失敗
一三三〇	元徳二	後醍醐		北条高時		このころ『徒然草』なる

南北朝

西暦	年号 南朝	年号 北朝	天皇 南朝	天皇 北朝	将軍	日蓮宗	一般
一三三一	元弘元	元徳三	後醍醐	光厳	北条守時		元弘の変：後醍醐天皇、隠岐流罪となる
一三三三	元弘三	正慶二	後醍醐			日興没（一二四六～）	鎌倉幕府の滅亡。後醍醐天皇、京都に戻る
一三三四	建武元	建武元	後醍醐			京都妙顕寺、日蓮宗初の勅願寺となる	後醍醐天皇、建武の新政
一三三五	建武二	建武二	後醍醐				足利尊氏、新政権に反旗をひるがえす
一三三六	延元元	建武三	後醍醐	光明			南北朝の対立：後醍醐天皇、吉野に移る
一三三八	延元三	暦応元	後醍醐	光明	足利尊氏		尊氏、征夷大将軍となる（室町幕府の成立）
一三四一	興国二	暦応四	後村上	光明	足利尊氏		尊氏、天龍寺船を元に派遣
一三四二	康永一	暦応五	後村上	光明	足利尊氏	日像没（一二六九～）	
一三五六	正平一一	延文元	後村上	後光厳	足利尊氏		倭寇の活動さかん
一三七〇	建徳元	応安三	長慶	後光厳	足利義満		このころ『太平記』なる
一三九二	元中九	明徳三	後亀山	後小松	足利義満		南北朝の統一

室町時代

西暦	年号	天皇	将軍	日蓮宗	一般
一四〇〇	応永七	後小松	足利義持		このころ能楽なる
一四〇一	応永八	後小松	足利義持		義満、第一回遣明船派遣（明と国交樹立）
一四〇四	応永一一	後小松	足利義持		勘合貿易始まる（一四一一～三一中断）
一四〇七	応永一四	後小松	足利義持	日親誕生	
一四〇八	応永一五	後小松	足利義持	足利義満の北山殿を鹿苑寺（金閣寺）とする	
一四二八	正長元	後花園			正長の土一揆
一四二九	正長二	後花園	足利義教		播磨の土一揆

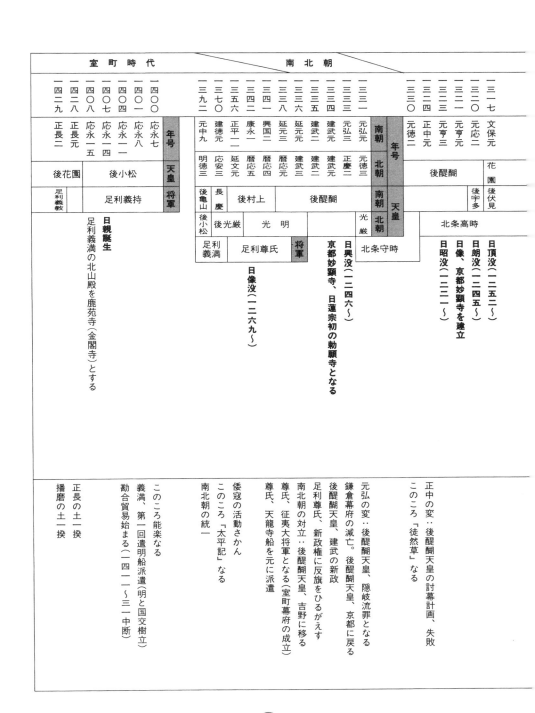

時代	西暦	年号	天皇	将軍	宗教関係	一般事項
室町時代	一四三三	永享五	後花園	足利義教	**日親、九州総導師職に選ばれ光勝寺(佐賀県小城市)に入る**	
	一四四〇	永享一二			**日親、足利義教に捕らえられ、拷問を受ける**	
	一四四一	嘉吉元				嘉吉の乱：足利義教、殺される。嘉吉の土一揆
戦国時代	一四六七	応仁元	後土御門	足利義政		応仁の乱(〜一四七七)：将軍家の相続争いと幕府の実権をめぐる争い
	一四八五	文明一七		足利義尚		山城の国一揆(〜一四九三)
	一四八八	長享二			**日親没(一四〇七〜)。**加賀(石川県)の一向一揆(〜一五八〇)	
	一四九〇	延徳二			足利義政の遺言により東山殿を慈照寺(銀閣寺)とする	
	一五三二	天文元	後奈良	足利義晴	**畿内各地に一向一揆、法華一揆さかん**	
	一五三六	天文五			**天文法華の乱：比叡山僧徒、京都の日蓮宗徒を破る**	
	一五四三	天文一二				鉄砲伝来
	一五四九	天文一八		足利義輝	フランシスコ・ザビエル来日(キリスト教を伝える)	
	一五六五	永禄八	正親町		**日奥誕生**	
	一五六八	永禄一一		足利義栄		織田信長、足利義昭を奉じ、京都に入る
	一五六九	永禄一二		足利義昭	織田信長、キリスト教の布教許可	
	一五七一	元亀二			信長、比叡山を焼き討ち	
	一五七三	天正元				信長、義昭を追放。室町幕府の滅亡
安土・桃山時代	一五七四	天正二			**日奥、京都妙覚寺日典の門に入る**	
	一五七五	天正三			信長、越前(福井県)の一向一揆を平定	
	一五七九	天正七			**安土宗論：日蓮宗と浄土宗との論争。その結果、信長、日蓮宗徒を罰する**	
	一五八二	天正一〇			天正遣欧使節：大友宗麟ら、ローマ教皇に使節を派遣(〜一五九〇)	本能寺の変：信長没
	一五八五	天正一三				豊臣秀吉、関白となる。翌年、太政大臣となる
	一五八七	天正一五	後陽成		秀吉、バテレン追放令	
	一五八八	天正一六				秀吉、刀狩令
	一五九〇	天正一八				秀吉、全国統一。このころ千利休が茶道を完成
	一五九二	文禄元			**日奥、妙覚寺住職となる**	文禄の役：秀吉、朝鮮に出兵。朱印船を発遣

安土・桃山時代	一五九五	文禄四	後陽成		**日奥、秀吉の千僧供養会への出仕を拒否(不受不施派の起こり)**	
	一五九七	慶長二				慶長の役:秀吉、朝鮮に再出兵
	一五九九	慶長四			**大坂対論(日奥、徳川家康の前で受不施派と対論)**	
	一六〇〇	慶長五		将軍	**日奥 対馬へ流罪となる**	関ヶ原の戦い
江戸時代	一六〇三	慶長八		徳川家康	このころ阿国歌舞伎始まる	徳川家康、征夷大将軍となる(江戸幕府の成立)
	一六〇八	慶長一三			**江戸宗論:日蓮宗と浄土宗との論争**	
	一六一二	慶長一七			**日奥、対馬配流を赦される** 幕府、キリスト教禁止令(〜一六一三)	
	一六一三	慶長一八		徳川秀忠	幕府、修験道法度を制定	
	一六一五	元和元	後水尾		幕府、諸宗諸本山法度を制定	大坂夏の陣:豊臣氏滅亡。武家諸法度・禁中並公家諸法度の制定
	一六一六	元和二				幕府、欧州船の寄港地を平戸と長崎に制限
	一六二九	寛永六			このころ、長崎で絵踏みが始まる	
	一六三〇	寛永七	明正	徳川家光	**身池対論(受不施・不受不施の論争再熱)。日奥没(〜一五六五)。不受不施派の日樹らとともに日奥の亡骸も流罪となる**	
	一六三二	寛永九			幕府、諸宗本山の末寺帳(寛永本末帳)を作成(〜一六三三)	
	一六三五	寛永一二			幕府、寺社奉行の設置	幕府、参勤交代を制度化
	一六三七	寛永一四			島原の乱:キリスト教徒を中心とする農民一揆。寺請制度始まる	
	一六三九	寛永一六				鎖国の完成
	一六四〇	寛永一七			幕府、宗門改役の設置。宗門人別帳の作成	
	一六四九	慶安二	後光明			慶安の御触書:農民のぜいたくを禁じる
	一六五四	承応三	後西	徳川家綱	明僧隠元、来日(黄檗宗を伝える)	
	一六五七	明暦三				明暦の大火(江戸) 水戸光圀『大日本史』編纂(〜一九〇六)
	一六六五	寛文五	霊元		幕府、各宗共通の諸宗寺院法度を制定	
	一六六九	寛文九			**不受不施派が禁制となる**	
	一六七三	寛文一三			隠元没(一五九二〜)	
	一六八五	貞享二		徳川綱吉		徳川綱吉、生類憐みの令(〜一七〇九)

時代	西暦	年号	天皇	将軍	宗教関係	一般事項
江戸時代	一六八九	元禄二	東山	徳川綱吉		松尾芭蕉『奥の細道』の旅に出る
江戸時代	一六九二	元禄五	東山	徳川綱吉	幕府、全国的な寺院本末帳の作成	
江戸時代	一六九七	元禄一〇	東山	徳川綱吉	このころ、江戸三三観音札所の成立	
江戸時代	一七〇〇	元禄一三	東山	徳川綱吉		朱子学さかん
江戸時代	一七〇三	元禄一六	東山	徳川綱吉		近松門左衛門『曾根崎心中』初演
江戸時代	一七一六	享保元	中御門	徳川吉宗		享保の改革(〜一七四五)
江戸時代	一七二二	享保七	中御門	徳川吉宗	幕府、諸宗僧侶法度を制定	
江戸時代	一七三二	享保一七	中御門	徳川吉宗		享保の大飢饉
江戸時代	一七七四	安永三	後桃園	徳川家治	ニセ虚無僧の取り締まり(浪人取締御触書)	前野良沢・杉田玄白ら『解体新書』刊行
江戸時代	一七八二	天明二	光格	徳川家治		天明の大飢饉(〜一七八七)
江戸時代	一七八七	天明七	光格	徳川家斉		天明の打ち壊し。寛政の改革(〜一七九三)
江戸時代	一七九八	寛政一〇	光格	徳川家斉		このころ、滑稽本が流行
江戸時代			光格	徳川家斉		本居宣長『古事記伝』刊行
江戸時代	一八〇〇	寛政一二	光格	徳川家斉		寺子屋、歌舞伎さかん
江戸時代	一八一四	文化一一	仁孝	徳川家斉		滝沢馬琴『南総里見八犬伝』刊行(〜一八四一)
江戸時代	一八二三	文政六	仁孝	徳川家斉	このころ、おかげ参りが流行。巡礼さかん	このころ人情本が流行
江戸時代	一八二五	文政八	仁孝	徳川家斉		幕府、異国船打払令(無二念打払令)
江戸時代	一八三三	天保四	仁孝	徳川家斉		天保の大飢饉(〜一八三九)
江戸時代			仁孝	徳川家斉		安藤広重『東海道五十三次』刊行
江戸時代	一八四一	天保一二	仁孝	徳川家慶		天保の改革(〜一八四三)
江戸時代	一八四二	天保一三	仁孝	徳川家慶	縁日・出開帳さかん	
江戸時代	一八五三	嘉永六	孝明	徳川家定		米使節ペリー浦賀に来航
江戸時代	一八五四	安政元	孝明	徳川家定		日米和親条約
江戸時代	一八五八	安政五	孝明	徳川家茂		日米修好通商条約
江戸時代	一八六七	慶応三	明治	徳川慶喜		大政奉還、王政復古の大号令
明治時代	一八六八	明治元	明治		神仏分離令(廃仏毀釈運動起こる)	明治維新

●参考文献一覧(順不同・敬称略)

『日本の仏教全宗派』大法輪閣
『日本の仏教を知る事典』奈良康明編　東京書籍
『仏教宗派の常識』山野上純夫ら共著　朱鷺書房
『名僧名言逸話集』松原哲明監修　講談社
『仏事のしきたり百科』太田治編　池田書店
『先祖をまつる』村山廣甫　ひかりのくに
『日本仏教の歴史・鎌倉時代』高木豊　佼成出版社
『日本仏教宗派のすべて』大法輪閣
『日本宗教史Ⅰ・Ⅱ』笠原一男編　山川出版社
『東洋思想がわかる事典』ひろさちや監修　日本実業出版社
『仏教早わかり事典』藤井正雄監修　日本文芸社
『日本の仏教』渡辺照宏　岩波書店
『仏教の事典』瀬戸内寂聴編著　三省堂
『仏教用語事典』大法輪閣
『日本人の仏教史』五来重　角川書店
『葬儀・戒名ここが知りたい』大法輪閣
『仏教早わかり百科』ひろさちや監修　主婦と生活社
『日本の仏教・鎌倉仏教』三山進編　新潮社
『日本の仏教・庶民仏教』辻惟雄編　新潮社
『日本の仏教』梅原正紀　現代書館
『仏教行事散策』中村元　東書選書
『日本の寺院を知る事典』中村元　日本文芸社
『わかりやすいお経の本』花山勝友　オーエス出版社
『現代仏教情報大事典』名著普及会
『日蓮の生涯』原作ひろさちや／漫画本山一城　すずき出版
『日蓮宗』渡辺宝陽／庵谷行亨　大法輪閣
『信行必携』日蓮宗編　日蓮宗新聞社
『日蓮の本』学研
『日蓮宗小事典』法藏館
『日蓮宗のしきたりと心得』全国日蓮宗青年会監修　池田書店
『日蓮宗』松村寿巌監修　世界文化社
『法華経入門』松原泰道　祥伝社
『日蓮宗』高木豊編　小学館
『日蓮聖人のお弟子たち』さだるま文庫
『日蓮の世界』佼成出版社
『日蓮宗の御祈祷』宮崎英修監修　かまくら出版
『日蓮と法華経信仰』読売新聞社
『日蓮に出会う』中野孝次　旺文社
『日蓮聖人御一代記画』堀内天嶺／堀充　大和出版社
『仏事の基礎知識』藤井正雄　講談社

●写真提供・取材協力一覧(順不同・敬称略)

北海道・妙顕寺
岩手・瑞然寺
千葉・法華経寺
千葉・清澄寺
千葉・誕生寺
千葉・鏡忍寺
千葉・大相寺
東京・池上本門寺
神奈川・龍口寺
神奈川・妙本寺
山梨・身延山久遠寺
山梨・敬慎院
新潟・根本寺
石川・妙成寺
静岡・実相寺
静岡・本門寺
静岡・了仙寺
静岡・佛現寺
滋賀・比叡山延暦寺
京都・本法寺
兵庫・本興寺
大阪・四天王寺
奈良・長谷寺
和歌山・道成寺
岡山・妙覚寺
東京国立博物館
日蓮宗新聞社
大塚工藝社
新潟県佐和田町観光協会
新潟県畑野町役場
中尾堯

STAFF

編集協力／松井大英（静岡県下田市・了仙寺住職）
漫画／多田一夫
イラストレーション／亀倉秀人・石鍋浩之
撮影／佐藤久・山本健雄
デザイン・図版／インターワークビジュアルセンター（ハロルド坂田）
編集制作／小松事務所（小松幸枝・小松卓郎）
制作協力／寺沢裕子・伊藤菜子・尾島由扶子・阪本一知
※所属・役職等は発刊当時のものです。

総監修　藤井正雄（ふじい・まさお）

昭和9年東京都出身。平成30年没。

大正大学文学部哲学科宗教学卒。同大大学院博士課程修了。昭和48年日本宗教学会賞受賞。日本生命倫理学会第6期代表理事・会長。

『仏事の基礎知識』（講談社）、『お経　浄土宗』（講談社）、『仏教再生への道すじ』（勉誠出版）、『戒名のはなし』（吉川弘文館）など著書多数。

わが家《や》の宗教《しゅうきょう》を知《し》るシリーズ
[新版《しんぱん》] うちのお寺《てら》は日蓮宗《にちれんしゅう》 *NICHIRENSHU*

2024年 9月22日　第1刷発行

編著　小松事務所《こまつじむしょ》
発行者　島野浩二
発行所　株式会社双葉社
〒162-8540
東京都新宿区東五軒町3番28号
☎03-5261-4818（営業）
☎03-5261-4854（編集）
http://www.futabasha.co.jp/
（双葉社の書籍・コミック・ムックが買えます）
印刷所　中央精版印刷株式会社

ISBN978-4-575-31913-2　C0014